APROVEITAMENTO DE MEIOS NO PROCESSO CIVIL

Eduardo de Avelar Lamy

APROVEITAMENTO DE MEIOS NO PROCESSO CIVIL

PREFÁCIO
Teresa Arruda Alvim

2ª Edição revista atualizada ampliada

2021

EDITORA JusPODIVM
www.editorajuspodivm.com.br

EDITORA *Jus*PODIVM
www.editorajuspodivm.com.br

Rua Território Rio Branco, 87 – Pituba – CEP: 41830-530 – Salvador – Bahia
Tel: (71) 3045.9051
• Contato: https://www.editorajuspodivm.com.br/sac

• A Editora *JusPODIVM* passou a publicar esta obra a partir da 2.ª edição.

Capa: Rodrigo Lippi

L242a Lamy, Eduardo de Avelar.
Aproveitamento de Meios no Processo Civil. / Eduardo de Avelar Lamy – 2. ed. rev. ampl. e atual. – Salvador: Editora JusPodivm, 2021.
288 p.

ISBN 978-65-5680-190-2

1. Direito Processual Civil. I. Lamy, Eduardo de Avelar. II. Título.

CDD 341.46

Para Anna Carolina, Jesulina, Lionel,
Margareth, Gui, Aninha e Spock

AGRADECIMENTOS

Este livro recebeu enorme esforço e carinho de parceiros da vida profissional e da vida acadêmica. Por isso seria injusto não agradecer a todos que auxiliaram o trabalho de pesquisa, extensão e atualização desta obra.

Agradeço, portanto, à toda a equipe do escritório, especialmente aos brilhantes Hamilton Antonio Zardo e Thiago da Veiga Ferreira, pela dedicação e auxílio imprescindíveis à construção desta segunda edição.

Agradeço, ainda, em especial, às minhas orientandas de Mestrado, Nadine Pires Solomon e Taina Dal Grande, pelo precioso auxílio na pesquisa e nas notas de rodapé, bem como aos demais membros do Grupo de Pesquisa Processo e Constituição, junto ao Programa de Pós-Graduação do Centro de Ciências Jurídicas da Universidade Federal de Santa Catarina, nossa casa.

Fica, a todos vocês, o meu muito obrigado.

NOTA DO AUTOR

As concepções apegadas à adequação dos meios processuais não proporcionam a melhor tutela do direito material por meio da forma processual. Pelo contrário, se apegam à ideia de que sempre há um meio processual adequado e de que o seu conhecimento deve distinguir as hipóteses concretas em que um direito material merece ser tutelado.

Este livro descreve a realidade típica da aplicação do direito processual, demonstrando sua incompatibilidade com o método clássico de pensar os meios processuais.

As concepções apegadas à adequação dos meios processuais frequentemente não proporcionam a melhor tutela do direito material. Pelo contrário, se apegam à ideia de que só deve haver um meio processual adequado e de que o seu conhecimento deve sempre distinguir as hipóteses em que um direito material merece ser tutelado.

Essa ideia de limitação se alia ao fetiche da suposta existência constante de uma resposta correta em direito e – desprovida de sentido lógico causal que é – está contida na noção de que a existência de mais de um meio processual eventualmente adequado ao mesmo fim desrespeitaria os pilares do sistema jurídico processual.

A limitação que esta obra descreve está na ideia de que o papel do operador do direito é apenas interpretar, mas não descrever; apenas ter uma opinião, mas não verdadeiramente pesquisar e identificar a opinião do sistema a respeito de si mesmo.

A obra demonstra detalhadamente, enfim, em quais situações e como o operador do direito pode agir em face dessa realidade limitadora da tutela aos direitos e por vezes antijurídica e inutilmente complexa.

PREFÁCIO

Com prazer e alegria aceitei o convite de Lamy para prefaciar a segunda edição de seu livro.

O tema central da monografia sempre foi relevante, mas, com certeza, à luz do CPC de 2015 tornou-se ainda mais importante: é inegável a tolerância do legislador do novo Código no que diz respeito aos "enganos" das partes e até mesmo a *erros graves* das partes, como ocorre, por exemplo, no art. 76.

A partir de um ângulo privilegiado, de quem conhece bem os dois sistemas, Lamy propõe que se enxergue com um outro olhar o valor que se dá aos "tipos processuais" nos países de *civil law*, especialmente no Brasil.

O pano de fundo deste primoroso trabalho é a Constituição Federal e os direitos fundamentais.

Afirma que a relevância destes tipos processuais se liga à circunstância de terem a função de fazer valer o direito material, com suas especificidades. Propõe-se, até mesmo, o uso da expressão *aproveitamento* dos meios processuais, em vez de *fungibilidade*.

Evidentemente, Lamy estende esta possibilidade de aproveitamento dos atos processuais a todo o processo. É incompatível com sua visão ampla do fenômeno restringi-la à esfera recursal.

Dialoga com humildade com a escassa bibliografia sobre o tema, ora concordando ora discordando da doutrina que já existe.

O trabalho ora publicado também tem um viés pragmático, já que se analisam diversos casos concretos em que a necessidade de aproveitamento dos atos do processo deveria prevalecer.

Sustenta e demonstra adequadamente, o autor, que o emprego do princípio da fungibilidade, se ocorrer com sensibilidade e racionalidade jurídica, é, sim, capaz de gerar mais qualidade na prestação jurisdicional.

De parabéns estão o autor e a Editora Juspodivm por proporcionar a todos a leitura deste trabalho, baseado em rica e interessante bibliografia, escrito em linguagem fluida e agradável, com o potencial de ser a base de muitas reflexões e de decisões judiciais.

TERESA ARRUDA ALVIM

SUMÁRIO

Capítulo 1

INTRODUÇÃO

Este livro parte das premissas de que: embora o papel dos tipos processuais seja inerente à cultura de *civil law*, merece ser amadurecido e atualizado; a interpretação a partir do CPC/2015 conduz à ideia de que a complexidade dos tipos processuais deve ser apenas aquela proporcional às peculiaridades dos direitos materiais.

Esta obra parte da ideia de que a rigidez formal flexibilizada pelo princípio da instrumentalidade das formas é muito menos grave do que o problema causado pela *obscuridade da jurisprudência* a respeito do meio processual adequado a uma situação específica. Daí justificar-se, na hipótese de demonstrada dúvida jurisprudencial, o *aproveitamento* de mais de um meio para o mesmo fim. A obscuridade do sistema (também denominada *dúvida objetiva*[1]) é o ponto-chave. Não havendo obscuridade na operação do sistema, não há que se falar em aproveitamento de meios processuais.

Daí acreditarmos que o amadurecimento da jurisprudência quanto aos tipos processuais também pode evitar a importação desnecessária, e até inadequada, de noções do direito material para a explicação de determinados fenômenos eminentemente processuais. É o caso, portanto, do princípio do *aproveitamento* de atos que são meios processuais, comumente denominado segundo a distorcida e perigosa expressão: *princípio da fungibilidade.*

Distorcida porque se trata de importar uma ideia do direito material para o processo. Perigosa porque na maioria das vezes em que esta obra demonstra a aplicação do tradicional *princípio da*

---

1. Fungibilidade de "Meios": uma outra dimensão do princípio da fungibilidade. Aspectos Polêmicos e Atuais dos Recursos Cíveis e de Outras Formas de Impugnação às Decisões Judiciais. São Paulo, RT, 2001, p. 1.094-1.101.

fungibilidade, as decisões que o aplicam não demonstram efetiva consciência de que estão a fazê-lo.

Na hipótese de a parte *requerer* expressamente a aplicação do *princípio da fungibilidade,* conforme explicitaremos a seguir, grande é a possibilidade de a norma não ser aplicada (circunstância essa bastante diversa da hipótese em que a norma é prevista expressamente pelo ordenamento, possuindo estrutura de regra, e também não recebendo a denominação de *fungibilidade*).

A leitura psicológica do pedido de aplicação do princípio da fungibilidade é, na maioria das vezes, a de que o requerente não teria o conhecimento processual necessário à espécie: seria um operador incompetente do direito processual. Daí a proposta de renomear, ou ao menos dar-lhe um sinônimo, ao princípio da fungibilidade que não se relacione com noções importadas do direito material: aproveitamento dos atos processuais.

A análise do tema a partir das nulidades processuais e da Constituição Federal permite que os nossos questionamentos sejam mais facilmente respondidos ao possibilitar maior amplitude de fundamentos, retirando a limitação que, muitas vezes, o âmbito tradicional de visão de uma área do conhecimento possui sobre si mesma.

Por pensarmos que pouco adianta considerar o processo como instrumento sem que se indiquem situações concretas de demonstração dessa instrumentalidade, acreditamos que o estudo do equilíbrio formal merece se dar mediante a análise de temas específicos na sua perspectiva e na perspectiva dos direitos fundamentais: daí a escolha da norma da *fungibilidade* como *aproveitamento* dos meios processuais (que pode ser aplicada regra ou princípio, conforme o caso) como tema deste livro.

A influência da Constituição Federal sobre o processo afastou a ideia de que a norma do *aproveitamento,* classicamente denominada como *fungibilidade*, estaria limitada aos recursos, como no revogado art. 810 do CPC de 1939, incentivando a busca pelo equilíbrio da forma de modo amplo.

Por isso propusemo-nos a escrever sobre o tema no âmbito do processo numa nova dimensão, como vislumbrou inicialmente

TERESA ARRUDA ALVIM[2]; uma dimensão preocupada com o esclarecimento dos meios, dos fins e das demais estruturas processuais, no intuito de sugerir o aproveitamento entre tais "meios" processuais e não apenas entre os recursos.

Escrevemos este texto através de uma lógica causal, comum ao universo do *ser*, preocupada com o nexo natural entre o comportamento dos sujeitos processuais e os resultados obteníveis através do processo, para que o fizéssemos em detrimento da tradicional lógica normativa, comum ao direito material, mas possivelmente inadequada ao instrumento do processo por estar mais preocupada com o *dever ser* jurídico do que com a efetividade da jurisdição (CF, art. 5º XXXV e LXXVIII).

Sobre o tema, ainda que mediante análises diferenciadas, encontramos o trabalho de RITA DE CÁSSIA CORRÊA DE VASCONCELOS[3], o estudo de GUILHERME DE FREIRE BARROS TEIXEIRA[4], versando sobre as hipóteses de incidência do princípio da fungibilidade no processo civil. Importa registrarmos, ainda, o trabalho de SIDNEI AMENDOEIRA JR.,[5] que deu ênfase à análise da norma da fungibilidade vista como *conversibilidade* de atos processuais, utilizando como fundamento a conversão do negócio jurídico de direito material.

Aliás, a análise do tema efetuada de forma vinculada a conceitos do direito material induz exatamente à concepção que não nos parece conveniente, por não concordarmos com a ideia de relacionar o assunto à *conversibilidade* dos meios processuais, preferindo nos embasar na distinção entre meios e fins como elemento esclarecedor das hipóteses de dúvida verificáveis junto ao sistema.

Partimos, portanto, da Constituição Federal e de seus valores fundamentais, para compreender e descrever a *fungibilidade como*

2. Fungibilidade de "Meios": uma outra dimensão do princípio da fungibilidade. Aspectos Polêmicos e Atuais dos Recursos Cíveis e de Outras Formas de Impugnação às Decisões Judiciais. São Paulo, RT, 2001, p. 1.094-1.101.

3. Fungibilidade de Meios no Processo Civil. São Paulo, RT, 2007.

4. O Princípio da Fungibilidade no Processo Civil. Tese de Doutorado apresentada perante a Faculdade de Direito da USP, São Paulo, 2005.

5. A Fungibilidade de Meios. São Paulo: Atlas, 2008.

aproveitamento dos meios e atos processuais, inclusive para distingui-la das hipóteses de mera instrumentalidade das formas.

Para tanto, no primeiro capítulo da obra fazemos a presente uma introdução ao tema.

No segundo capítulo versamos sobre a importância dos direitos fundamentais para o tema, tratando da sua origem, evolução, características identificadoras, interpretação, bem como da aplicação dos *superprincípios*[6] da proporcionalidade e da razoabilidade na nossa realidade judiciária e especialmente, no tocante ao princípio do aproveitamento.

No terceiro capítulo, discorremos sobre a função e o equilíbrio da forma junto aos meios processuais, tratando da sua evolução, da estrutura do CPC de 2015, da instrumentalidade das formas e da instrumentalidade do processo, bem como das nulidades no processo civil hodierno e sua contribuição para o tema do aproveitamento entre meios processuais.

Por ocasião do quarto capítulo, fizemos a distinção entre os meios, os fins e as demais estruturas processuais que constituem o conteúdo da disciplina, estabelecendo o conceito, a natureza jurídica, as origens, a evolução, o requisito da dúvida objetiva e as hipóteses gerais de incidência da norma do aproveitamento na seara do nosso direito processual civil.

No quinto capítulo, tratamos das hipóteses específicas mais comuns de incidência da norma, consoante a constatação de dúvidas objetivas positivas, tais como aquelas junto às formas de intervenção de terceiros, entre as medidas de urgência, entre procedimentos, entre ação rescisória e ação anulatória e entre os recursos.

No sexto capítulo, versamos sobre as demais hipóteses de dúvida objetiva positiva, bem como sobre hipóteses de dúvida objetiva negativa, justificadoras da aplicação da norma do aproveitamento, quais sejam: dúvida entre o Agravo de Instrumento e Mandado de Segurança como meios de impugnação a determinadas decisões interlocutórias na sistemática do CPC/2015; entre embargos à exe-

6. Por serem princípios que versam sobre a interpretação e a aplicação de valores junto aos demais princípios e regras jurídicas.

cução e embargos de terceiro; entre oposição e embargos de terceiro; entre os meios de depósito para a suspensão da exigibilidade do crédito tributário; entre os meios coercitivos na execução indireta de obrigações, especialmente em face do art. 139, IV do CPC de 2015; entre as demais modificações trazidas pelo CPC de 2015 e pelas mais recentes leis esparsas; pelos *leading* cases processuais e pela prolação de decisões que possuem a natureza de outras.

Ao final, no sétimo capítulo, versamos sobre considerações práticas às vicissitudes do tema, esclarecendo aspectos operativos que amadurecemos a respeito do assunto nos últimos doze anos, e que mereceram constar desta segunda edição.

Deste modo, o desafio de contribuir para a melhora da prestação jurisdicional nos fascina, principalmente porque nos sentimos capazes de colaborar para a obtenção de resultados tempestivos através do processo, ainda que o número de feitos cresça diariamente. Esforçamo-nos pela coerência na análise dos temas enfrentados, ousando redefinir conceitos e contrariar opiniões, mas sempre visando somar, trazer subsídios à evolução do nosso processo civil.

Demonstramos, enfim, que a escolha supostamente incorreta de um meio processual não pode impedir que a tutela jurisdicional seja prestada se não houver clareza jurisprudencial a respeito do tipo processual adequado. Nessas situações, explicitamos a maneira pela qual acreditamos já é operacionalizado esse amadurecimento de tipos processuais; essa aceitação dos meios; esse aproveitamento de tipos processuais, efetuado a partir de razoabilidade/proporcionalidade, que na falta de melhor terminologia por vezes é operativamente chamado de *bom senso.*

CAPÍTULO 2

DIREITOS FUNDAMENTAIS E PROCESSO: ENFOQUE NO PRINCÍPIO DO APROVEITAMENTO

2.1. A QUESTÃO TERMINOLÓGICA

Muito embora os direitos fundamentais constituam assunto de significativa importância e amplitude para a sistematização do conhecimento jurídico, são comumente tratados por terminologia inexata e diferenciada, sendo frequentemente denominados como direitos humanos, liberdades públicas, liberdades fundamentais, dentre outros termos semanticamente diversificados, inclusive pela própria Constituição Federal.

Nesse sentido, a Constituição Federal brasileira se refere aos direitos fundamentais sem maior atenção ao rigor terminológico das expressões que utiliza, denominando-os, por exemplo, como direitos humanos no artigo 4º, II; como direitos e garantias fundamentais no artigo 5º § 1º; como direitos e liberdades constitucionais no artigo 5º, LXXI e como direitos e garantias individuais no artigo 60 § 4º, IV.

Convém, deste modo, estabelecer o significado dos termos ligados à seara dos direitos fundamentais utilizados durante a investigação, a fim de efetuar o acordo semântico conveniente à melhor compreensão das afirmações que seguem.

Nesse desiderato, por direitos fundamentais entender-se-ão, em atenção às distinções elaboradas por PEREZ LUNO[1] e INGO

1. Diz o autor que enquanto os direitos humanos são "um conjunto de faculdades e instituições que, em cada momento histórico, concretizam as exigências da dignidade,

WOLFGANG SARLET[2], dentre outros, aqueles direitos essenciais à vida e à dignidade humanas, desde que assim reconhecidos pelo ordenamento jurídico positivo constitucional dos estados, bem como pelos tratados internacionais por estes firmados.

Trata-se, portanto, de postulados considerados como direitos e garantias de maior importância, assim especificados tanto nas Constituições Federais quanto nos tratados internacionais que versam sobre direitos humanos, sendo de tal forma destacados que não puderam ser deixados à disposição absoluta do legislador ordinário.[3]

Por sua vez, os direitos humanos serão, neste livro, concebidos como aqueles oriundos do processo histórico dialético e paulatino de valorização do ser humano e limitação do poder político, havido desde a Idade Antiga, mais especificamente desde o reinado de Davi, e cujos ideais influenciaram sobremaneira o reconhecimento e o estabelecimento dos direitos fundamentais na atualidade, mas que com os direitos humanos certamente não se confundem.

Assim, sob o ponto de vista histórico os direitos fundamentais são, originalmente, direitos humanos. Contudo, os conceitos diferen-

---

liberdade e igualdade humanas que devem ser reconhecidas positivamente pelos ordenamentos jurídicos em nível nacional e internacional", os direitos fundamentais equivalem exatamente ao resultado oriundo do processo de positivação desses direitos. PEREZ LUNO, Antônio Enrique. Derechos Humanos, Estado de Derecho Y Constitución. Sevilha, tecnos, 5ª ed. 1994, p. 48 (tradução nossa).

2. Conforme explicita o autor, "o termo direitos fundamentais se aplica para aqueles direitos do ser humano reconhecidos e positivados na esfera do direito constitucional positivo de determinado Estado, ao passo que a expressão *direitos humanos* guardaria relação com os documentos de direito internacional, por referir-se àquelas posições jurídicas que se reconhecem ao ser humano como tal, independentemente de sua vinculação com determinada ordem constitucional, e que, portanto, aspiram à validade universal, para todos os povos e tempos, de sorte que revelam um inequívoco caráter supranacional (internacional).". SARLET, Ingo Wolfgang. A Eficácia dos Direitos Fundamentais. Livraria do Advogado, Porto Alegre, 2003, p. 33 e 34.

3. Segundo PAULO BONAVIDES "a primeira questão que se levanta a respeito dos direitos fundamentais é a seguinte: podem as expressões *direitos humanos*, *direitos do homem* e *direitos fundamentais* serem usadas indiferentemente? Temos visto nesse tocante o uso promíscuo de tais denominações na literatura jurídica, ocorrendo, porém, o emprego mais freqüente de direitos humanos e direitos do homem entre autores anglo-americanos e latinos, em coerência aliás com a tradição e a história, enquanto a expressão direitos fundamentais parece ficar circunscrita à preferência dos publicistas alemães." Curso de Direito Constitucional, Malheiros, São Paulo, 1996, p. 514.

ciam-se pelo fato de que os direitos fundamentais, na terminologia utilizada por autores como ROBERT ALEXY[4], versam sobre manifestações positivadas, enquanto os direitos humanos se situam numa dimensão supra-positiva de natureza ético-política, deonticamente diversa daquela em que se situam as normas jurídicas.

Dessa maneira, a partir dos valores afirmados pelos direitos humanos é que os direitos fundamentais foram oficialmente reconhecidos pelas autoridades às quais se atribuiu o poder político de editar e ratificar normas, tanto no interior dos estados quanto no plano internacional, sendo nesta acepção que os direitos fundamentais serão considerados ao longo do texto.

2.2. OS DIREITOS FUNDAMENTAIS

A conquista da positivação dos direitos fundamentais foi condição essencial ao estabelecimento da atual configuração do Estado de Direito Constitucional, cuja razão de ser reside, atualmente, e em especial, na proteção e no reconhecimento do valor contido na norma principal da dignidade da pessoa humana.

Contudo, o paulatino processo de reconhecimento dos direitos fundamentais remonta à Idade Antiga, pois a preocupação valorativa coletiva acerca dos direitos humanos hoje positivados em direitos fundamentais junto aos tratados internacionais e às constituições da maioria dos países foi se construindo ao longo da história da limitação do poder político.[5]

A afirmação dos direitos humanos e o seu reconhecimento junto às primeiras constituições escritas, dando origem aos direitos fundamentais, ocorreu em três momentos distintos. Uma pré-his-

---

4. Tanto que ALEXY afirma de antemão tratar-se, a sua teoria, de um estudo de direito positivo. ALEXY, Robert. Teoria de los Derechos Fundamentales. Madrid, Editora Fareso, 1993, p. 29.

5. Ensina o autor: "A eclosão da consciência histórica dos direitos humanos só se deu após um longo trabalho preparatório, centrado em torno da limitação do poder político. O reconhecimento de que as instituições do governo devem ser utilizadas para o serviço dos governados e não para o benefício pessoal dos governantes foi o primeiro passo decisivo na admissão da existência de direitos que, inerentes à própria condição humana, devem ser reconhecidos a todos e não podem ser havidos como mera concessão dos que exercem o poder." Ob. cit. p. 40.

tória, que foi das civilizações antigas até o século XVI; um período intermediário, a partir do qual consolidou-se a elaboração da doutrina jusnaturalista; e por fim, uma fase de constitucionalização iniciada em 1776, através da declaração da independência dos Estados Unidos da América.[6]

A primeira experiência de limitação institucional do poder de governo ocorreu no reino unificado de Israel, durante o reinado de Davi, entre 996 e 963 a.C., na qual foi estabelecida a figura do rei-sacerdote: um governante que não se proclamou como Deus nem como legislador, submetendo-se às normas de uma autoridade considerada superior.

Contrariamente aos demais regimes monárquicos de sua época, o governo de Davi foi o embrião da organização social e política que vários séculos depois passou a ser denominada como Estado de Direito, qual seja, uma organização em que os governantes não criam o todo posicional constituído pelo direito apenas com o objetivo de justificar o seu poder.

A experiência havida no reinado de Davi foi retomada no século VI a.C. através das primeiras instituições de cunho democrático havidas em Atenas, tendo continuado no século seguinte, quando da fundação da república romana. Na democracia ateniense o poder dos governantes foi bastante limitado em razão do respeito conferido à soberania popular, através da qual atribuiu-se ao povo, em primeiro lugar, o poder de eleger os governantes e de tomar diretamente, em assembleias, as decisões políticas mais importantes.

Já na República romana, a limitação do poder derivou da moderação efetuada na concessão de poderes aos governantes, também regulada pela submissão do processo legislativo ordinário à votação do povo reunido em comícios, após a aprovação dos respectivos

---

6. Conforme INGO WOLFGANG SARLET: "a positivação dos direitos fundamentais é o produto de uma dialética constante entre o progressivo desenvolvimento das técnicas de seu reconhecimento na esfera do direito positivo e a paulatina afirmação, no terreno ideológico, das idéias da liberdade e dignidade humana. Importa, nesse contexto, destacar o paralelismo entre a evolução na esfera filosófica e o gradativo processo de positivação que resultou na constitucionalização dos direitos fundamentais no final do século XVIII, diretrizes que pretendemos ressaltar no decorrer desta sumária abordagem de cunho histórico." Ob. cit. p. 40.

projetos pelo senado. Assim, enquanto a democracia ateniense fundava-se nas normas principais da preeminência da lei sobre os demais poderes e na participação ativa do cidadão nas funções de governo, a república romana pautava-se no controle do poder através de um complexo sistema de limitações recíprocas havidas junto aos órgãos políticos, bem como na participação popular, embora mais reduzida que em Atenas.

Tanto a democracia ateniense quanto a república romana foram extintas em razão do estabelecimento de impérios a partir do século IV antes de Cristo, mormente com Alexandre Magno, Augusto e seus sucessores. Alguns séculos mais tarde, com a queda do império romano do ocidente, no ano de 453 d. C, iniciou-se uma fase da civilização marcada pelo esfacelamento do poder político e pelo estamento social entre o clero, a nobreza e o povo, bem como pela instauração do feudalismo: era a Idade Média.

No entanto, a partir do século XI, período que os historiadores costumam utilizar para dividir a Idade Média, dado o reaparecimento da ideia de limitação do poder dos governantes, assiste-se a um movimento de reconstrução da unidade política então perdida, no qual duas personalidades, quais sejam o papa e o imperador carolíngeo, disputaram arduamente a hegemonia sobre o território europeu.

Contra tal movimento de reconcentração de poderes, passaram a surgir as primeiras manifestações de rebeldia, cujo principal exemplo ocorreu na Inglaterra, quando da redação da Magna Carta, de 15.06.1215, pela qual o rei João Sem Terra reconheceu certos privilégios e liberdades aos barões feudais, limitando a sua própria soberania e vinculando o monarca às leis por ele editadas.

Na origem dos direitos humanos junto à Idade Média, portanto, despontou o valor da liberdade. Porém não a liberdade geral em favor de todos, que só viria a ser reconhecida ao final do século XVIII, mas sim algumas liberdades especificamente concedidas às classes superiores da sociedade da época, o clero e a nobreza, recebendo, o povo, apenas alguns benefícios oriundos, especialmente, da ascensão social dos comerciantes, havida em razão da abertura das vias marítimas.[7]

---

7. Ob. cit. p. 45 e 47.

Séculos depois, os ideais republicanos e democráticos renasceram em meio ao recrudescimento da concentração de poderes havido durante os dois séculos que sucederam a Idade Média, caracterizados pelo absolutismo monárquico centralizador fundado na teoria da monarquia absoluta de Jean Bodin e nas ideias de Thomas Hobbes.

Foi durante este período, especialmente a partir do século XVI, que se lançaram as bases ideológicas para o advento da Independência Americana e da Revolução Francesa que estavam por vir. Na seara política, a revolta armada bem-sucedida de Oliver Cromwell contra a monarquia inglesa, assim como a rebelião dos *Levellers,* fizeram com que as ideias republicanas e democráticas se tornassem atuais. Na seara científica, as descobertas de Galileu Galilei e de Isaac Newton trouxeram uma verdadeira revolução, numa acepção muito próxima àquela que o termo viria a adquirir a partir de 1789.

Os ideais de resistência à tirania fizeram ressurgir naquele momento histórico, o sentimento de liberdade fundado nos ideais jusnaturalistas que possuíam como elemento intrínseco, a busca pela limitação do poder monárquico. Segundo o pensamento de Santo Tomás de Aquino, a que se refere PEREZ LUNO[8], o cristianismo trouxe uma concepção de igualdade dos homens perante Deus, justificando a existência de um direito natural paralelo ao direito positivo, direito natural esse que poderia, inclusive, possibilitar o exercício do direito de resistência da população aos abusos do poder político. Foi neste cenário que a proposta de adoção de um governo representativo deu aos parlamentos o *status* de instituições-chave para a garantia das liberdades na sociedade civil.

A partir de então, convém citar as declarações de direitos inglesas efetuadas a partir do século XVII, e que refletem exemplarmente o reconhecimento dos direitos fundamentais até o século XVIII, quais sejam: a *Petition of Rights,* de 1628, o *Habeas Corpus Act,* de 1679, o *Bill of Rights*, de 1689, e o *Establishment Act*, de 1701.

O processo de reconhecimento dos valores humanos e consequente origem e positivação dos direitos fundamentais se desenvolveu

8. PEREZ LUNO, Antonio Enrique. Los Derechos Fundamentales 6ª ed. Madrid, Tecnos, p. 30.

significativamente pela via da declaração da Independência Norte Americana, que o "bom povo da Virgínia" efetuou anos mais tarde, em 16.06.1776, na qual a preocupação em limitar os poderes políticos foi patente através do reconhecimento explícito de que todos os homens possuem igual vocação para o aperfeiçoamento constante de si mesmos, em razão da sua própria natureza.[9]

Apenas treze anos depois, a Revolução Francesa inspirou-se na mesma noção de igualdade entre os seres humanos, constante do artigo 1º da Declaração dos Direitos do Homem e do Cidadão de 1789.[10] A aceitação da premissa de que os seres humanos são essencialmente iguais em dignidade e direitos constituiu, a partir de então, uma modificação radical nos fundamentos da legitimidade política, através da conclusão de que todo poder pertence ao povo e, por conseguinte, somente dele deriva.

---

9. É o texto dos artigos 1º e 2º da Declaração da Independência dos Estados Unidos da América: "Declaração de direitos feita pelos representantes do bom povo da Virgínia, reunido em convenção plena e livre; direitos esses que pertencem a ele e à sua posteridade, como base e fundamento do governo.

   Art. 1º. Todos os seres humanos são, pela sua natureza, igualmente livres e independentes e possuem certos direitos inatos dos quais, ao entrarem no estado de sociedade, não podem, por nenhum tipo de pacto, privar ou despojar sua posteridade; nomeadamente a fruição da vida e da liberdade, com os meios de adquirir e possuir a propriedade de bens, bem como de procurar e obter a felicidade e a segurança.

   Art. 2º. Todo poder pertence ao povo, e por conseguinte, dele deriva. Os magistrados são seus fiduciários e servidores, responsáveis a todo tempo perante ele."

10. Dizem os artigos 1º e 2º da Declaração Francesa de 1789: "Os representantes do povo francês, constituídos em Assembléia nacional, considerando que a ignorância, o descuido ou o desprezo dos direitos humanos são as únicas causas das desgraças públicas e da corrupção dos governos, resolveram expor, numa declaração solene, os direitos naturais, inalienáveis e sagrados do homem, a fim de que essa declaração constantemente presente a todos os membros do corpo social possa lembrar-lhes sem cessar seus direitos e seus deveres, a fim de que os atos do poder legislativo e os do poder executivo, podendo ser a todo instante comparados com a finalidade de toda instituição política, sejam por isso mais respeitados, para que as reclamações dos cidadãos, fundadas doravante em princípios simples e incontestáveis, redundem sempre na manutenção da constituição e na felicidade de todos. Em conseqüência, a Assembléia nacional reconhece e declara na presença e sobre os auspícios do Ser Supremo os seguintes direitos do homem e do cidadão:

    Art. 1º. Os homens nascem e permanecem livres e iguais em direitos. As distinções sociais só podem fundar-se na utilidade comum.

    Art. 2º. A finalidade de toda associação política é a conservação dos direitos naturais e imprescritíveis do homem, tais direitos são a liberdade, a propriedade, a segurança, e a resistência à opressão".

As declarações de direitos da revolução francesa e da independência norte americana, aproveitando-se da conscientização individual moral e religiosa proporcionada pela reforma protestante, significaram uma verdadeira emancipação do ser humano individualmente considerado em relação aos estamentos sociais aos quais esteve submetido até então: o clã, as organizações religiosas, a família.

Se a generalização dos direitos fundamentais pode ser, inicialmente, atribuída à Declaração Francesa de 1789, a origem histórica destes deve ser reconhecida à Declaração da Independência Americana, pois esta marcou, pela primeira vez, a adoção dos direitos de liberdade legalmente afirmados na Inglaterra junto a uma estrutura de direitos fundamentais constitucionalmente previstos, da forma como se encontram hoje na maioria dos ordenamentos jurídicos.

No entanto, assim como a influência dos documentos americanos cronologicamente anteriores aos franceses é inegável para a origem dos direitos fundamentais, também é incontestável a influência dos pensadores iluministas franceses sobre os revolucionários americanos, devendo-se reconhecer a influência recíproca entre uma declaração e outra.

Contudo, objetivando esclarecer as contribuições de cada acontecimento histórico para a origem dos direitos fundamentais, convém mencionar as diferenças mais relevantes entre a declaração americana ocorrida em 1776 e a declaração francesa dos direitos do homem de 1789. Nesse sentido, percebe-se, inicialmente, a maior preocupação social e a menor praticidade da declaração francesa, como consequência dos ideais democráticos abstratos e universalizadores que a inspiraram.

A aspiração universal dos direitos reconhecidos pela revolução francesa diferencia-se nitidamente do pragmatismo das declarações americanas, que além de não serem tão genéricas quanto as primeiras, já vinculavam normativamente o parlamento, fato que demorou a ocorrer em território francês devido à falta de um sistema operativo de controle da constitucionalidade.

E enquanto na França o processo revolucionário culminou na fundamentação ideológica de uma nova constituição e na derrocada do antigo regime, o processo revolucionário americano culminou na independência daquele país em relação à metrópole inglesa e na estruturação política de uma nova nação.

Enfim, respeitadas as diferenças entre os dois acontecimentos históricos, percebe-se que o processo de positivação dos direitos fundamentais resultou na afirmação, ainda que incipiente, do Estado Democrático de Direito na sua concepção burguesa e liberal, fato esse essencial para a formação da concepção clássica dos direitos fundamentais, especialmente na sua primeira dimensão, referente às liberdades civis e políticas.

2.3. A INFLUÊNCIA DOS DIREITOS FUNDAMENTAIS NO ÂMBITO DO PROCESSO E O PRINCÍPIO DO APROVEITAMENTO DOS ATOS PROCESSUAIS

Ao longo de sua história, o Brasil teve dificuldades para estabelecer um Estado de Direito democraticamente regido e politicamente estável. Diante desse fato, torna-se necessário conscientizar não apenas os operadores jurídicos, mas principalmente os estudiosos do processo, formadores de opinião em seus mais diversos ramos, para pensarem o seu conteúdo na perspectiva valorativa dos direitos fundamentais.

O reconhecimento dos princípios e garantias fundamentais decorrentes do respeito à dignidade da pessoa humana, bastante difundido pelos ordenamentos ocidentais, especialmente após o término da segunda guerra mundial, devolveu aos sistemas jurídicos uma preocupação com valores desconsiderada pelos seus estudiosos no início do século XX[11].

A influência dos direitos fundamentais adaptou-se à realidade socioeconômica e política vivida pelas diversas sociedades. No Brasil, percebe-se que a guerra fria no contexto internacional, e mais especificamente, a ditadura militar, no contexto interno, foram acontecimentos que atrasaram até 1988 a o início da reestruturação de nosso sistema instrumental conforme os direitos essenciais.

---

11. A própria Teoria "Pura" do Direito, construiu uma verdadeira fortaleza em torno da validade das normas jurídicas, tendo como pressuposto a Norma Fundamental que constitui o ápice da hermética pirâmide, despida de considerações valorativas, arquitetada por KELSEN, *In* Teoria Pura do Direito. 5. ed. São Paulo: Martins Fontes, 1996.

No âmbito do processo, os cientistas já vinham divulgando a influência dos direitos fundamentais, preocupando-se com a morosidade e a efetividade da jurisdição, bem como com o cumprimento do seu papel perante a sociedade, o que, inicialmente, deu causa ao trabalho dos professores MAURO CAPPELLETTI e BRYANT GARTH intitulado: O Acesso à Justiça.[12]

A temática do Acesso à Justiça dedicou-se ao amplo reconhecimento do direito de estar em juízo para a proteção democrática dos mais variados bens jurídicos. A disseminação da ideologia social-democrata, que influenciou consideravelmente a própria mutação do Estado Liberal em Estado Social, à qual o surgimento e o reconhecimento dos princípios e direitos fundamentais estiveram intimamente ligados, repercutiu, portanto, junto ao processo.

Percebe-se, do mesmo modo, que o caráter social democrata da Constituição Federal tem provocado a análise da função social dos mais variados ramos da ciência jurídica.[13] No direito processual, os cientistas tendem a concordar, hoje, com a necessidade de identificar-se uma teoria do processo adequada aos ditames constitucionais, e, portanto, pensada a partir destes e não apenas oriunda dos institutos clássicos da relação jurídica processual, ação, jurisdição e defesa.[14]

Demonstram a importância da Constituição Federal para o atual processo civil brasileiro as previsões constantes de vários incisos do artigo 5º da Carta Magna: inciso XXXV, referente à norma principal da inafastabilidade do controle jurisdicional e à busca pela efetividade do processo; inciso LIV, sobre as normas principais da ampla defesa e do contraditório; incisos LIII e XXXVII, referentes à norma principal do juiz natural; inciso LXXVIII, concernente à duração razoável e também ligado à sua efetividade; inciso LVI, a respeito da inadmissibilidade das provas ilícitas, dentre outros, bem

---

12. CAPPELLETTI, Mauro e GARTH, Bryant. Acesso à Justiça. Porto Alegre: Fabris, 1988.

13. Veja-se o artigo de JJ CALMON DE PASSOS: Função Social do Processo. <http://www1.jus.com.br/doutrina/texto.asp?id=3198>

14. Nesse sentido, JOEL DIAS FIGUEIRA JÚNIOR. Comentários à Novíssima Reforma do CPC. Rio de Janeiro: Forense, 2003, p. 119: "(...) conseguimos extrair dessa inovação o sutil esboço de um processo civil verdadeiramente novo, hábil a representar o instrumento do terceiro milênio, voltado ao equacionamento do trinômio valorativo identificado pela *celeridade, segurança e justiça da decisão.*"

como as regras da obrigatoriedade de motivação e da publicidade das decisões judiciais (CF, art. 93, IX).

A interpenetração entre constituição e processo ensejou, inclusive, a conclusão de NELSON NERY JÚNIOR, para quem tornou-se mais clara, após 1988, a existência dos ramos do Direito Constitucional Processual e do Direito Processual Constitucional, de modo que o primeiro ramo referir-se-ia aos institutos do processo inseridos na atual constituição, enquanto o segundo ramo diria respeito aos princípios eminentemente processuais diretamente aplicados à chamada jurisdição constitucional.[15]

Com efeito, por meio da atual constituição, o nosso direito passou a dedicar maior atenção a interesses que vão além da solução dos litígios subjetivamente considerados, re-concebendo inúmeros institutos, dentro e fora da ciência processual, tal a influência dos direitos fundamentais sobre os fenômenos de interpretação, produção e aplicação do direito. Pela influência dos direitos fundamentais, nas palavras de WILLIS SANTIAGO GUERRA FILHO, "o processo torna-se um instrumento privilegiado de participação política e exercício permanente da cidadania."[16]

Deste modo, embora até bem pouco tempo atrás fosse muito comum aplicar-se e interpretar-se determinado ramo do direito levando-se em conta apenas a principal lei ordinária que o regula-

---

15. Afirma NELSON NERY JR. que "o Direito Processual Civil, ramo do direito público, é regido por normas que se encontram na Constituição Federal e na legislação infraconstitucional. Existem, também, institutos processuais cujo âmbito de incidência e procedimento para sua aplicação se encontram na própria Constituição.

    Naturalmente, o direito processual se compõe de um sistema uniforme, que lhe dá homogeneidade, de sorte a facilitar sua compreensão e aplicação para a solução das ameaças e lesões a direito. Mesmo que se reconheça essa unidade processual, é comum dizer-se didaticamente que existe um Direito Constitucional Processual, para significar o conjunto das normas de direito processual que se encontra na Constituição Federal, ao lado de um Direito Processual Constitucional, que seria a reunião dos princípios para o fim de regular a denominada jurisdição constitucional. Não se trata, portanto, de novos ramos do direito processual." Princípios do Processo Civil na Constituição Federal. 6ª ed. São Paulo, RT, 2000, p. 20 e 21.

16. Segundo o autor, o processo se torna essencial para "solucionar as colisões entre interesses diversos de certas coletividades entre si e com interesses individuais ou estatais, tão variadas e imprevisíveis em sua ocorrência". GUERRA FILHO, Willis Santiago. Processo Constitucional e Direitos Fundamentais. Celso Bastos Editor, São Paulo, 3ª ed., 2003, pg. 26.

mentava, como disse NELSON NERY JR.,[17] a atual influência dos direitos fundamentais sobre o direito processual tem contribuído significativamente para a paulatina e profunda modificação de seus elementos essenciais teóricos e operativos.

Tradicionalmente, aceitando a existência de uma relação jurídica instrumental diferenciada das relações jurídicas de direito material, o processo é conceituado como sendo o meio através do qual a jurisdição, substituindo-se às partes, diz o direito. Trata-se de um conceito preocupado com a carga declaratória das decisões jurisdicionais, pois se a tutela jurisdicional é aquela que "diz o direito", equipara-se a atividade eminentemente jurisdicional à tarefa de declarar qual das partes têm razão, afirmar qual das partes está certa, mas não à tarefa de executar essa razão no mundo dos fatos: o velho "ganha mas não leva".

Tal concepção de jurisdição tem motivos históricos bastante compreensíveis. No direito romano, havia, inicialmente, uma divisão entre os *interditos* e as *actios*. Enquanto os *interditos* eram medidas sincréticas e sumárias que detinham cognição e execução simultâneas, tendo, basicamente, caráter mandamental ou executivo *lato sensu* e sendo julgados pelos pretores, as *actios* consistiam em medidas fundamentalmente cognitivas de modo exauriente, que possuíam caráter declaratório, constitutivo ou mandamental, e eram julgadas pelos jurisconsultos, como explicita JOSÉ ROBERTO DOS SANTOS BEDAQUE.[18]

---

17. Segundo o autor: "Era muito comum, pelo menos até bem pouco tempo, interpretar-se e aplicar-se determinado ramo do direito tendo-se em conta apenas a lei ordinária principal que o regulamentava. Assim, o civilista via no Código Civil a única norma que deveria ser consultada na solução de problemas naquela área, o mesmo ocorrendo com o processualista (civil, penal e trabalhista), com o penalista, com o comercialista." Ob. cit. p. 19.

18. Ensina o autor: "Parece possível estabelecer comparação entre procedimentos do direito atual que se iniciam com atos decisórios, pedidos de cognição sumária e coercitivos, e os interditos do processo romano.

    Estes consistiam em ordem emitida pelo magistrado, impondo certo comportamento a uma pessoa privada, a pedido de outra. Essa forma de tutela, emanada do poder de *imperium* do magistrado, abrangia a grande maioria das relações da vida envolvendo direitos absolutos. Já os direitos obrigacionais, versando indenização, eram amparados pela *actio*, com juízo privado. Só a primeira admitia execução específica.

Ocorre que, mesmo no império romano, a realidade fática trouxe a necessidade de aprimorarem-se os meios à tutela dos fins, concepção instrumental essa que resultou no fenômeno da unificação entre *interditos* e *actios* através da publicização da *actio* e da extinção do processo formulário entre os séculos III a V d.C, período que ficou conhecido como o do Baixo Império, imediatamente antecedente à queda do Império Romano do Ocidente, nos quais muitas instituições se desenvolveram em meio, no entanto, à corrosão do sistema escravista.

Infelizmente, o fenômeno da unificação foi ignorado pelos glosadores durante a Idade Média, o que resultou no ressurgimento, junto ao direito canônico, da dualidade entre *actios* e *interditos*, e na lógica de que a essência da atividade jurisdicional está em declarar-se o direito, concepção essa que ganhou ênfase pela influência daquele momento histórico, considerada a importância da figura paterna da divindade.

Explica-se. A figura do juiz, no imaginário coletivo, assemelhou-se à figura de Deus-Pai, pois o julgador declara, aos olhos da sociedade, o que é justo e o que é injusto, o que se pode e o que não se pode fazer, nas mais diversas lides que lhe são submetidas. O significado da figura paterna, especialmente pelos estudos de SIGMUND FREUD,[19] nos demonstra, desde a infância, a distinção entre o que é certo e o que é errado, entre o que se pode e o que não se pode fazer: a noção de limites; a noção de até onde se pode ir.

Acredita-se, dada a influência do direito canônico sobre o nosso sistema judicial, na existência de uma concepção vetusta de tutela jurisdicional, que não compreende a segurança jurídica como a previsibilidade das decisões do Poder Judiciário, mas sim como o

---

No direito romano havia, portanto, dois sistemas de processo civil. Em um deles era possível a obtenção de ordem liminar, até sem a presença da parte contrária e mediante cognição sumária das afirmações do autor, se feitas conforme o édito. No outro havia pleno contraditório desde o primeiro momento, não era possível a emissão de mandado e a atividade cognitiva era privada. BEDAQUE, José Roberto dos Santos." Tutela Cautelar e Tutela Antecipada: Tutelas Sumárias e de Urgência: Tentativa de Sistematização. 3ª ed. São Paulo, Malheiros, 2003, p. 30.

19. FREUD, Sigmund. Dostoyevski y el Parricidio. *In* Obras Completas, Madrid, tecnos, tomo III, p. 3.014 e 3.015.

credo no fato de que o juiz é quem pode dizer o que é certo e o que é errado: o credo no fato de que o juiz declara o que é certo e que este é o verdadeiro caráter da atividade eminentemente jurisdicional.

Deste modo, o surgimento e o próprio desenvolvimento do direito processual, através do reconhecimento da tese de OSKAR VON BULLOW[20], acerca da existência de uma relação jurídica processual distinta da relação jurídica de direito material, foi limitado pela concepção excessivamente declaratória e, portanto, paternalista, preocupada com o mito da segurança jurídica (neste caso não identificada com a previsibilidade das decisões mas sim com o seu acerto), o que resultou na ordinarização de procedimentos e na clássica adoção da classificação trinária das ações, bem como na pouca consideração à feição executiva da tutela jurisdicional e na rejeição à especialização e à adaptação de procedimentos para a efetiva tutela dos direitos. Hoje, entretanto, pensando-se o direito processual na perspectiva dos direitos fundamentais, chegamos à conclusão de que o próprio elemento constituído pela jurisdição não precisa ser inerente ao conceito de processo, como também de que não é apenas a carga declaratória que interessa ao escopo da jurisdição, mas principalmente a produção de resultados efetivos através do processo.

Nesse sentido, ELIO FAZZALARI[21] demonstra que a redução e a identificação do fenômeno processual para com o exercício da função jurisdicional eminentemente declaratória é uma consequência histórica do fato de que o direito processual se desenvolveu, inicialmente, no seio da jurisdição. No entanto, atualmente tal circunstância não autoriza a limitação e muito menos a identificação do processo para com a jurisdição.

Com efeito, alguns dos acontecimentos que marcaram o século passado – tais como as guerras mundiais – trouxeram para o processo de positivação e aplicação do direito processual, uma conscientização

---

20. BULOW, Oskar Von. La teoria de las excepciones procesales y los presupuestos procesales. Buenos Aires, EJEA, 1964.

21. FAZZALARI, Elio. Processo: Teoria Generale. Novíssimo Digesto Italiano. Torino, V, XIII, 1966, p. 1.068 e 1069.

valorativa que parecia ter sido esquecida, e que necessita ser estudada em conjunto com os institutos basilares do direito processual.

Interpreta-se nesse sentido a temática da instrumentalidade do processo, bastante difundida pelos estudos de CÂNDIDO DINAMARCO[22], concepção essa que se acredita necessita reconhecer sua carga evidentemente valorativa, acerca da interpretação do direito positivo. Percebe-se, portanto, que essa imbricação entre dogma e valor se deu, especialmente, a partir do âmbito constitucional, iniciando uma nova era no desenvolvimento do sistema jurídico.

Entretanto, encontrar respostas para as questões mais complexas é tarefa cuja essência se situa entre o raciocínio ilimitado da moral valorativa e o universo da dogmática tradicional, conjugados. As decisões mais importantes no estado democrático de direito contemporâneo sofreram considerável redirecionamento dos poderes legislativo e executivo em direção ao Poder Judiciário. Daí o papel essencial das cortes constitucionais, de atribuição tanto jurídica quanto política, na estrutura desses estados.

Admite-se obviamente, portanto, o papel inclusive político do Poder Judiciário. O pensamento dos diferentes ramos do direito na perspectiva dos direitos fundamentais leva à admissão, à assunção explícita, que passa a ocorrer, por diferentes estudiosos da dogmática jurídica, como foi o caso de J.J. CALMON DE PASSOS[23], acerca da concepção valorativo-ideológica de suas ideias, o que obviamente não retira a importância modelar, estrutural, portanto, do conhecimento dogmático teórico e prático.

Não se trata de subordinar o direito ao critério moral da pessoa humana que exerce a função judiciária, mas sim de admitir a realidade causal segundo a qual a própria decisão de buscar as

---

22. Conforme afirma CÂNDIDO RANGEL DINAMARCO: "Mas as explicações meramente jurídicas da destinação do processo pecam justamente por deixarem na sombra o valor humano perseguido através do exercício da jurisdição. Saia-se do plano do direito e passe-se ao da sociedade ao qual ele se destina, e então sentir-se-á que seria inteiramente inaceitável e mesmo logicamente sem explicação a busca da paz entre pessoas num caso concreto, sem saber se elas estão em real conflito." DINAMARCO, Cândido Rangel. A instrumentalidade do processo. São Paulo, Malheiros Editores, 11ª ed., 2003. Pg. 200.

23. CALMON DE PASSOS, João José. Uma nova teoria geral do processo? Joinville, Informativo Incijur. Jan. 2004. n.º 54. p. 1/5.

respostas que o sistema jurídico fornece em detrimento dos valores pessoais do julgador, é, de fato, oriunda de uma escolha valorativo-ideológica deste, cuja real ocorrência não se pode ignorar,[24] seja qual for a instância judiciária.

Trata-se de uma forma de pensar o direito processual como instrumento para a efetivação do direito material, passando pela reconceituação de vários dos institutos essenciais do processo, o que justificaria, até mesmo, definirem-se as bases para uma nova teoria geral da disciplina: uma teoria que não esteja fundada apenas nos institutos da relação jurídica processual, da ação, da jurisdição e da defesa, mas também, e principalmente, nos direitos e valores fundamentais, reestruturando o processo a partir dos seus princípios constitucionais sem, contudo, deixar de reconhecer importância aos institutos.

Neste cenário, a modificação do conceito de tutela jurisdicional é tema que tem importantes consequências para o estudo dos mais variados temas em Direito, especialmente a fungibilidade de meios. Isto pelo fato de que, aqueles que, consoante a concepção tradicional, veem a tutela jurisdicional apenas como a resposta obtida através da jurisdição, tendem a entender que se deve negar a adequada tutela jurisdicional necessitada para o exercício do direito material da parte, quando o meio processual utilizado for diverso daquele que o julgador acredita ser correto.

No entanto, a tutela jurisdicional é muito mais do que uma resposta da jurisdição ao pleito que lhe é formulado, pois o direito contemporâneo, processual ou material, encontra-se impregnado pelos valores humanitários. Tais valores conclamam cada indivíduo, especialmente os operadores jurídicos, para um compromisso em relação à solução dos conflitos. No plano processual, a técnica inibitória, bastante difundida no Brasil pelos estudos de LUIZ GUILHERME MARINONI[25], ao buscar prevenir o ilícito e, consequentemente,

24. O advento de uma nova hermenêutica é muito importante para as colocações a serem feitas adiante na presente obra, haja vista tratarem-se de conclusões ligadas à necessária conscientização dos intérpretes tradicionais acerca da abertura da constituição e das necessidades sociais de resultados através do processo.

25. MARINONI, Luiz Guilherme. Tutela Inibitória. São Paulo, Revista dos Tribunais, 1ª ed. 1998.

proteger todo o ordenamento jurídico, é um exemplo que demonstra essa conscientização coletiva a cada dia mais necessária.

É preciso haver maior compromisso da comunidade do direito frente à resolução prática e efetiva dos problemas que lhe são colocados. A tutela jurisdicional, hoje, não pode mais significar apenas uma resposta aos pedidos que lhe são feitos. É necessário haver um compromisso por parte daqueles que a requerem e que a prestam para com os seus resultados práticos. Trata-se, portanto, de uma conscientização a ser trabalhada junto aos próprios especialistas, muitas vezes excessivamente apegados aos argumentos e fundamentos oriundos do rigor técnico do processo.

Nesse diapasão, a aplicação à norma principal (princípio, na acepção tradicional) da fungibilidade junto aos meios processuais – constituídos por normas não principais (regras), possibilita melhor obtenção de resultados práticos através da jurisdição na vida dos litigantes, coadunando-se com a realidade forense que demanda interpretar-se a constituição e o ordenamento jurídico conforme a necessidade social e a melhor operabilidade do instrumento constituído pelo processo.

Deste modo, atualmente, o processo não é mais apenas um meio formal preocupado com o seu respeito acima do próprio direito material, através do qual apenas a jurisdição diz o direito, limitando-se a responder aos pleitos que lhe são formulados. Hoje, o direito processual deve ser conceituado como o resultado da operação de um núcleo de direitos fundamentais, especialmente a ampla defesa e o devido processo legal, que atuam sobre uma base procedimental formada de meios que necessitam adequar-se aos fins de forma tão rica quanto a diversidade dos direitos materiais a serem tutelados.

Daí afirmar-se, por exemplo, a existência do processo externamente à jurisdição, como ocorre com o processo administrativo, na lição de ROMEU FELIPE BACELLAR FILHO[26]. No momento

---

26. De acordo com o autor: "De procedimentos administrativos podem resultar processos administrativos desde que caracterizada situação demandante de participação dos interessados em contraditório.

Saliente-se que o conceito de processo e de procedimento administrativo não está calcado em questão abstraída do sistema jurídico. Não se trata de tomar a posição

em que a Constituição Federal utiliza a expressão "processo administrativo" acredita-se que tal opção vai muito além de uma simples preferência terminológica, admitindo a existência do regime jurídico processual nas atividades administrativas desprovidas de jurisdição, mas baseadas em atos procedimentais, contraditório e ampla defesa.

E é nesse sentido que se interpreta, também, a afirmativa de ELIO FAZZALARI[27] quando aquele retira o instituto da jurisdição do conceito de processo e diz que este consiste, na realidade, no procedimento em contraditório (princípio fundamental), pois na base de qualquer providência ou medida a ser tomada através dele, sempre estará o procedimento.

Percebe-se, deste modo, que a influência dos direitos fundamentais sobre a teoria e a prática processuais é tão profunda que não apenas os conceitos de tutela jurisdicional e de processo tendem a ser redefinidos como também a própria teoria processual necessita ser pensada nesta nova dimensão. Não se afigura razoável, por exemplo, segundo a perspectiva constitucional, tendo em vista o tema da fungibilidade de meios no sistema processual, que a condição para o exercício do direito de ação constituída pelo interesse de agir necessite sempre depender de adequação procedimental à estrutura do CPC e não ao direito material a ser tutelado.

Hoje, desta feita, acredita-se não existir paradoxo entre a especialização de procedimentos e o processualismo científico, embora o Livro IV de nosso Código de Processo Civil não tenha chegado a ser redigido pelo então ministro ALFREDO BUZAID, exatamente

---

mais justa ou mais conveniente à ideologia do intérprete. Funda-se, mormente, no Texto Constitucional que revela sua opção quando no art. 5º, inc. LV, junge o conceito de processo administrativo a litigantes e acusados, sob a égide do contraditório e da ampla defesa com os meios e recursos a ela inerentes. A partir disto compreende-se que, quando a Constituição Federal de 1988 adota a expressão *processo administrativo*, a escolha vá além de preferência terminológica. Comporta o reconhecimento expresso da exigência do regime jurídico processual nas atividades administrativas delimitadas pela Carta Magna." BACELLAR FILHO, Romeu Felipe. Princípios Constitucionais do Processo Administrativo Disciplinar. São Paulo, Max Limonad, 1998, p. 47.

27. Conforme o pensamento de ELIO FAZZALARI: "O processo é procedimento em contraditório, pois antes de qualquer medida, providência ou remédio, sempre se localizará o procedimento." FAZZALARI, Elio. Istituzioni di Diritto Processuale. 7ª ed. Padova, CEDAM, 1996, p. 7. (tradução nossa).

porque este entendia que os procedimentos especiais eram a parte da ciência processual que não havia evoluído, acreditando tratarem-se de antigos vestígios do período procedimentalista sincrético abandonado pela evolução da teoria do direito processual civil, como explica OVÍDIO BAPTISTA DA SILVA.[28] Hoje, entretanto, não há dúvida de que procedimentos especiais como o Mandado de Segurança, o despejo e a reintegração de posse, são altamente efetivos, embora muitas vezes resultantes dos *lobbies* de determinados setores econômicos.

Assim, a chamada *especialização de procedimentos* não deve ser concebida como a necessidade da criação de um procedimento especial previsto em lei para cada espécie de direito, o que não seria factível pela diversidade de direitos existentes – embora conveniente, na medida do possível – mas sim como a necessidade de adaptar-se os procedimentos segundo os casos concretos conforme a demanda dinâmica dos respectivos feitos. Logo, a especialização de procedimentos ora defendida não se liga apenas ao raciocínio legislativo de justificação das normas, mas sim, e principalmente, à lógica operativa de aplicação e adaptação dos procedimentos às vicissitudes das situações concretas.

A busca por adequação procedimental, classicamente concebida como um dos elementos constitutivos do interesse de agir que é condição da ação – ao lado do binômio necessidade/utilidade do pronunciamento jurisdicional – deixa de estar ligada à formalidade dos procedimentos previstos pelo CPC, para numa perspectiva *jusfundamental*, adequar-se ao direito material e às situações reais a serem tuteladas: adequar-se aos fins de tutela dos direitos e não aos meios constituídos pela rígida estrutura do CPC.

28. Segundo o autor: "Alguém poderia objetivar contra nosso argumento de que o Código de 1973 tende para a universalização da ordinariedade, alegando que o legislador dedicou aos Procedimentos Especiais todo um livro do Código, onde tratou justamente dos procedimentos que fogem à ordinariedade. Esta objeção poderia, à primeira vista, impressionar. Contudo, há circunstâncias históricas e manifestações doutrinárias que, antes de dar peso ao argumento, confirmam nossa conclusão.

Em verdade, o inteiro Livro IV de nosso Código não foi sequer redigido por seu autor, e os Procedimentos Especiais que ele abriga não passam para a doutrina dominante em nosso país de vestígios arcaicos de institutos e princípios medievais apenas conservados em nosso direito contemporâneo por força da tradição." Curso de Direito Processual Civil, São Paulo, RT, 1998. p. 28.

A influência dos direitos fundamentais, as necessidades da sociedade de massas e a busca por sensatez científica, têm levado os estudiosos a reconhecer os objetivos da efetividade, do acesso à justiça e da instrumentalidade como atuais norteadores do desenvolvimento do direito processual civil. Acima da autonomia da relação jurídica processual em relação ao direito material está a própria efetividade da jurisdição, cujo aperfeiçoamento passa necessariamente pela via do processo. Sem que o direito possa se fazer sentir na vida prática dos litigantes, não há que se falar numa verdadeira evolução da teoria processual.

É nesse sentido que o Código de Processo Civil demonstra grande preocupação com o respeito à dignidade da prestação da justiça (CPC, arts. 79 e segs., 161, parágrafo único e 918 parágrafo único, dentre outros dispositivos), bem como com a flexibilização e desburocratização das regras processuais com vistas à mais adequada aplicação do direito material.

Não é razoável, sob o ponto de vista lógico nem sob o aspecto ético, que premissas científicas processuais desatualizadas impeçam o Poder Judiciário de tutelar direitos com efetividade. Esse amadurecimento flexibilizador do direito processual coaduna-se com a volta do sincretismo processual, com a prática de atos de execução e cognição em um mesmo procedimento. A admissão do sincretismo volta a reunir concepções de diferentes origens, com o fim de contribuírem estas para o aperfeiçoamento do instrumento constituído pelo processo, na medida do possível.

Não há mais que se falar, dessa maneira, na impossibilidade de estudar e desenvolver cientificamente o direito processual civil, aplicando-se técnicas conjuntas de cognição e execução. Pelo contrário, a possibilidade de se obterem decisões de mérito de forma generalizada, através de cognição sumária e produção de efeitos executivos fáticos imediatos é essencial para que se tutele a urgência.

A dialética histórica da teoria processual foi marcada, originalmente, pelo sincretismo e pelo procedimentalismo, embora mais tarde o aperfeiçoamento e a busca pela autonomia do processo tenham provocado uma preocupação excessiva da ciência processual consigo mesma e com elementos teóricos próprios, de maneira que a sua atual busca por efetividade demanda maior flexibilidade e, portanto, sincretismo.

É impossível não considerar, deste modo, a influência dos direitos fundamentais no âmbito do processo, pois os estudos dedicados a encontrar formas para o aperfeiçoamento da prestação jurisdicional, tais como os concernentes à fungibilidade de meios no processo civil brasileiro, possuem embasamento invariável, antes de mais nada, em um direito constitucional elementar: o direito fundamental à efetividade do processo.

Neste sentido, o inciso XXXV do artigo 5º da Constituição Federal, ao explicitar que a lei não pode excluir eventual lesão ou ameaça a direito da apreciação do Poder Judiciário, está a garantir de modo enfático o direito fundamental à prestação jurisdicional efetiva; aos resultados através do processo e da jurisdição. Como o julgamento de mérito tem importância prática apenas se o direito material for realizado, é forçoso concluir que o próprio direito à prestação jurisdicional, nessa perspectiva, se revela como sendo o direito à sua efetividade, seja ela reparatória, ressarcitória ou preventiva; urgente ou definitiva.

É a influência do inciso XXXV do artigo 5º, a respeito dos direitos fundamentais à inafastabilidade do controle jurisdicional e à efetividade do sistema processual que, mesmo antes do advento do inciso LXXVIII do mesmo dispositivo, trazido pela Emenda Constitucional n.º 45 – acerca da duração razoável do processo – já permitia concluir serem, boa parte das últimas reformas constitucionais e também do CPC, modificações de natureza substancialmente didática, e não essencialmente modificadoras do sistema jurídico.

As reformas se dedicaram, muitas vezes, a explicitar o alcance que as disposições da Constituição Federal já possibilitavam na busca por resultados efetivos, como ocorreu, por exemplo, quando da inserção do § 7º do art. 273 junto ao CPC, acerca da fungibilidade entre medidas de urgência cautelares e antecipatórias, fungibilidade essa que já era aceita por aqueles que a fundamentavam no poder geral de cautela (CPC, art. 797) e no inc. XXXV do art. 5º da CF, interpretando os objetivos do ordenamento segundo os direitos fundamentais.

Assim, a necessidade constitucionalmente prevista de obterem-se resultados efetivos modificou inclusive os objetivos do processo. O grande objetivo do processo civil clássico era o atingimento do *status* jurídico formado pela coisa julgada material acerca da declaração a respeito de qual das partes possuía razão no mérito, pois supunha-se que através daquela compor-se-iam as lides. Hoje, entretanto, tem se aceitado possuírem, os meios processuais, o objetivo de proporcionarem o fim constituído pelo respeito ao ordenamento jurídico através de uma prestação da justiça tempestiva e necessariamente adequada ao direito material, sem a qual não há que se falar em tutela jurisdicional, pois tão ou mais importante que a declaração dos direitos é a sua satisfação, sua efetividade.

Assim, deve-se reconhecer que tanto o Poder Judiciário quanto os estudiosos teorizadores do processo não podem deixar de considerar o direito fundamental à efetividade, de tal modo que a proteção dos demais direitos depende do seu respeito: sob este prisma causal, a efetividade da jurisdição revela-se como sendo o mais importante dos direitos fundamentais, afirmativa essa corroborada por LUIZ GUILHERME MARINONI[29].

Percebe-se, portanto, que o direito constitucional à prestação jurisdicional é essencial à efetividade do direito material, uma vez que esse, diante de situações de agressão ou de ameaça, sempre necessita realizar-se plenamente. É por esta razão que o direito à efetividade da prestação jurisdicional merece ser concebido como o mais importante dos direitos, exatamente por representar o direito a tutelar os demais direitos, na lição de EDUARDO COUTURE[30].

---

29. Segundo o autor: "Para resumir, basta evidenciar que há direito fundamental à tutela jurisdicional efetiva, tempestiva e, quando houver necessidade, preventiva. A compreensão desse direito depende da adequação da técnica processual aos direitos, ou melhor, da visualização da técnica processual a partir das necessidades do direito material. Se a efetividade (em sentido lato) requer adequação e a adequação deve trazer efetividade, o certo é que os dois conceitos podem ser decompostos para melhor explicar a necessidade de adequação da técnica às diferentes situações de direito substancial. *Pensando-se a partir daí fica mais fácil visualizar a técnica efetiva, contribuindo-se para sua otimização e para que a efetividade ocorra do modo menos gravoso ao réu*". p. 7.

30. Introdução ao Estudo do Processo Civil. Trad. Hiltomar Martins Vieira, Belo Horizonte: Líder, 2003, p. 57.

Em suma, o advento dos direitos fundamentais modificou o direito processual teórica e operativamente, impondo respeito ao direito à efetividade da prestação jurisdicional, democratizando a interpretação jurídica de modo a não apenas retirar a exclusividade dos intérpretes tradicionais, mas também modificar suas mentalidades. Juntamente com a interpretação ora realizada acerca da teorização dos direitos fundamentais e da classificação das normas entre principais e não principais, para o fim de possibilitar a ponderação de valores inclusive entre regras, são estes embasamentos constitucionais fornecidos ao tema da fungibilidade de meios no nosso direito processual civil.

Ao tratarmos do tema da fungibilidade de meios no nosso direito processual civil, a influência dos direitos fundamentais sobre o processo nos conduz inexoravelmente, enfim, ao princípio do aproveitamento por meio do processo.

Isto porque o princípio da fungibilidade é descendente direto do princípio da instrumentalidade das formas em seu casamento com o sistema de nulidades, especialmente no tocante ao princípio do aproveitamento dos atos processuais.

Não faz sentido possibilitar a aplicação do princípio da fungibilidade apenas na hipótese de conversibilidade de um meio processual noutro meio processual. No momento em que o julgador se convence que dois meios processuais podem atingir o mesmo fim, deve se convencer também de que um desses meios não precisa se transformar no outro meio para que o sistema assim funcione e tutele os direitos materiais.

A partir dos direitos fundamentais, o papel do operador do direito não é apenas interpretar, mas também descrever; não apenas ter uma opinião, mas sim verdadeiramente pesquisar e identificar a opinião do sistema a respeito de si mesmo.

Daí a ideia de que o princípio da fungibilidade deve ser visto como aproveitamento dos meios processuais e não como conversão de meios processuais – ideia essa proveniente, de forma desnecessária, mais uma vez, do direito material – caso se esteja, especialmente, a pensar a sua aplicação a partir do modelo constitucional de processo contido no CPC de 2015 e na perspectiva dos direitos fundamentais e dos valores do ordenamento constitucional.

CAPÍTULO 3

A FORMA E OS MEIOS PROCESSUAIS

3.1. A FUNÇÃO DA FORMA: EQUILÍBRIO ENTRE GARANTIA E ENTRAVE

Os estudiosos, como regra geral, analisaram pouco a função da forma no direito processual. Especialmente se comparada à atenção dispensada aos temas concernentes à conquista da autonomia da disciplina e às teorias da ação, a forma é assunto da maior importância histórica e atual, embora esteja entre aqueles menos tratados pela doutrina.

A análise da função e dos limites à formalidade trazidos pelo sistema jurídico possibilita o estabelecimento de diretrizes para a concepção da forma apenas como garantia e não como entrave ao devido e efetivo processo legal, concepção essa que fundamenta estruturalmente o estudo da fungibilidade dos meios processuais.

O papel da forma nas ciências sociais pode ser compreendido sob diferentes aspectos, segundo JEFREY BERGER.[1] De acordo com o critério adotado pela noção aristotélica, por exemplo, a forma diz respeito à essência ou à substância das coisas que possuem matéria[2]. Segundo a visão kantiana, por sua vez, a forma é consi-

1. The Origin of Formalism in Social Science. University Press: Chicago, 1981, p. 11.

2. Como explica CARLOS ALBERTO ÁLVARO DE OLIVEIRA: "O problema da forma e especialmente de seu conceito é um dos mais maleáveis da história das idéias. Na visão aristotélica, não custa lembrar, a forma não só se opõe à matéria mas, em certo sentido, a reevoca, por ser considerada como a essência necessária ou substância das coisas que têm matéria."

"A essa corrente opõe-se uma outra não menos poderosa capitaneada por Kant, cujas idéias expressam um conceito de forma bem mais adequado ao tema central desta obra. Nessa perspectiva a forma é considerada como relação ou conjunto de

derada como uma relação ou um conjunto de relações de conteúdo irrelevante e constante.[3]

No âmbito jurídico, o termo "forma" também apresenta aspecto variado, podendo designar desde o credo de que a justiça depende pura e simplesmente da conformidade do ato jurídico à lei, até à identificação promovida pela Teoria Pura do Direito, de HANS KELSEN, em que a forma se torna um elemento estrutural de organização independente do conteúdo axiológico variável adotado por cada norma.[4]

Vale citar, ainda, a concepção de EDUARDO COUTURE[5], para quem o próprio processo, de certa maneira, merece ser entendido como um conjunto de garantias compostas de formalidades, visto que o desrespeito à forma constitui o estopim das nulidades.

Para nós, no entanto, os valores refletidos pelo ordenamento jurídico estão acima do que consideramos ser "a forma". Conceitu-

---

relações, cujo conteúdo mostra-se irrelevante por se conservar constante com o mudar dos termos entre os quais intercorre. A partir do grande filósofo, o sentido da palavra ficou determinado naquele de relação generalizável, ordem, coordenação ou mais simplesmente de universalidade. Dentro dessa linha de evolução, já no início do século XX a forma aparece de modo muito geral como a antítese para a liberdade do comportamento espiritual, empregado assim o conceito como vinculação, disciplina ou rigor". Do formalismo no processo civil. São Paulo, Saraiva, 2003, p. 2.

3. Kant, Immanuel. Crítica da Razão Pura. Tradução de Valerio Rohden e Udo Moosburger. São Paulo, Editora Nova Cultural, Coleção "Os Pensadores", 1996.

4. HANS KELSEN classifica, inclusive, as normas jurídicas em formais e materiais, de modo que o direito processual corresponderia às normas jurídicas de direito formal, desempenhando uma das duas funções das normas gerais (criadas por via legislativa ao invés de serem formuladas para a solução de cada caso, como ocorreria com as normas específicas), qual seja a de determinar os órgãos competentes e o processo a ser observado por estes.

   Desse modo, afirma o autor: "A estas duas funções das normas gerais correspondem as duas categorias de normas jurídicas que usualmente se costumam distinguir: normas de direito formal e normas de direito material. Como direito formal designam-se as normas gerais através das quais são regulados a organização e o processo das autoridades judiciais e administrativas, os chamados processo civil e penal e o processo administrativo. Por direito material entendem-se as normas gerais que determinam o conteúdo dos atos judiciais e administrativos e que são em geral designadas como Direito civil, Direito penal e Direito administrativo. (...) O direito material e o direito formal estão inseparavelmente ligados. Somente na sua ligação orgânica é que eles constituem o direito, o qual regula a sua própria criação e aplicação." Teoria Pura do Direito. Tradução de João Baptista Machado. São Paulo, Martins Fontes, 1997, p. 256 e 257.

5. COUTURE, Eduardo J. Interpretación de las leyes procesales. In: Estúdios de derecho procesal civil. Buenos Aires, Depalma, 1989, v. 3.

amo-na, especialmente nos países de "civil law" – em que os meios processais tendem a ser meticulosamente tipificados – como o principal instrumento de entrelaçamento e ordenação do conhecimento jurídico – em abstrato – para com a realidade substancial em que o direito é aplicado.[6] É meio para a aplicação do fim constituído pela tutela ao direito material.

Desta maneira, compreender o papel da forma no sistema jurídico, bem como os limites de sua aplicação saudável, tanto no âmbito privado quanto no público, também se revela essencial para o desenvolvimento das disciplinas jurídicas, em especial aquelas de natureza eminentemente instrumental, cuja efetividade e grau de aperfeiçoamento são testados cotidianamente pela realidade forense, como é o caso do processo.

Logo, o objetivo, a função da forma no direito como um todo, e especialmente no sistema processual, é a de servir como garantia contra os eventuais excessos do poder conferido às autoridades, concedendo previsibilidade aos procedimentos decisórios e atuando como parâmetro expositor de limites aos atos praticados pelas partes e julgadores durante os trâmites legais.

Entretanto, a função de garantia não pode atrapalhar os resultados que o sistema jurídico necessita produzir na vida dos cidadãos, pois no âmbito do processo, a tutela jurisdicional necessita ser eficazmente sentida junto aos litigantes, não podendo, as formalidades, servirem de empecilho. É essencial encontrar-se o equilíbrio, portanto, entre a garantia constituída pela forma e o possível entrave à efetividade e à própria produção da justiça, de um modo geral, que ela pode provocar.

O desenvolvimento do direito processual arquitetou os procedimentos e impôs limites às atividades das partes e dos magistrados,

---

6. No conceito elaborado por CARLOS ALBERTO ALVARO DE OLIVEIRA, a forma "corresponde à delimitação dos *poderes, faculdades e deveres* dos sujeitos processuais, coordenação de sua atividade, ordenação do procedimento e organização do processo, com vistas a que sejam atingidas as suas finalidades primordiais. A forma em sentido amplo reveste-se, assim, da tarefa de indicar as fronteiras para o começo e o fim do processo, circunscrever o material a ser formado, estabelecer dentro de quais limites devem cooperar e agir as pessoas atuantes no processo para o seu desenvolvimento." Op. cit, p. 7.

utilizando a forma como meio de aprimoramento da disciplina, num primeiro momento confundindo o processo e o direito de ação com o direito substancial, e noutro momento esforçando-se de tal maneira em isolá-lo do direito material a ponto de dar ao instrumento importância excessiva em relação ao fim por ele almejado.

Para que se atinja o equilíbrio através do qual a forma continue significando uma importante garantia ao processo e às partes e, simultaneamente, tenha sua aplicação conscientemente reduzida nas situações em que possa ameaçar a efetividade do processo, é importante que a formalidade não seja respeitada apenas porque assim dispõe o ordenamento processual, seguindo-se a forma pela forma, mas sim pela conveniência consistente, em muitas situações, na sua redução em prol de resultados.

Atinge-se tal equilíbrio, por exemplo, na hipótese de redução da formalidade consistente na aplicação do princípio da fungibilidade entre as regras processuais que fixam meios em nosso sistema jurídico. Assim, é necessário que a forma continue a atingir seu objetivo e a cumprir sua função de garantia sem, no entanto, atrapalhar a própria jurisdição na tarefa de prestar uma tutela efetiva, balanço este que acreditamos necessita ser realizado caso a caso, segundo os critérios comentados neste e nos demais capítulos deste livro.

3.2. FORMALISMO E FORMALIDADE NO PROCESSO CIVIL

Os juristas referem-se ao formalismo empregando o termo em diferentes significados. Nesse sentido, RUDOLF VON IHERING descreve o formalismo com ênfase histórica e cultural, compreendendo-o como "a cultura da forma preestabelecida", a qual conclui ser "inimiga do arbítrio e irmã gêmea da liberdade."[7]

Por sua vez, CARLOS ALBERTO ALVARO DE OLIVEIRA[8] entende que o formalismo não merece ter significados especiais

7. Tradução nossa da frase: "Die Form ist die geschoworene Feindin des Wilkur, die Zwillingsschwester der Freiheit.". Geist des romischen Rechts auf den verschiedenen Stufen seiner Entwichlung. Aalen, Scientia Verlag, 1968, v. 2, t. 2, p. 470.

8. Diz o autor: "Damos preferência à expressão *formalismo*, já consagrada na linguagem jurídica, embora às vezes empregada com sentido negativo, como excesso de exigên-

diferenciados da forma. Acredita o autor, deste modo, tratar-se de expressão que apenas engloba a forma em sentido amplo, nas suas variadas acepções, identificando os significados de forma e formalismo.

Para nós, entretanto, o rigor terminológico que prima pela clareza de ideias indica que o formalismo merece ter significado diverso. Acreditamos, deste modo, tratar-se de expressão que não engloba a forma em sentido amplo, nas suas variadas concepções, mas sim que indica a aplicação excessiva e desnecessária das regras e estruturas ligadas à forma: aquilo que CARLOS ALBERTO ALVARO DE OLIVEIRA denomina de "formalismo excessivo.".[9]

Desta maneira, na mesma linha de JOÃO BATISTA LOPES[10], cremos que o formalismo denota o respeito à forma como simples argumento de autoridade, da forma pela forma, motivo pelo qual concordamos com a distinção que o autor realiza entre formalidade e formalismo, vez que apenas este deve ser evitado, enquanto a formalidade, ela sim, pode ser identificada com a forma, constituindo garantia essencial à estrutura ordenadora do processo.

Acreditamos, ainda, que dentro da evolução do processo, a importância da formalidade merece especial destaque, face à necessidade de compreender-se o papel da forma desde os seus primórdios, junto à idade antiga, evidenciado pela amplitude da concepção de que o fenômeno processual surgiu antes do advento das teorias que

---

cias formais, superfetação da forma. A esse aspecto contraproducente e patológico do fenômeno denominamos formalismo *excessivo*." Op. cit., p. 6.

9. Compreendendo os termos "forma" e "formalismo" como sinônimos e identificando o abuso de exigências formais pela terminologia "formalismo excessivo", o estudioso, nesse mesmo sentido, afirma que: "o formalismo ou forma em sentido amplo, no entanto, mostra-se mais abrangente e mesmo indispensável, a implicar a totalidade formal do processo (...) O formalismo processual contém, portanto, a própria idéia do processo como organização da desordem, emprestando previsibilidade a todo o procedimento. Se o processo não obedece a uma ordem determinada, cada ato devendo ser praticado a seu devido tempo e lugar, fácil entender que o litígio desembocaria numa disputa desordenada, sem limites ou garantias para as partes, prevalecendo ou podendo prevalecer a arbitrariedade e a parcialidade do órgão judicial ou a chicana do adversário. Op. cit. p. 7.

10. Segundo o doutrinador não se deve confundir a formalidade com o formalismo. Veja-se: "Não há confundir formalidade com formalismo. Só este deve ser evitado, não aquela." Os poderes do juiz e o aprimoramento da prestação jurisdicional. Revista de Processo, n.º 35, p. 27.

o diferenciaram do direito material. Estudar a formalidade numa perspectiva histórica e instrumental contribui para a compreensão do processo que engloba tanto o período anterior quanto a fase posterior à sua teorização liberal clássica, como afirma ADOLFO GELSI BIDART[11]; uma compreensão processual ampla, tanto pré quanto pós-liberal. Daí que o conceito de processo ora adotado não se restringe à conquista dos pressupostos da relação jurídica processual, nem à aplicação dos institutos essenciais da jurisdição, do direito de ação e do direito de defesa.[12]

O processo precisa e sempre precisará da forma concebida como meio, como caminho entre uma realidade e outra. Analisá-lo sob a perspectiva da forma como meio significa pensá-lo a partir de suas estruturas instrumentais internas, já que a operação de princípios e institutos processuais necessita se dar sobre uma base procedimental, ainda que digital (Lei 11.419/06[13]).

Hoje, sabemos que a evolução tecnológica pode fazer com que o processo eletrônico se dispa de materialidade, mas nunca terá o condão de retirar a sua inerente natureza formal, qual seja a de constituir caminho, instrumento, meio. O processo é e sempre foi forma, meio para algo. É impossível evitar a formalidade, embora seja necessário que nos distanciemos do formalismo: se a forma é um meio, não pode se transformar em fim, sob pena de inversão das prioridades do sistema processual.

3.2.1. A Evolução da Formalidade

A evolução da ideia de formalidade se identifica com a evolução do próprio processo. Nas sociedades antigas, possuía caráter

11. Poder, Actividad, Acto em el Processo. La Ley, vol 1: Madri, 1980, p. 1079.

12. Conceituamos o processo como o resultado da aplicação de um núcleo de princípios fundamentais, regras e institutos, que opera sobre uma base procedimental que necessita se adequar da melhor maneira possível às vicissitudes de cada direito material a ser eventualmente tutelado, não apenas para declarar, mas principalmente satisfazer os direitos.

13. A Lei dos Juizados Especiais Federais, de n.º 10.259/01, nos seus artigos 8º, § 2º e 24, abriu caminho ao processo eletrônico, cuja generalização aos processos civil, penal e trabalhista, em todas as instâncias, se deu através da Lei 11.419/06.

essencialmente simbólico e religioso. Nos estágios primordiais do desenvolvimento das civilizações, a forma identificava-se com o poder compulsório das autoridades absolutas normalmente vinculadas à religião.

O traço formal dos procedimentos adotados pelas sociedades antigas, especialmente as romanas e germânicas, coexistia com o caráter definitivamente irracional dos critérios e meios decisórios. Naquele estágio da civilização, havia grande influência da magia na solução das contendas, de modo que o mais singelo erro de qualquer das partes ao pronunciar as expressões solenes constitutivas dos atos processuais podia resultar na sua invalidade e, por vezes, na perda da causa, ligando-se diretamente ao julgamento do mérito.

Para o processo daquelas sociedades, inexistia a possibilidade de busca pela verdade factual, mas sim a investigação acerca das formas indispensáveis e necessárias ao despertar dos poderes mágicos essenciais à "solução" das contendas. Os colaboradores daquele sistema, no papel de testemunhas, por exemplo, não expunham os fatos, mas sim reforçavam o direito a ser aplicado, expondo-se à eventual maldição divina, como afirma JOÃO BERNADINO GONZAGA.[14]

E nem seria necessário ir tão longe. Na França do Século XVI, segundo ROBERT MANDROU,[15] há registros de que o credo ju-

---

14. Explica, ainda, o autor: "A prova testemunhal foi cuidadosamente regulamentada, distinguindo-se várias categorias de testemunhas. Para aceitar como demonstrado certo crime, era prefixado o número de depoimentos concordes. Em geral, um só depoimento, por melhor que fosse, não bastava: *testis unus, testis nullus*. Inúmeras pessoas não eram admitidas a depor, notadamente as mulheres e os criminosos. Chegamos desse modo a absoluto e iníquo automatismo na apreciação das provas, em que nada importava a opinião do juiz. A inquisição em seu mundo. São Paulo, Saraiva, 1993, p. 31.

15. Elucida o autor: "Três elementos constituem o conteúdo essencial do sistema mental que legitima a caça às feiticeiras: uma crença cristã, fundada ao mesmo tempo sobre a tradição eclesiástica e sobre os inumeráveis exemplos de uma jurisprudência sem falhas; uma experiência visível, oferecida a todos, do processo judiciário que implica um consenso fácil de todos os participantes, juízes, testemunhos e acusados; enfim e sobretudo sentenças e confissões, fogueiras e confiscos, representando o julgamento de Deus e dos homens, a apresentar o melhor testemunho em favor do crime. Todos esses componentes praticamente unívocos desempenham sua parte nesta tradição, assegurando-lhe a solidez: eles fundamentam os inúmeros relatos que transmitem, tanto quanto os sábios tratados dos juízes e dos teólogos, os pequenos libelos de algumas páginas contando as histórias prodigiosas de um gentil homem ao qual o diabo apareceu e com o qual ele conversou sobre o corpo de uma mulher morta ou

risdicional na providência divina continuou a existir, especialmente quando das condenações de feiticeiros à morte. Ainda hoje, mesmo sendo laica a justiça (conforme consta do preâmbulo da CF), inúmeras salas públicas de audiência continuam a ostentar crucifixos em nosso país.

No período do baixo império romano, entretanto, a diminuição da formalidade retirou parte da influência irracional da religião sobre as autoridades judiciárias, através do surgimento do chamado "processo formulário", abandonando-se o processo das *legis actiones*. A fórmula nada mais era do que a adaptação dos procedimentos de modo especial aos casos a serem julgados, nos termos daquilo que o *praetor* comunicava ao *iudex*, para que o processo e, consequentemente, o julgamento, pudessem acontecer.

Assim, cresceu o poder dos juízes e o novo sistema levou à extinção do predomínio da formalidade, como força coercitiva no processo. Desde aquela época, portanto, notamos a relação inversamente proporcional havida entre o aumento da formalidade e a diminuição dos poderes dos julgadores; o aumento dos poderes dos magistrados e a redução da formalidade.

Alguns séculos mais tarde, buscando atingir o equilíbrio entre a forma e os poderes conferidos aos magistrados, o "processo da *cognitio*" diminuiu a influência da formula no processo. Talvez até em razão do grande poder concedido às autoridades judiciárias inicia-se o esboço do sistema da prova legal, com valor pré-disposto, que se a partir de então se generalizou junto ao processo medieval e comum.

A forma assumida pelo processo romano dos últimos períodos imperiais tornou-se a base dos processos comum e canônico. E especialmente o processo Justiniano, cuja base formal foi patrocinada pela obra dos glosadores, transformou-se, juntamente com o

---

de um mágico da cidade de Moulins que tinha um demônio dentro de um pequeno frasco." (...)

"O Diabo presente em toda parte, quotidianamente: tanto quanto Deus Pai, é a realidade primeira que constitui o fundamento de toda crença. Um maniqueísmo grosseiro, simplista e terrivelmente eficiente faz da vida terrestre um combate constante entre o maligno e as criaturas." Magistrados e Feiticeiros na França do Século XVII: Uma análise de psicologia histórica. Tradução de Nicolau Sevcenko e J. Guinsburg. São Paulo, Editora Perspectiva, 1992, p. 63 e 64.

processo canônico, no fundamento dos ordenamentos processuais da maioria dos países europeus, como ensina JOSÉ ROGÉRIO CRUZ E TUCCI.[16]

É interessante, neste diapasão, notar que o próprio direito canônico, evidentemente influenciado por dogmas religiosos, procurou não apenas excluir as formalidades pouco seguras oriundas do procedimento bárbaro, mas também neutralizar as excessivas sutilezas do procedimento romano, atingindo feição supostamente racional em relação ao papel da forma.

Dentro da contradição intrínseca que acreditamos existir entre a racionalidade formal e a religiosidade institucionalizada, passou-se, então, a justificar forma como garantia e como limite aos atos das partes e dos julgadores, junto àquele que se denominou como sendo o "procedimento romano-canônico", e cujo triunfo deu-se forma integral através de sua definitiva incorporação às legislações da França, da Itália e da Alemanha.

Mais tarde, inclusive, o advento da *Clementina Saepe* só fez aumentar o prestígio dessa racionalidade velada pela religião sobre a utilização da forma no processo. A *Clementina Saepe*, na lição de JOSÉ ROGÉRIO CRUZ E TUCCI[17], foi uma decretal emitida em 1.306 pelo Papa Clemente V, e que constituiu um dos estatutos

---

16. Segundo o estudioso: "Na medida em que se dilatava o âmbito de atuação da jurisdição da Igreja, o direito processual canônico passa a oferecer inúmeras soluções ao processo adotado nos tribunais civis. Assim, a doutrina resultante do estudo das *ordines judiciarii ecclesiastici* atinge enorme prestígio, sobretudo nas regiões em que Igreja e Estado conviviam sobre regime de estreita colaboração, inclusive no que dizia respeito à prática de um processo comum."

"A obra de Ivo de Chartres constitui uma evolução nesse sentido, na qual pode ser detectada a gênese de certos valores que conduzem à idéia de um processo équo. Na verdade, a concepção de *ordo* do jurista-teólogo determina uma ruptura com o processo barbárico." Lições de Processo Civil Canônico. São Paulo, RT, 2001, p. 37.

17. Ensina o doutrinador que "durante o Concílio Ecumênico de Viena, em plena época do cisma do Ocidente, manifesta-se uma tendência reformadora em duas dezenas de constituições aprovadas na terceira e última sessão daquele evento, em 6 de maio de 1.312, sob o papado de Clemente V (1.305-1.314).

Depois de devidamente revisadas foram recolhidas em um volume, com outros documentos anteriores e posteriores, divididos em 5 livros, 52 títulos e 106 capítulos. Dentre os textos reunidos encontra-se a célebre decretal *Clementina Saepe*, de 1936, que instituiu o processo sumário. Consideradas pelo Papa Clemente V como *líber septimus*, foram denominadas pelos canonistas de *Clementinae*." (...)

papais fundamentais para a simplificação das formas procedimentais no direito romano-canônico.

Isso porque o espírito litigioso e malicioso condutor da chicana processual, já naquela época, em razão da formalidade excessiva, impedia a rápida solução das causas. A formalidade exacerbada costuma estar aliada à litigância de má-fé, e não o contrário.

Assim, através da decretal papal concedeu-se ao magistrado poder para encerrar a análise dos elementos da causa em uma ou mais audiências, proferindo decisão definitiva para o caso tão logo este se sentisse preparado. A *Clementina Saepe,* muito embora contivesse apenas a expressão *appellationes dilatórias et frustatorias repellendo,* constituiu a base do desenvolvimento posterior do direito processual, contribuindo para a distinção entre etapas processuais e formalidades desnecessárias.

A evolução da formalidade processual passou, também, pela influência da ideologia iluminista e o advento da Revolução Francesa, naquele que se denominou como o "processo liberal". Só então reconheceu-se a igualdade no acesso aos tribunais, a oralidade e a publicidade dos atos processuais como elementos fundamentais do processo civil.

A influência da ideologia liberal sobre o processo levou à concepção do direito processual civil como objeto privado das partes, do "processo como jogo", especialmente durante o século XIX, refletindo de maneira bastante compreensível a lógica individualista e privatística dos direitos patrimoniais.

Entretanto, no direito processual dos ordenamentos mais modernos acaba por repercutir a paulatina tendência de socialização do

---

"As fontes jurídicas revelam que o procedimento ordinário (*solemnis ordo iudiciarius*), aperfeiçoado nesta época, era lento, custoso e extremamente formal.

E por isso afirma-se que a história do processo civil, a partir deste momento, é a história do esforço para tornar o processo mais racional, menos complicado e mais célere..."(...)

"Os canonistas, diante da excessiva duração do processo, passaram a admitir que se procedesse *simpliciter, breviter, de plano ac sine estrepitu et figura iudicii,* atendendo a um imperativo de ordem social, em face do volume cada vez mais crescente de processos. Tal princípio restou consolidado em duas bulas do Papa Clemente V, *Saepe contingit* (1.306) e *Dispendiosam* (1.311), ao se estabelecer, como regra, a *cognitio summaria,* no âmbito de um procedimento oral, caracterizado por lapsos temporais breves, que acabou sendo recepcionado pelas legislações laicas". Op. cit. p. 57 e 59.

direito civil. Através da ênfase emprestada aos fins sociais do processo civil, ocorrida na passagem do século XIX para o século XX, atraiu-se de modo significativo a atenção para o caráter público da relação de direito processual, especialmente através das obras de OSKAR VON BULOW[18] e ADOLF WACH[19], emprestando racionalidade ainda maior às formalidades processuais modernas.

3.2.2. A evolução da teoria processual

Na Idade Antiga e na Idade Média, a jurisdição era vista como um sistema de tutela aos direitos exercidos com reduzida participação do juiz. O direito de ação fazia parte do próprio direito subjetivo material. O processo era visto apenas como mero procedimento, constituído de atos necessários ao exercício dos direitos.

Ao utilizar a expressão "sincretismo" para caracterizar o processo no mundo antigo e na idade média, CÂNDIDO DINAMARCO[20] demonstra que, naquele momento histórico, o procedimento necessário para a tomada de decisões jurisdicionais era oriundo da reunião de concepções bastante heterogêneas, cujo estudo e sistematização não traziam grande preocupação ou interesse aos juristas, pois o direito material englobava o direito de ação.

---

18. La teoria de las excepciones procesales y los presupuestos procesales. Buenos Aires, EJEA, 1964.

19. La pretensión de declaración. Buenos Aires, EJEA, 1977.

20. De acordo com o autor: "Foi esse *sincretismo* jurídico, caracterizado pela confusão entre os planos substancial e processual do ordenamento estatal, que no século XIX começou a ruir. Primeiro, questionou-se o tradicional conceito civilista de ação e afirmou-se a sua grande diferença, seja no plano conceitual ou funcional, em face da *actio* romana: ela não é (como esta) instituto de direito material, mas processual; não se dirige ao adversário, mas ao juiz; não tem por objeto o bem litigioso, mas a prestação jurisdicional. A celeuma provocada por essas afirmações revolucionárias (hoje, tão naturais aos olhos do jurista moderno) acabou gerando reações em cadeia, que chegaram até à plena consciência da *autonomia* não só da ação, mas dela e dos demais intitutos processuais. A primeira dessas repercussões foi a tomada de consciência para a autonomia da relação jurídica processual, que se distingue da de direito substancial pelos seus sujeitos, seus pressupostos, seu objeto. Com a descoberta da autonomia da ação e do processo, institutos que tradicionalmente ocupavam com exclusividade a primeira linha das investigações dos processualistas, pôde ser proposta desde logo a renovação dos estudos de direito processual, surgindo ele como ciência em si mesma, dotada de objeto próprio e então esboçada a definição de seus próprios métodos." Citar trecho pg. 18 e 19. A instrumentalidade do processo. São Paulo, Malheiros, 2003, p. 18 e 19.

Dentro dessa etapa da evolução da teoria processual, CÂNDIDO DINAMARCO[21] destaca o sincretismo como traço histórico caracterizador, enquanto NICETO ALCALÁ-ZAMORA Y CASTILLO[22] prefere ressaltar a evolução decorrente das subfases caracterizadas pelo período primitivo, pela escola judicialista, e pelo praxismo.

Na classificação de NICETO ALCALÁ-ZAMORA Y CASTILLO[23], portanto, o período primitivo vai desde o início da humanidade até o século XI d.C. Nele existiam apenas análises esparsas sobre o funcionamento da justiça, visando o desenvolvimento das instituições do direito Romano e do direito romano-barbárico.

Por sua vez, o período da escola judicialista nasceu com a criação da Universidade de Bolonha, no ano de 1.088 d.C. A escola judicialista caracterizou-se pela ocorrência do fenômeno histórico da recepção, explicitado pelo prestígio das escolas italianas formadoras de estudantes de toda a Europa, que passaram a aplicar o direito romano em diversas nações daquele Continente, um direito comum, unificador.[24]

Após o advento unificador da escola judicialista, surgiu o período do praxismo, que foi do século XVI ao século XIX, e caracterizou-se pela preocupação central com a forma de realizar o procedimento, não existindo grande preocupação com seu estudo teórico. Nele, entendia-se que o processo era apenas a prática forense. Não há dúvida de que as marcas do período praxista ainda estão presentes na doutrina e na técnica processual cotidiana de diversos países, como é o caso do Brasil, tal a importância da burocracia na realidade forense.[25]

---

21. Op. cit. p. 17 a 26.

22. Estudios de teoria general e historia des processo. Cidade do México, UNAM, 1974, v 2. p. 26.

23. Op. cit. p. 29.

24. Segundo JOSÉ FREDERICO MARQUES: Reconhecida a validez universal ao Direito Romano (e ao Canônico, para as questões espirituais), torna-se ele o direito comum, que deveria encontrar aplicação sempre que o direito particular do lugar não dispusesse, de modo expresso, sobre determinado assunto. Coube aos glosadores e aos seus continuadores a regulamentação teórica do processo comum. Manual de Direito Processual Civil. São Paulo. Bookseller, 1997, vol. I, p. 223.

25. De acordo com EDSON PRATA, caracterizaram o praxismo:

    a) o cansaço originário do estudo sistemático de obras antigas, especialmente do direito romano, todas escritas em latim e dificultando, consequentemente, o acesso às mesmas por parte considerável daqueles que desejavam estudar o direito;

Com o passar dos séculos e o nascimento do Estado Moderno, surgiu o período do procedimentalismo, período esse que serviu de transição para a fase autonomista do processo. Esse foi o período em que o procedimento passou a ser mais estudado e conhecido pelos juristas, principalmente em razão da separação histórica que a Codificação Napoleônica realizou, ao separar as legislações processuais e os respectivos corpos legais de direito material.

Até o surgimento do procedimentalismo, os estudos processuais reduziam-se a trabalhos de prática forense. Com a separação das legislações material e processual, o direito processual começa a ser estudado com maior autonomia, iniciando-se o surgimento de suas próprias bases teóricas.

A partir do século XIX, começam a surgir as grandes teorias processuais, em especial as que se referem à natureza jurídica da ação e do processo, suas condições e pressupostos, preocupando-se com a afirmação da autonomia do direito processual face ao direito material; com a distinção da relação jurídica de direito processual face à relação jurídica de direito material.

Foi nesse período que OSKAR VON BÜLOW[26] publicou, em 1868, a "Teoria das exceções processuais e dos pressupostos processuais", destacando a existência de uma relação jurídica de direito processual distinta da relação jurídica de direito material. Por sua vez, ADOLF WACH[27] defendeu a natureza jurídica da ação como

---

b) o interesse dos povos voltado para o nacionalismo, pelas coisas da própria terra, em abandono – embora não sistemático – do passado remoto de outros povos;

c) a invenção da imprensa, gerando oportunidade para impressão de maior quantidade de livros. Em se aumentando a quantidade, necessário se faria também o aumento do número de leitores;

d) o abandono da língua latina em favor da língua nacional, do vernáculo; com isto, os escritores poderiam ser lidos por um número bem maior de pessoas;

e) a necessidade de se dotar os estudiosos do direito de obras práticas, em lugar das até então eminentemente técnicas e científicas.

História do Processo Civil e sua projeção no direito moderno. Rio de Janeiro, Forense, 1987, p.52.

26. La teoria de las excepciones procesales y los presupuestos procesales. Buenos Aires, EJEA, 1964.

27. La pretensión de declaración. Buenos Aires, EJEA, 1977.

sendo um direito autônomo, de caráter público, e que não pressupõe a existência do direito subjetivo material.

Nascia, portanto, o chamado processualismo científico, que prezava essencialmente a compreensão do direito processual como ramo autônomo da ciência jurídica, e que se caracterizou como um período de intenso desenvolvimento e estudo da ciência processual, embora menos preocupado com os porquês da estrutura formal interna do processo.

Na Itália, GIUSEPPE CHIOVENDA proferiu, no ano de 1903, na universidade de Bolonha, uma conferência histórica sob o título "*A* ação no sistema dos direitos", apresentando o processualismo científico aos povos de língua latina. O autor atraiu discípulos que ajudaram a criar a Escola Italiana de Direito Processual, dentre eles, PIERO CALLAMANDREI, e ENRICO TULLIO LIEBMAN.

Segundo NICETO ALCALÁ-ZAMORA Y CASTILLO,[28] na esfera processual, nem mesmo a escola alemã influenciou tanto as gerações posteriores de estudiosos do direito quanto a escola italiana - que também influenciou os processualistas penais - tendo seu pensamento se propagado para fora da Itália, especialmente pela Península Ibérica e pela América Latina.

O Código de Processo Civil brasileiro de 1973 reflete claramente o apogeu da concepção científica autônoma da escola processual italiana, consoante o pensamento do então Ministro da Justiça, ALFREDO BUZAID, discípulo contrito de ENRICO TULLIO LIEBMAN.

Separando as tutelas jurisdicionais, que classifica em cognição, execução e cautela, o diploma legal tratou do processo de conhecimento, do processo de execução, do processo cautelar e dos procedimentos especiais e demais disposições finais e transitórias em livros distintos, adaptando minuciosamente a lei às concepções do pensamento processual mais desenvolvido à época.

No entanto, passados quase trinta anos de vigência do referido código, os operadores do direito reconhecem a necessidade de co-

28. Estudios de teoria general e historia des processo. Cidade do México, UNAM, 1974, v 2. p. 33.

adunar a sua estrutura formal interna aos direitos fundamentais, à necessidade de economia processual e à realidade de uma demanda cada vez maior de casos a serem julgados, em um cenário em que o tempo é cada vez mais exíguo.

3.3. AS ESTRUTURAS DO CPC DE 1973 E DO CPC DE 2015

Influenciado pelos ensinamentos de ENRICO TULLIO LIEBMAN[29], o Código de Processo Civil de 1973 foi estruturado de modo a dividir as tutelas jurisdicionais de cognição, execução e cautela, tratando do processo de conhecimento, do processo de execução e do processo cautelar em livros distintos.

Partindo da premissa de que a adequação procedimental, segundo as suas próprias regras formais (de meios), é elemento constituinte do interesse de agir, estabeleceu o diploma que a petição inicial pode ser indeferida em caso de escolha incorreta do procedimento a ser utilizado (CPC de 1973, art. 295, V). Preocupou-se, também, em dar nomenclatura diferenciada aos procedimentos especiais, por estarem naturalmente tão próximos do direito material, se comparados aos "processos" de conhecimento, execução e cautelar. Da mesma forma, não contemplou o princípio da fungibilidade junto aos recursos, ao contrário de seu antecessor (CPC de 1939, art. 810).

Com o passar dos anos, tanto a doutrina quanto a jurisprudência brasileira discutiram as contradições e imperfeições do sistema estanque, ordinarizado e inflexível, trazido pelo Código de Processo Civil de 1973. Novamente, admitiu-se que o reconhecimento excessivo da importância e da autonomia das questões processuais distanciou o direito processual do direito material.

O advento do CPC de 2015 teve o objetivo de coadunar a legislação processual infraconstitucional à Constituição Federal de 1988, bem como justificar inovações junto à mentalidade dos operadores do direito, que buscam trazer agilidade e efetividade às decisões judiciais, conjugando e aproximando o fenômeno processual ao direito material e à Constituição Federal.

---

29. Que aqui viveu e difundiu suas ideias através de estudos como: Os Limites da Jurisdição Brasileira. In: Estudos sobre o processo civil brasileiro. São Paulo, Bushatsky, 1976.

Considerando-se a complexidade social sempre crescente a que o processo busca se adaptar, não era mais plausível aceitar que os meios superassem os fins, ou mesmo que o interesse de agir justificasse a existência de apenas um meio para cada fim, da mesma forma que não era mais possível esperar sempre, com a ordinarização do processo de conhecimento, a obtenção de uma certeza consubstanciada numa sentença que ainda necessitaria de todo um processo autônomo de execução para produzir resultados no mundo dos fatos: o princípio da *nulla executio sine titulo.*

Atualmente, adaptando-se a noção histórica de sincretismo à estrutura do Código de Processo Civil de 2015, o seu conceito evoluiu, significando a reunião das tutelas jurisdicionais de cognição e execução havidas conjuntamente em um só procedimento, e não apenas a reunião de concepções e doutrinas de origens diferenciadas, que nem mesmo consideravam o processo como ramo autônomo da ciência jurídica.

Daí a constatação de que existe uma tendência atual de retorno ao sincretismo e a uma concepção de processo menos distante do direito material – e nem por isso menos autônomo – que possibilite melhor adequação do instrumento às necessidades existentes para a aplicação dos mais novos, ricos e diferenciados direitos materiais.

Acreditando que especialmente a coisa julgada material traria a segurança jurídica necessária aos julgamentos, a escola italiana primava pela ordinarização dos procedimentos e acreditava que a técnica cautelar deveria ser compreendida como um terceiro gênero de tutela jurisdicional, composto tanto da característica cognitiva quanto da característica processual executiva e usada como meio de proteger o direito material, na lição de FRANCESCO CARNELUTTI.[30]

Entretanto, o fato de possuir atos cognitivos e executivos não fazia do processo cautelar do CPC de 1973 um terceiro gênero de tutela jurisdicional. Pelo contrário, demonstrava a falta de lógica do raciocínio de que só pode haver decisão segura e justa acerca do mérito através de cognição exauriente, lógica essa bastante fragilizada

30. Sistema del diritto processuale civile, Padova, Cedam, vol. I, 1936, p. 121.

de 1994 em diante, após a inserção da técnica antecipatória junto ao sistema processual (CPC de 1973, arts. 273 e 461).

Assim, o CPC de 2015 abandonou a noção de que não pode haver decisão de mérito sem ordinarização e cognição exauriente; deixou mais claro a noção elementar de que pode, sim, haver execução sem certeza e sem título, em detrimento do princípio da *nulla executio sine titulo*, inadequado que é as premissas do direito processual atual e à missão trazida pela CF/88 à disciplina.

A inserção do § 7º junto ao artigo 273 do CPC de 1973 já tinha exatamente a intenção de flexibilizar o sistema das medidas de urgência[31], e auxiliar a solução dos problemas naturalmente decorrentes da reestruturação do código perante a mentalidade dos juristas, possibilitando a fungibilidade da técnica antecipatória pela técnica cautelar e vice-versa e admitindo a conveniência do princípio da fungibilidade entre meios processuais (medidas cautelares e antecipatórias) que prestam exatamente o mesmo fim: a tutela de urgência, que é uma só.

Em verdade, o CPC de 2015 deixou ainda mais evidente a busca pela instrumentalidade das formas (princípio de onde a fungibilidade processual deriva, mas com o qual não se confunde) ao tratar da primazia da resolução do mérito. O CPC de 2015 proporcionou, ainda, uma aceitação mais ampla do princípio da fungibilidade junto às formas processuais, justificando de maneira ainda mais intensa que a liberdade das formas se aplique especialmente entre os meios considerados adequados pelo próprio sistema processual, junto aos quais houver uma dúvida objetivamente verificável.

A própria doutrina entendia que o livro IV do CPC de 1973 tratava de antigos vestígios do período procedimentalista sincrético havido no decorrer da evolução da teoria do direito processual civil. [32]

---

31. Conforme defendemos no estudo: Flexibilização da Tutela de Urgência. Curitiba: Juruá, 2006, 3ª tiragem, p. 112.

32. Diz OVÍDIO BAPTISTA DA SILVA: "Alguém poderia objetivar contra nosso argumento de que o Código de 1973 tende para universalização da ordinariedade, alegando que o legislador dedicou aos Procedimentos Especiais todo um livro do Código, onde tratou justamente dos procedimentos que fogem à ordinariedade. Esta objeção poderia, à primeira vista, impressionar. Contudo, há circunstâncias históricas e manifestações doutrinárias que, antes de dar peso ao argumento, confirmam nossa conclusão.

É verdade que o surgimento do direito processual como ramo autônomo da ciência jurídica ocorreu, historicamente, durante o final do século XIX e início do século XX, quando os estudos de OSKAR VON BULLOW[33] e ADOLF WACH[34] tiveram o condão de estabelecer a diferença entre a relação jurídica de direito material e a relação jurídica de direito processual, bem como a existência de um direito ligado à tutela dos demais direitos, denominado direito de ação.

Entretanto, o reconhecimento da existência de uma relação jurídica de direito processual distinta das relações de direito material, bem como de um direito instrumental público subjetivo para a proteção dos demais direitos culminou, mais tarde, na justificação do formalismo através da autonomia da ciência processual, como se essa autonomia exigisse a escolha do meio correto de modo tão importante quanto a tutela do direito substancial.

Atualmente, no entanto, temos consciência – dada a importância do caráter instrumental que tem o processo, especialmente no modelo do CPC de 2015 – que a evolução da disciplina não pode se distanciar das relações para com a tutela do direito material, e muito menos da influência exercida pelo direito constitucional (CPC de 2015, art. 1º). Assim, o pretexto constituído pelas premissas da fase autonomista da ciência processual merece ser relativizado.

A realidade e as necessidades da sociedade de massa, assim como a busca pela verdade e neutralidade científicas, levaram os estudiosos a reconhecer os objetivos da efetividade, do acesso à justiça e da instrumentalidade como atuais norteadores do desenvolvimento do direito processual civil.

Acima da autonomia da relação jurídica processual em relação ao direito material está a própria efetividade da jurisdição, cujo aperfeiçoamento passa necessariamente pela via do processo. Sem

---

Em verdade, o inteiro Livro IV de nosso Código não foi sequer redigido por seu autor, e os Procedimentos Especiais que ele abriga não passam para a doutrina dominante em nosso país de vestígios arcaicos de institutos e princípios medievais apenas conservados em nosso direito contemporâneo por força da tradição." Curso de Processo Civil. São Paulo, RT, vol. III, 1998, p. 28.

33. Op. cit.

34. Op. cit.

que o direito possa se fazer sentir na vida prática dos litigantes, não há que se falar numa verdadeira evolução da teoria processual.

A teoria processual é diariamente testada no foro. A tarefa do processo hodierno é trazer resultados com segurança. O progresso da ciência processual não diz respeito à sua própria evolução, mas sim à sua íntima ligação com a prestação da justiça. Não nos parece acertado falar em evolução da teoria processual sem que haja resultados para as partes e respeito à jurisdição.

O CPC de 2015 demonstra grande preocupação com o respeito à dignidade da prestação jurisdicional e, no processo de execução, à dignidade da justiça (CPC de 2015, art. 139, IV), bem como com a flexibilização e a desburocratização das regras processuais com vistas à mais adequada proteção ao direito material.

O processo é o instrumento da jurisdição por excelência. Não é razoável nem compreensível, e muito menos conveniente, que concepções processuais formalistas fundadas em uma interpretação literal oriunda da rígida estrutura original do CPC, impeçam o Poder Judiciário de prestar a tutela jurisdicional da maneira mais efetiva possível.

Portanto, essa flexibilização do direito processual civil, oriunda tanto da estrutura do CPC de 2015 quanto do labor da doutrina e da jurisprudência, é fundamento também para justificar maior aceitação ao princípio da fungibilidade junto às formas processuais, assim como a volta do sincretismo processual, com a prática de atos de execução e cognição em um mesmo procedimento.

Não há mais que se falar, dessa maneira, na impossibilidade de estudar e desenvolver cientificamente o direito processual civil, aplicando-se amplamente o princípio da fungibilidade às situações em que dois caminhos puderem levar exatamente ao mesmo resultado, bem como técnicas conjuntas de cognição e execução.

Constata-se, dessa forma, que a dialética histórica da teoria processual foi marcada pelo sincretismo e pelo procedimentalismo em sua origem. Hoje, no entanto, depois de quase dois séculos da publicação das primeiras obras de OSKAR VON BULOW[35], cons-

35. Op. cit.

tatamos que o aperfeiçoamento e a busca por autonomia levaram a uma preocupação excessiva da ciência processual com seus marcos teóricos e práticos, de maneira que a sua atual busca por efetividade demanda maior flexibilidade e, portanto, sincretismo e fungibilidade entre os meios considerados adequados pelo próprio sistema jurídico.

3.4. ECONOMIA PROCESSUAL, INSTRUMENTALIDADE DAS FORMAS, INSTRUMENTALIDADE DO PROCESSO E FUNGIBILIDADE NO ÂMBITO DO PROCESSO

O princípio da economia processual consiste na concepção de que o processo deve ser empregado o mínimo possível para obter-se melhor e mais efetivamente, aquilo que realmente constitui a tutela jurisdicional: o resultado que ela produz. Trata-se de obter a melhor relação de custo benefício entre o número de atos processuais e o resultado proporcionado através destes.[36]

Dessa forma, o princípio da economia processual justifica, por exemplo, o litisconsórcio, as diversas formas de intervenção de terceiros, a reconvenção, o pedido contraposto nos juizados especiais e a reunião de processos em casos de conexão ou continência, dentre outras situações.

Para a flexibilização decorrente da fungibilidade dos meios processuais, o princípio da economia processual também serve como um fundamento de valor. O princípio da economia processual explica e esclarece, portanto, a função eminentemente instrumental das formalidades, para que não haja desequilíbrio entre o processo e o resultado por ele proporcionado.

O processo deve ser o mínimo, tendo o mínimo possível de atos materiais, mas visando o máximo de efeitos práticos. A escolha das medidas a serem utilizadas, os requerimentos tecnicamente

---

36. Segundo ANTONIO CARLOS DE ARAÚJO CINTRA e outros: "Se o processo é um instrumento, não pode exigir um dispêndio exagerado com relação aos bens que estão em disputa. E, mesmo quando não se trata de bens materiais, deve haver uma necessária proporção entre fins e meios, para equilíbrio do binômio custo-benefício. É o que recomenda o denominado princípio da economia processual, o qual preconiza o máximo resultado na atuação do direito com o mínimo emprego possível de atividades processuais." Teoria Geral do Processo. São Paulo, Malheiros, 1997, p. 73.

corretos e as demais formalidades do gênero, quando constituírem, preponderantemente, obstáculos à efetividade processual, devem ser preteridos em favor dos resultados que a jurisdição necessita atingir.

Entretanto, é necessário aplicar o princípio da economia processual com ressalvas. Isso porque a aplicação do princípio da economia processual necessita ser delimitada pelos demais princípios e pelas garantias do direito processual civil, tais como os princípios do contraditório e da ampla defesa.[37]

Portanto, o princípio da economia processual deve ser aplicado com critérios, conforme a situação permitir, muito embora dentro dos limites da questão referente à fungibilidade de meios no direito processual civil, não haja dúvida de que o princípio constitui fundamento de valor, privilegiando a substância sem que se desrespeite o rigor técnico do instrumento processual, já que segundo o princípio da fungibilidade apenas os meios considerados corretos pelo sistema jurídico processual são equivalentes (ao contrário do que possibilita a genérica aplicação da instrumentalidade das formas).

Veja-se: o princípio da instrumentalidade das formas é oriundo do princípio da economia processual, constituindo, na realidade, um subprincípio; um dos corolários da economia processual. O subprincípio da instrumentalidade das formas liga-se à finalidade das formas processuais, estabelecendo a noção de que devem ser considerados imperfeitos e, por conseguinte, nulos ou anuláveis, apenas os atos processuais cujo objetivo não foi atingido.[38]

Portanto, a lógica que embasa o subprincípio da instrumentalidade das formas é a de que o objetivo de um ato processual é mais importante do que o ato em si mesmo. Mais do que isso: trata-se de entender que o objetivo do processo é mais importante do que ele mesmo.

---

37. Para ANTONIO CARLOS DE ARAÚJO CINTRA e outros: "Apesar da grande importância do princípio da economia processual, também é inegável a conclusão de que ele deve ser necessariamente dosado". Op. cit. p. 74.

38. Conforme o ensinamento dos mesmos autores: "O princípio da instrumentalidade das formas quer que só sejam anulados os atos imperfeitos se o objetivo deles não tiver sido atingido (o que interessa, afinal, é o objetivo do ato, não o ato em si mesmo)". Op. cit. p. 347.

O subprincípio da instrumentalidade das formas deixa claro que a forma é apenas um instrumento, pois não deve haver nulidades processuais se não houver prejuízos decorrentes de um ato que não tenha sido praticado segundo a melhor forma: *pas de nullité sans grief.*[39]

Entretanto, para o fim de compreender e operacionalizar a fungibilidade de meios, a instrumentalidade das formas é o subprincípio geral de onde deriva, por sua vez, o subprincípio especial da fungibilidade de meios processuais adequados ao mesmo fim (assim considerados, especialmente pela jurisprudência num determinado momento). O cerne de tal concepção está em possibilitar-se o resultado prático proporcionado pela tutela jurisdicional, compreendendo-o como mais importante do que a utilização da medida, até por que não se admite que uma das medidas corretas é tecnicamente mais adequada do que outra quando pesquisa atenta indica que o próprio sistema processual não se define.

Mais uma vez, o processualista deve admitir que o seu objeto de análise não é mais importante que o direito substancial, servindo apenas como instrumento àquele. É necessário aproximar o direito processual e o direito material, desenvolvendo o estudo dos institutos tanto sob perspectivas internas quanto sob ângulos externos, num esforço que dever vir de ambas as comunidades científicas visando à proteção de todo o ordenamento.

Em seu estudo "A Instrumentalidade do Processo", CÂNDIDO DINAMARCO pugna não apenas pela instrumentalidade das formas, mas também e principalmente, pela instrumentalidade de toda a disciplina do processo; pela concepção a ser incutida junto aos operadores do direito de que entender o processo como instrumento não significa apenas afirmar o seu caráter, mas principalmente praticá-lo: um novo método de pensamento e de ação.[40]

---

39. Não há nulidade se não houver prejuízo. (Tradução nossa).

40. Afirma o estudioso, nas conclusões de sua obra: "2. Não basta afirmar o caráter instrumental do processo sem praticá-lo, ou seja, sem extrair desse princípio fundamental e da sua afirmação os desdobramentos teóricos e práticos convenientes. Pretende-se que em torno do princípio da instrumentalidade do processo se estabeleça um novo *método de pensamento* do processualista e do profissional do foro. A própósito dessa idéia, duas séries de conclusões foram desenvolvidas, seja ao considerar os reflexos que

Através da aceitação da relativização do binômio havido entre direito material e processo, a busca pela sua instrumentalidade evita as consequências negativas oriundas do processualismo exagerado, proporcionando o atingimento de conclusões teóricas e resultados empíricos comuns, e promovendo a indispensável associação entre teoria e prática com vistas à obtenção da coerência necessária à evolução da disciplina.

Entretanto, sustentar a instrumentalidade do processo sob uma feição teórica e operativa, como pretende realizar este trabalho no que concerne ao subprincípio especial da fungibilidade dos meios processuais, significa estabelecer limites e parâmetros suficientes para a aplicação dos valores instrumentais junto ao dia-a-dia forense, o que realizaremos especialmente através da análise das diversas hipóteses de utilização da fungibilidade formal a serem abordadas adiante.

Em muitos momentos o legislador brasileiro tem sido influenciado pela tendência operativa instrumentalista como, por exemplo, através da edição das Leis n.º 9.099/95 e 10.259/01, referentes aos Juizados Especiais Estaduais e Federais, do Código de Proteção e

---

a clara visão dos escopos processuais há de lançar sobre a técnica processual (cap. VIII), seja no que se disse sobre o duplo sentido da instrumentalidade (cap. IX). O que importa acima de tudo, como ficou dito, é colocar o processo no seu devido lugar, evitando os males do exagerado *processualimo* (tal é o aspecto negativo do reconhecimento do seu caráter instrumental) – e ao mesmo tempo cuidar de predispor o processo e o seu uso de modo tal que os objetivos sejam convenientemente conciliados e realizados tanto quanto possível. O processo há de ser, nesse contexto, instrumento eficaz para o acesso à *ordem jurídica justa*. Para chegar a essas idéias, foi preciso, sem a mínima transigência quanto à autonomia do processo perante o direito material, aceitar a tese da *relativização do binômio substância-processo*.

3. O processualista contemporâneo e atualizado vai deixando as posturas puramente técnicas e dogmáticas, que desempenhararam seu relevantíssimo papel a partir da fundação da ciência do processo na segunda metade do século passado e durante a primeira deste. Tal foi a fase da *autonomia* do direito processual, que superou os males do *sincretismo* multissecular (...) Não se trata de renegar as finas conquistas teóricas desse período que durou cerca de um século, mas de canalizá-las a um pensamento crítico e inconformista, capaz de tranformar os rumos da aplicação deste instrumento (...)

A intenção foi demonstrar a indispensabilidade da associação teoria-prática, com atenção à concreta fenomenologia do processo, além de extrair dos dados da própria experiência pessoal a demonstração de uma coerência doutrinária e metodológica." CÂNDIDO DINAMARCO. A Instrumentalidade do Processo. São Paulo, Malheiros, 2003, p. 378. e 379.

Defesa do Consumidor, Lei n.º 8.078/90, da Lei 7.437/85, referente à Ação Civil Pública e da própria edição do CPC de 2015.

Assim, a visão instrumental do processo e não apenas das formas processuais, nos permite acreditar, portanto, que existe um direito ao procedimento previsível às partes, mas que esse direito não é garantido pela formalidade excessiva, o formalismo processual.[41]

3.5. AS NULIDADES NO PROCESSO CIVIL HODIERNO: UMA ANÁLISE PERFUNCTÓRIA

Os atos processuais e o próprio processo de modo geral seguem as regras de forma para que os direitos sejam respeitados. As nulidades processuais tendem a acontecer exatamente quando são violadas as normas que estabelecem formas dentro do processo;[42] dizemos tendem a acontecer porque acreditamos que o desrespeito às regras de forma não necessariamente induz a ocorrência de nulidades.

---

41. Nesse diapasão, conclui CÂNDIDO DINAMARCO: "33. O procedimento, como integrante do conceito de processo (v. conclusões n.º 22 e 23), tem sua legitimidade fundada na aptidão a proporcionar às partes a efetividade da participação em contraditório. Diz-se que os provimentos estatais, como atos imperativos de exercício do poder, são legitimados pela realização do procedimento -, mas essa legitimação só advém realmente, se e na medida em que o procedimento mesmo seja legitimado pelo contraditório efetivamente oferecido e observada a regra da *paridade de armas.* (v. n.º 16)

    34. Existe um *direito ao procedimento*, que no fundo é direito à participação em contraditório (v. conclusão anterior) e que se considera violado nos casos dos chamados *cerceamentos de defesa* (v. n.º 16); o direito ao procedimento, todavia, não é motivo suficiente para o *formalismo* no trato do processo, nem conduz à irracional restrição à *liberdade das formas* no processo (v. n.º 16)."

    Desse modo, conclui, ainda, o autor: "15. Existe um profundo paradoxo metodológico no pensamento do processualista brasileiro, pois vive numa ordem político-constitucional em que o processo civil desempenha funções, perante a própria constituição e o direito público, que nos países da Europa continental não lhe pertencem – e, mesmo assim, são hauridas as construções doutrinárias desses países, onde a marca do privatismo tende a ser mais acentuada do que aqui se toleraria.

    16. O grande prestígio de que no Brasil desfruta o método centrado na *lide* (inclusive com importantes reflexos no Código de Processo Civil) é manifestação daquelas posturas privatistas e integra o quadro desse paradoxo metodológico (concl. n.º 15)" Op. cit. p. 382, 383 e 386.

42. Conforme a lição de JOSÉ MARIA TESHEINER: "É certo que a nulidade somente pode decorrer da violação de uma norma." Pressupostos Processuais e Nulidades no Processo Civil. São Paulo, Saraiva, 2000. p. 97.

Antes de mais nada, entretanto, nos cabe efetuar um esclarecimento terminológico. Ao falarmos de nulidades referimo-nos a questões ligadas à existência e à validade do processo e dos atos processuais. Trata-se, deste modo, de um plano diferenciado do âmbito da eficácia, preocupado com a produção de efeitos através do processo.

Embora tais âmbitos jurídicos de existência, validade e eficácia estejam inexoravelmente conexos, pois constituem faces de um mesmo fenômeno, definitivamente não se identificam; não se equivalem, tanto que os atos nulos ou inexistentes podem produzir efeitos. Uma ação proposta por terceiros de má-fé utilizando-se de nome inventado (pessoa inexistente), representaria, por exemplo, um feito inexistente (por inexistência da relação processual fundada na inexistência da parte) que geraria efeitos jurídicos enquanto não declarado inexistente. O mesmo ocorreria, segundo a classificação por nós adotada quanto aos pressupostos de existência do processo (petição inicial, citação, jurisdição e presença das condições da ação) em feitos nos quais fossem desrespeitadas, por exemplo, regras de litisconsórcio necessário (CPC, art. 114).

Assim como as nulidades se ligam aos âmbitos de existência e de validade dos atos jurídicos, a eficácia está atrelada especialmente ao problema da produção de efeitos, que pode ocorrer ainda que esses atos possam ser classificados como nulos ou inexistentes, dado que tal declaração só se dá a *posteriori*, exatamente por se tratar de uma declaração.

A eficácia dos atos processuais não tem os âmbitos da existência e da validade como pré-requisitos inafastáveis. O desrespeito aos requisitos essenciais de forma pode levar tanto à inexistência dos atos processuais e da própria relação jurídica processual quanto à sua invalidade, mas não tem necessariamente o condão de evitar a produção de efeitos jurídicos.

Há feitos inexistentes e feitos nulos que indubitavelmente geram efeitos jurídicos. Tais efeitos jurídicos correspondem à consequência não programada da prática incorreta de determinados atos processuais. Desta forma, as nulidades aparecem, junto ao sistema jurídico, como uma maneira de se evitar que o ato inexistente ou inválido venha a produzir efeitos não desejados; efeitos impróprios.

Daí o conceito de nulidade por nós elaborado, construído pela junção do pensamento de AROLDO PLÍNIO GONÇALVES[43] e de TERESA ARRUDA ALVIM, [44] pelo qual nulidade é a declaração judicial do *status jurídico* de determinados atos ou do processo como um todo, havida em consequência do desrespeito à forma, da ocorrência de prejuízo ou do não atingimento de sua finalidade, que pode retirar de tais atos ou processos a potencialidade de produzir efeitos próprios, sem retirar-lhes, no entanto, a capacidade de produzir efeitos impróprios.

Além de impedirem a produção de efeitos próprios, as nulidades não constituem uma consequência automática do vício de forma, mas sim uma sanção decorrente da sua declaração judicial. Trata-se de uma sanção decorrente da não observância das formas, que não constitui, entretanto, uma penalidade, pois têm o objetivo de reparar ou neutralizar os efeitos de uma conduta contrária ao direito e não de castigar alguém.[45]

---

43. Segue o conceito elaborado pelo autor: "Nulidade é a conseqüência jurídica prevista para o ato praticado em desconformidade com a lei que o rege, que consiste na supressão dos efeitos jurídicos que ele se destinava a produzir." Nulidades no Processo. Rio de Janeiro, Aide, 1993, p. 12.

44. Por sua vez, leciona a autora: "Nulidade, pois, na terminologia usada neste estudo, será a situação em que se encontra um ato, por razões de que se tratará adiante, que lhe torna vulnerável quanto à sua eficácia. Ou, em outras palavras, nulidade é o estado em que se encontra um ato e que lhe torna passível de deixar de produzir seus efeitos próprios, e, destituindo-se, em alguns casos, os já produzidos.

    Eficácia, para o nosso vocabulário, terá o sentido de efetiva produção de efeitos típicos. Com *efeitos típicos* queremos significar efeitos queridos pelo legislador." Nulidades Processuais: repertório de jurisprudência e doutrina. São Paulo, RT. 1992, p. 1.

45. Explica AROLDO PLÍNIO GONÇALVES: "Como conseqüência jurídica, a nulidade se integra na categoria das sanções. Alguns autores, acompanhando as reflexões de CHIOVENDA sobre a natureza jurídica da nulidade, entendem que ela não é uma penalidade, mas simples conseqüência lógica da inobservância das formas estatuídas em lei para tornar o ato hábil a produzir efeitos.

    Na verdade, a nulidade, no processo, não pode ser considerada rigorosamente como penalidade, mas é conveniente que se recorde que a sanção, no sentido amplo do termo, também não tem sempre esse caráter.

    As sanções atuam como garantia da eficácia dos preceitos normativos e podem consistir na privação de um bem, como a vida, a liberdade, o patrimônio, ou atingir o próprio ato praticado contra a lei ou com omissão da forma ou das condições por ela estabelecidas, para lhes negar efeitos jurídicos. Admitem elas diversas classificações, por múltiplos pontos de referência, mas, quando toma como referencial o critério da finalidade, a doutrina as separa em duas grandes classes: a das sanções que se destinam

No ordenamento jurídico brasileiro, convém lembrar, o regime geral das nulidades consta da Parte Geral do atual Código Civil, que não constitui apenas a parte geral do direito civil, mas sim a parte geral de todo o nosso direito. Aliás, o tema referente às nulidades, antes mesmo de referir-se ao direito material, diz respeito à teoria geral do direito, ligando-se a todas as áreas da ciência jurídica, como frisou FREDIE DIDIER JR.[46]

Também o assunto da fungibilidade entre os meios do processo civil decorre dessa conscientização interdisciplinar. Uma conscientização que traz consigo a necessidade de uma atuação pró-ativa do juiz em face do contraditório e da formalidade processual, consciente da interpenetração de uma área do direito junto à outra e preocupado em construir um processo cooperativo, fundamentando-se no denominado *princípio da cooperação*.[47]

Assim, numa postura ativa e interdisciplinar, o tema pode ser enfocado através dos princípios que sistematizam as nulidades tanto em nosso direito material quanto processual, reconhecendo suas diferenças, mas também seus pontos de aproximação, e desde já explicando a razão pela qual o termo "princípio da fungibilidade", oriundo do direito material, também foi adotado para se referir ao aproveitamento de meios no direito processual.

Há que se reconhecer a necessidade de adaptações da teoria das nulidades à realidade do processo, sem, contudo, abandonar elementos essenciais da teoria geral das nulidades. Nesse sentido, a fungibilidade de meios merece ser compreendida como uma das espécies de "Aproveitamento dos Meios Processuais", segundo os princípios do prejuízo, da finalidade, do aproveitamento, da liberdade das formas, da convalidação e da casualidade,[48] comuns às nulidades processuais.

---

a provocar o cumprimento da norma, que consistem em um evento desfavorável a ser aplicado ao autor d violação, e a das sanções que tendem a reparar ou neutralizar os efeitos de uma conduta ou de um ato contrário ao direito ou irregular perante ele, e visam a restabelecer, na medida do possível, a situação anterior à violação. Dentre essas situam-se as nulidades dos atos jurídicos." Nulidades no Processo. Rio de Janeiro, Aide, 1993, p. 12 e 13.

46. Pressupostos Processuais e Condições da Ação. São Paulo: Saraiva, 2005, p. 29.

47. Idem, p. 31.

48. RUI PORTANOVA alinha com propriedade, e na seguinte disposição espacial, os princípios das nulidades. Diz o autor: "Com esse espírito de aproveitamento dos atos

Muito embora acreditemos que a aplicação do termo "fungibilidade" ao processo já se tornou um elemento histórico-operativo que as teorias não podem desconsiderar sob pena de confundirem a realidade forense, sabemos que a aplicação conjugada dos princípios das nulidades processuais com vistas ao aproveitamento das formas já bastaria para justificar a flexibilização dos meios processuais, caso enfocássemos apenas a realidade formal do processo.

A dificuldade para tal abordagem, no entanto, decorre do fato de que, embora se possam inventariar os princípios norteadores das nulidades (gerais e processuais), a simples menção a tal elenco não basta à satisfação das necessidades do operador jurídico. O assunto das nulidades não foi suficientemente sistematizado, tanto pela doutrina quanto pela jurisprudência, com a profundidade e o amadurecimento necessários à melhor compreensão do fenômeno processual na sua perspectiva.

Antes de dizerem respeito ao direito processual, as nulidades já pertenciam ao direito material, bem como à teoria geral do direito. Assim, o tema das nulidades revela-se mais amplo que o princípio da fungibilidade, mas como se trata de assunto que demanda análise de cada situação, apenas a defesa do respeito aos seus princípios não basta às necessidades dos operadores jurídicos. As disposições dos artigos 166 a 184 do CC, ao tratarem da parte elementar do Direito Civil e direito brasileiro de modo geral, continuam necessitando serem adaptadas aos propósitos e à estrutura do direito processual, o que não se revela tarefa das mais fáceis, haja vista tratar-se de um ramo do direito público.

No entanto, acreditamos que a melhor compreensão da fungibilidade de meios está intimamente relacionada com a adoção de uma postura cooperativa, atual e consciente a respeito das nulidades do processo civil, razão pela qual demonstraremos a nossa concepção

processuais, os princípios ligados às nulidades podem ser alinhados como segue: Liberdade de forma, Finalidade, Aproveitamento, Prejuízo, Convalidação e Casualidade. Em verdade, o sistema do nosso atual Código de Processo Civil, ao tratar das nulidades, privilegia ao máximo os princípios informativos do processo. Não é lógico anular-se o ato ou processo se não há prejuízo. Não é econômico repetir atos se os que foram praticados (ainda que defeituosamente) atenderam às mesmas finalidades." Princípios do Processo Civil. Porto Alegre, Livraria do Advogado, 2005, p. 185 e 186.

acerca das nulidades buscando situar a fungibilidade de meios no seu âmbito.

Pois bem, inicialmente, segundo as disposições gerais dos artigos 166, 167 e 171 do Código Civil, as nulidades dividem-se em invalidades absolutas e invalidades relativas, também denominadas anulabilidades.

Os elementos essenciais do regime jurídico das nulidades absolutas perante o direito material (CC, arts. 166 e 167) são os seguintes: podem ser alegadas por qualquer interessado ou pelo Ministério Público (CPC, art. 279), nos casos em que lhe couber intervir; devem ser pronunciadas pelo juízo de ofício e não podem ser sanadas ou ratificadas (ao contrário das nulidades processuais), nem mesmo pelo decurso do tempo (CC, art. 169).

No que concerne ao regime jurídico das anulabilidades ou nulidades relativas (CC, art. 171), as características mais importantes são as seguintes: não têm efeito antes de julgadas por sentença (CC, art. 177); só podem ser analisadas quando alegadas pelos interessados e só a eles aproveitam, salvo solidariedade ou indivisibilidade; são sanáveis e não podem ser reconhecidas de ofício pelos magistrados; quando resultarem da falta de autorização de terceiro, serão validadas se este a der posteriormente (CC, art. 176).

Muito embora tais regras refiram-se especialmente ao direito civil material, de natureza privada, aplicam-se genericamente a todo o sistema jurídico, como já se afirmou. Merecem apenas serem adaptadas à realidade das demais searas do sistema jurídico, especialmente do direito processual – adaptação essa que lhes trará ampla sanabilidade no âmbito do processo (CPC, art. 283, parágrafo único) – assim como se deu com o princípio da fungibilidade, junto ao artigo 810 do CPC de 1939. Portanto, a incipiência do estudo da forma no processo por vezes coaduna-se com a importação de institutos do direito substancial.

Por muito tempo, inclusive, enquanto o direito processual foi visto como apêndice do direito material confundiu-se o direito de forma com o direito de fundo, o instrumento com a substância, pois foi apenas na segunda metade do século retrasado que surgiram as primeiras teorias a respeito da autonomia do processo.[49]

Hoje, desse modo, torna-se necessário analisar as nulidades sob o prisma processual. Isso porque as nulidades do direito processual em muito diferem das nulidades do direito material, já que as nulidades processuais se governam por princípios bastante diversos.

Sob o ângulo do CPC de 2015, portanto, o sistema de nulidades processuais estabelece uma estrutura formal básica a ser respeitada, sem, contudo, determinar a sua observância a qualquer custo, atenuando-as em determinadas situações e aumentando de maneira inversamente proporcional os poderes conferidos ao magistrado, especialmente pela redução do alcance conferido ao princípio dispositivo.

Para o objetivo de esboçar, ainda que perfunctoriamente, uma sistematização das nulidades no processo civil brasileiro com vistas ao estudo da fungibilidade de meios, antes de mais nada, torna-se necessário situar os elementos basilares a serem utilizados. Trata-se de princípios cujos significados são bastante próximos em alguns casos, bem como bastante distantes noutros, nesta hipótese chegando a servir como contrapeso entre si.

Interpretando a sistematização elaborada por TERESA ARRUDA ALVIM[50], e complementando-a pelas ideias de autores como AROLDO PLÍNIO GONÇALVES[51], GALENO LACERDA[52], JOSÉ JOAQUIM CALMON DE PASSOS[53] e JOSÉ MARIA ROSA TESHEINER[54], é a nossa opinião a respeito de tais princípios sucintamente:

---

49. BULOW, Oskar Von. La Teoria de Las Excepciones Procesales y Los Presupuestos Procesales. Buenos Aires: EJEA, 1964.

50. Nulidades do Processo e da Sentença. São Paulo, RT, 1998 e Nulidades Processuais: repertório de jurisprudência e doutrina. São Paulo, RT. 1988.

51. Nulidades no Processo. Rio de Janeiro, Aide, 1993.

52. Despacho Saneador. Porto Alegre, Sérgio Antônio Fabris Editor, 1985.

53. Esboço de uma teoria das nulidades aplicadas às nulidades processuais. Rio de Janeiro, Forense, 2002.

54. Pressupostos Processuais e Nulidades no Processo Civil. São Paulo, Saraiva, 2018.

a) **A natureza formal instrumental do processo:**

Sob o prisma instrumental, o processo é meio (é forma). Partindo-se do pressuposto de que os meios processuais são formas, o processo constitui um instrumento de ligação. Mesmo o estudo da tutela jurisdicional – o estudo do fim proporcionado pelo processo – revela-se muito mais uma análise de direito material do que instrumental. Sob o ponto de vista instrumental, o processo é forma, e é por este motivo que o desrespeito à forma poderá levar à ocorrência de nulidades;[55]

b) **A finalidade dos atos e do próprio processo.**

Dado o caráter instrumental do processo, como as formas são meios para o atingimento de fins, nos casos em que exatamente o mesmo fim for atingido por um meio diverso daquele previsto pela lei processual, não há que se falar em nulidade, ainda que a forma tenha sido parcial ou totalmente desrespeitada: a forma não pode ser um objetivo em si mesmo, especialmente se a finalidade do ato foi atingida (CPC, art. 277);[56-57]

c) **O prejuízo. Pás de nulitté sans grief.**

Não há nulidade se não tiver havido prejuízo (CPC, art. 282 § 1º e 283 § único)[58]. Não faz sentido declarar-se a nulidade ou anular-se atos processuais se tal desrespeito à

55. Afirma EDUARDO COUTURE, que sob um determinado ângulo o processo pode ser visto como um conjunto de formas. *Fundamentos del derecho procesal civil*. Depalma, Buenos Aires: 1958, p. 374.

56. Segundo TERESA ARRUDA ALVIM: "2. As formas têm caráter instrumental. As formas do processo são *meios* para atingirem-se *fins*. Estes, se atingidos, não fazem com que a ausência de atenção à forma gere nulidade." Op. cit. p. 7.

57. Dispõe o art. 244 do CPC: "Quando a lei prescrever determinada forma, sem cominação de nulidade, o juiz considerará válido o ato se, realizado de outro modo, lhe alcançar a finalidade".

58. Embora a jurisprudência do STJ ainda não seja uniforme a respeito da ampla sanabilidade das nulidades processuais, classificamos como exemplar o seguinte julgado daquela corte:

formalidade não tiver gerado prejuízo para uma ou ambas as partes e/ou para o processo. É necessário existir interesse, utilidade, na alegação da nulidade. Por isso mesmo, repetimos, é que o simples desrespeito à forma não poderá levar à ocorrência de nulidades sem que haja prejuízo;[59]

d) **Só existe nulidade pronunciada.**

Não existe nulidade se esta não tiver sido reconhecida, declarada, pronunciada pelo Poder Judiciário. Alinhando-nos, nesse aspecto, com o pensamento de JOSÉ MARIA ROSA TESHEINER[60], percebemos não existirem, na dinâmica do direito processual, atos nulos cuja nulidade não tenha sido declarada, pois apenas o ato assim reconhecido expressamente pelo juiz pode ser considerado eivado de nulidade;

PROCESSUAL CIVIL. REPRESENTAÇÃO PROCESSUAL. PESSOA JURÍDICA. DEFEITO SANÁVEL. FINALIDADE DA NORMA. PRINCÍPIO DA INSTRUMENTALIDADE DAS FORMAS.

1. O defeito de forma só deve acarretar a anulação do ato processual impassível de ser aproveitado e que, em princípio, cause prejuízo à defesa dos interesses das partes ou sacrifique os fins de justiça do processo. Consagração da máxima *pas des nullité sans grief.*

2. A inadequada representação da parte (ilegitimatio ad processum) é defeito sanável porquanto referido requisito visa a aferir se a pessoa jurídica, no processo, está manifestando a sua vontade societária pelas pessoas físicas dotadas desse poder.

3. A outorga da procuração por um só dos sócios, em demanda em favor da sociedade, não pode revelar defeito capaz de conduzir à extinção do processo, porquanto, a pretexto de aplicar-se a lei em seu prol, carreia-lhe notável prejuízo.

4. Deveras, informado que é o sistema processual pelo princípio da instrumentalidade das formas, somente a inutilidade que sacrifica os fins de justiça do processo deve ser declarada.

5. Nesse segmento, na esteira dos precedentes, "tem-se como sanada a irregularidade de representação judicial da parte, quando ofertado o instrumento de mandato no ato de interposição do recurso de apelação" (REsp n.º 123.676/SP, DJ de 10.08.2018).

6. Recurso Especial improvido. (REsp 463318/RJ) 2002/0114284-1. Ministro LUIZ FUX. DJ 24.03.20016 p. 151.

59. Explica, ainda, a autora: "3. Não há nulidade sem prejuízo. É desnecessário, do ponto de vista prático, anular-se ou decretar-se a nulidade de um ato, não tendo havido prejuízo da parte. Op. cit. p. 7.

60. Pressupostos Processuais e Nulidades no Processo Civil. São Paulo: Saraiva, 2018.

e) Economia processual que conduz à instrumentalidade das formas; instrumentalidade das formas que conduz à fungibilidade como aproveitamento dos meios processuais considerados adequados pelo sistema.

É importante que se obtenha o máximo de aproveitamento dos atos processuais através do mínimo possível de atividade jurisdicional. Trata-se do princípio da economia processual, de onde se origina o princípio da instrumentalidade das formas, de onde origina a fungibilidade como aproveitamento (CPC, art. 277, 282 e 283). Logo, desde que maduro, o processo deve se estender o mínimo possível, segundo o princípio da celeridade, para que a lide tenha duração adequada.

Nesse diapasão, se não houve prejuízo para as partes ou para o processo, não há que se falar em nulidade, ainda que a formalidade tenha sido instituída no interesse público e desrespeitada. As formas são determinadas pelo ordenamento, mas as nulidades são determinadas pelo caso. No direito processual, a instrumentalidade e a busca por resultados fazem com que as nulidades dependam também, e sempre, da análise do prejuízo nos casos concretos;

f) Concatenação e interdependência: contaminação dos atos processuais dependentes.

Pelo fato de constituir, formalmente, um conjunto de atos interligados e interdependentes, a nulidade de um ato processual pode contaminar outros atos dele decorrentes. Vale mencionar, inclusive, a possibilidade de aplicação analógica aos atos viciados por contaminação, da teoria probatória "*fruit of the poisoness tree doctrine – if evidence is thrown out, any additional evidence you got from the original evidence is also thrown out –*[61], pois se a árvore encontra-se envenenada, seus frutos também estarão.

61. Doutrina dos frutos da árvore envenenada – se evidências forem desconsideradas, quaisquer evidências adicionais obtidas através da evidência original também devem

Assim, o vício só não se propaga aos demais atos processuais quando estes forem independentes do ato declarado inválido ou inexistente, não restando maculados aqueles atos que puderem ser aproveitados por não dependerem do ato eivado de nulidade (CPC, arts. 281 e 283).[62-63]

g) Classificação das nulidades.

Classificamos as nulidades em absolutas – decorrentes do desrespeito a normas de ordem pública – e relativas – oriundas do desrespeito a normas de ordem privada, sejam cogentes ou dispositivas, e dentro das quais estão as anulabilidades, defendidas por GALENO LACERDA.[64]

---

ser desconsideradas (tradução nossa).

Trata-se de teoria originada de precedente da Suprema Corte norte-americana, no caso Weeks v. Estados Unidos, de 1914, onde se considerou que o vício de uma evidência se transmite aos seus frutos, e de onde nasceu o conceito de prova derivadamente ilícita – cuja produção decorreu de informações obtidas através de provas diretamente ilícitas – justificando o seu não aproveitamento no processo, assim como ocorre com os atos dependentes daqueles que tiveram sua nulidade declarada.

62. Dispõe o artigo 281 do CPC: "Anulado o ato, consideram-se de nenhum efeito todos os subseqüentes, que dele dependam, todavia, a nulidade de uma parte do ato não prejudicará as outras que dela sejam independentes."

63. Conforme TERESA ARRUDA ALVIM: "O processo é um conjunto de atos concatenados e interdependentes. Portanto, se um ato for nulo, este vício tem como conseqüência a mácula de todo um segmento processual que lhe (ao ato nulo) segue, e que daquele ato dependa.

Isto porque a nulidade de um ato afeta o procedimento como um todo, impedindo-o de atingir seu escopo.

Segundo o que pensamos, um dos aspectos da eficácia do ato processual, ao lado da sua finalidade específica, ou melhor, ao lado da produção do efeito ou dos efeitos específicos a que se destina o ato, seria uma eficácia "secundária" por assim dizer, que consiste em possibilitar o prosseguimento do processo, ou seja, a prática de outros atos processuais subseqüentes (pois o que caracteriza o processo em andamento é justamente a prática de atos).

Assim, se a decretação da nulidade ou anulabilidade têm a conseqüência jurídica que consiste na privação de efeitos, tem-se que, no processo, os atos subseqüentes àquele anulado não deixam de ser *efeitos* sob certo aspecto. Assim, devem, também ser varridos do universo jurídico.

Nesse sentido, a sentença proferida em processo em que tenha havido nulidade também é nula, pois ela é, neste sentido, um efeito dos atos que a precedem." Op. cit., p. 8.

64. Segundo o pensamento do autor, as nulidades seriam absolutas (decorrentes da violação de norma de interesse público,) relativas (decorrentes da violação de norma de

Não consideramos as meras irregularidades como nulidades por não possuírem maiores consequências para o processo.

Enquanto as nulidades de ordem pública decorrem do desrespeito à formalidade instituída no interesse público e podem ser reconhecidas de ofício, as nulidades relativas, havidas apenas no interesse das partes e não do processo, não podem ser reconhecidas de ofício, necessitando serem alegadas pelo interessado (CC, art. 176) na primeira oportunidade que lhe couber falar nos autos, sob pena de preclusão (CPC, art. 278, *caput*)[65].

h) **Princípio da proteção.**

De acordo com o denominado "princípio da proteção", *nemo turpitudinem allegare potest*[66], ou seja, ninguém pode utilizar a própria torpeza para macular feitos processuais e depois alegar a nulidade dos respectivos atos em seu benefício, não podendo a própria parte que os praticou levantar o seu defeito em causa própria (CPC, art. 276);

i) **Não há defeito de forma insanável.**

Pelo fato de o processo civil, na perspectiva instrumental, estar preocupado com a realidade do ser, com o resultado através da jurisdição, suas conclusões práticas são testadas e posteriormente taxadas como corretas ou incorretas para tal finalidade. Assim, no âmbito do processo, não há defeitos de forma insanáveis e, para os autores que não têm diferenciado os defeitos de forma das nulidades, não há, portanto, nulidades insanáveis[67], pois como explicita CÂNDIDO DINAMARCO o caráter absoluto de uma nulidade

interesse privado e cogente) e anulabilidades (decorrentes da violação de norma de interesse privado e dispositiva). Op. cit., prólogo, p. 23.

65. Exemplo da aplicação desta classificação é a súmula 33 do STJ, segundo a qual o juiz, via de regra, não pode conhecer de ofício da incompetência relativa.

66. Ninguém pode alegar sua própria torpeza (tradução nossa).

67. Diz TERESA ARRUDA ALVIM: "11. Por outro lado, no processo não há aquela diferença básica entre nulidades e anulabilidades, que consiste em aquelas serem insanáveis e estas, por definição, retificáveis. No terreno do processo, tudo se emenda, ou melhor, tudo *deve* emendar-se." Op. cit. p. 8.

> não a faz necessariamente insanável68 se não tiver havido prejuízo ao processo, tendo sido atingida a finalidade do instrumento.[69]

Cremos, entretanto, ser mais lógico que tal lição seja interpretada com a seguinte terminologia: não existe "vício de forma" insanável. O "defeito de forma" não equivale à nulidade, pois a forma é determinada pelo ordenamento, mas as nulidades são determinadas também pelo prejuízo no caso concreto. O defeito de forma estabelecido no interesse das partes ou do processo é sanável, desconsiderável.

As nulidades são consequência do defeito de forma. Não cabe falar em sanação das nulidades, mas sim dos defeitos de forma, pois só haverá nulidade se houver defeito de forma *e* prejuízo ao processo (ou defeito de forma *e* não atingimento das finalidades dos atos) que sejam declarados judicialmente. É a declaração judicial que reconhece o *status* jurídico de nulidade.

Não é a nulidade que é sanada, mas ela deixa de existir em razão do saneamento ou da simples aceitação e tolerância do defeito de forma através do aproveitamento dos atos processuais. Embora reconheçamos se tratar, no entanto, tal questão, de um esclarecimento eminentemente conceitual, acreditamos merecer atenção por nos ajudar a compreender a ideia de que não existe "nulidade" insanável no processo.

j) A duração mínima do processo.

Deve ser toda a duração necessária, mas apenas a duração necessária. O processo deve durar o tempo necessário à formação do convencimento motivado do magistrado.

---

68. Há, também, uma questão terminológica de considerável importância, pois para nós não há que se falar em sanação da nulidade. Ora, as nulidades são consequências dos vícios de forma no processo e não a sua causa. São os vícios que são sanáveis e não as nulidades.

69. De acordo com o autor: "No direito processual civil inexiste incompatibilidade entre o caráter absoluto de uma nulidade e a sua sanabilidade." Litisconsórcio. São Paulo, RT, 1998, p. 192.

Assim, quando se afirma que a duração do processo deve ser a mínima possível, necessita-se levar em conta que esse "mínimo possível" necessita ser suficiente para que o magistrado esteja preparado para decidir. Consequentemente, para que se atinja este objetivo, as partes necessitam ter tido a liberdade e o próprio magistrado a oportunidade, de contribuir para a produção do material probatório constante dos autos[70];

k) **fragilidade do princípio da especificidade.**

Caso haja prejuízo às partes ou ao processo, não é necessário que os defeitos de forma sejam cominados de modo expresso pelo texto legal, para que levem à ocorrência de nulidades.

A lógica instrumental *jusfundamental* que pensa a segurança jurídica em conjunto com a celeridade e a justiça das decisões, necessita admitir que as nulidades não precisam mais serem todas expressamente cominadas por texto de lei. O chamado "princípio da especificidade" não merece ser aplicado no campo das nulidades, pois não faz sentido que os defeitos de forma tenham de ser todos previstos abstratamente pelo ordenamento, como afirma MARCELO CINELLI DE PAULA FREITAS[71].

Se o sistema processual, como um todo, é meio, é forma, seria logicamente impossível ao legislador prever todas as hipóteses em que

---

70. Afirma TERESA ARRUDA ALVIM: "12. O processo é um *mal*, e portanto, quanto menos estender-se, melhor será para todos. Assim, o quão mais rapidamente for decidida a lide, melhor. É o princípio da celeridade.

13. Por meio do processo, busca-se a verdade. Para que a ela se chegue, é preciso que haja imparcialidade do juiz, que deve examinar o material probatório produzido no processo.

Portanto, as partes devem ter ampla liberdade de produzir provas e de manifestar-se. Para que tal ocorra, a elas deve ser dada, nas ocasiões adecuadas, oportunidade de falar nos autos. Daí a importância da comunicação dos atos processuais, citação e intimações. Neste sentido, e nesta medida, apesar do princípio da economia processual, o processo deve durar o tanto quanto necessário, sob pena de não se formar um quadro apto a dar condições ao juiz de proferir uma sentença." Op. cit. p. 8 e 9.

71. Explicita o autor que o princípio da especificidade: "passou a sofrer importantes – e necessários – temperos, não bastando, no direito processual civil moderno, que haja a sanção legal para que seja decretada a invalidade do ato processual. "Nulidades da Sentença Cível. Lumenjuris. Rio de Janeiro, 2004, p. 48.

a formalidade processual pode vir a ser desrespeitada. O fato de o CPC prever expressamente algumas situações de nulidade, como por exemplo o faz no artigo 279, em caso de não intimação do Ministério Público nas causas em que este deva intervir, não obriga o sistema a dispor expressamente sobre todas as hipóteses de nulidade. Seria mais fácil a lei prescrever todas as formas possíveis – tarefa que já denotaria excesso de formalidades e traria dificuldades ao sistema – do que prescrever todas as possíveis maneiras de desrespeitá-las.[72]

l) Nulidades de forma e nulidades de fundo.

Por fim, devemos considerar a diferença entre as nulidades de forma e as nulidades de fundo. As nulidades de forma são aquelas oriundas do desrespeito à formalidade que reveste os atos jurídicos.

Trata-se das nulidades às quais se refere expressamente o CPC nos seus artigos 276 a 283, muito embora também possam constituir nulidades não cominadas pela lei, bem como adquirir caráter absoluto ou relativo, conforme tenham sido instituídas no interesse do processo ou das partes.

As nulidades de fundo, por conseguinte, são aquelas decorrentes do desrespeito às condições para análise do mérito ou aos pressupostos processuais, questões de ordem pública essenciais à estrutura do processo e ao devido julgamento do mérito. Embora decorram da violação de institutos intensamente analisados pela moderna doutrina processual, tais nulidades não foram previstas em capítulo legal específico.

---

72. No mesmo sentido conclui TERESA ARRUDA ALVIM: "O argumento que nos parece fundamental e decisivo no sentido de se demonstrar ser impossível a interpretação rígida deste princípio, segundo o qual não pode haver nulidade se não for expressamente prevista em lei, é o de que é impossível, ou pelo menos, muito difícil, que o legislador preveja todos os casos em que os vícios dos atos jurídicos sejam de tal porte a ponto de torná-los nulos. Não se trata de uma escolha legislativa como a dos integrantes do elenco dos títulos executivos extrajudiciais ou dos direitos reais. Esta escolha tem outra natureza – para que a lei fosse taxativa, numa linguagem leiga, deveria ser factível conceberem-se todos *os possíveis vícios graves* de que pudesse padecer um ato jurídico. Seria como se um médico tivesse que conceber todas as doenças possíveis, num plano abstrato. Op. cit. p. 9.

m) Nulidades de forma e de fundo e a verificação do prejuízo: a possibilidade de aproveitamento

Existem nulidades de forma, sobre as quais referem-se os artigos 276 a 283 CPC, bem como nulidades de fundo, ligadas à estrutura básica do processo, a respeito das quais o código não dispõe expressamente.

Tanto as nulidades de fundo – referentes à falta de pressupostos processuais positivos ou à presença de pressupostos processuais negativos – quanto as nulidades de forma – referentes ao simples desrespeito à formalidade prevista pela lei processual, submetem-se à necessidade de desrespeito à norma processual e à demonstração do prejuízo às partes e/ou ao processo, bem como à análise do atingimento da finalidade do ato.

Nesse sentido, AROLDO PLÍNIO GONÇALVES explicita que só pode ser nulo o ato assim sancionado de modo expresso pelo magistrado, e não pelo ordenamento jurídico, como fazem presumir erroneamente determinados artigos do CPC, como, por exemplo, o art. 279 *caput,* ao afirmar serem nulos certos feitos em que o Ministério Público não foi intimado.

Assim, a não intimação ou não participação do Ministério Público nos feitos em que deveria tê-lo feito não faz presumir absolutamente o prejuízo às partes ou ao processo. É necessário que tal prejuízo seja verificado segundo a lógica da causalidade entre os fatos havidos no processo e suas consequências. A presunção do prejuízo não é afeta à instrumentalidade nos casos em que se pretende anular todo um feito, devendo-se, no mínimo, aproveitar os atos já praticados, pois a liberdade das formas pode estar acima do *princípio da especificidade* das nulidades, quando sopesada nos casos concretos.[73]

73. Nesse sentido: "EMENTA: COBRANÇA - MUNICÍPIO - LIDE VERSANDO A RESPEITO DE MATÉRIA DE FATO - MINISTÉRIO PÚBLICO - INTERVENÇÃO OBRIGATÓRIA - NULIDADE Só o fato de a sentença estar sujeita a reexame necessário (CPC, art. 475, II) é suficiente para evidenciar a existência de interesse público na causa. Conseqüentemente, é obrigatória a intervenção do Ministério Público (CPC, art. 82, III). Versando a lide a respeito de matéria de fato, é nulo o processo se nele não interveio o representante do parquet, não podendo a omissão ser suprida pela Procuradoria de Justiça, **salvo se evidente**

Acreditamos, deste modo, que as questões de ordem pública que interessam à constituição válida e ao regular desenvolvimento do processo – as chamadas nulidades de fundo – assim como ocorre com as demais nulidades – de forma – também necessitam ser consideradas como conteúdos de normas cujo desrespeito pode gerar nulidade absoluta, mas desde que o processo não tenha atingido a sua finalidade precípua, havendo prejuízo. Não havendo prejuízo, portanto, há que se aproveitar os atos processuais (CPC, art. 283, parágrafo único).

3.6. HIPÓTESES DE FLEXIBILIZAÇÃO FORMAL NA PERSPECTIVA DAS NULIDADES PROCESSUAIS

Terminado o esboço dos elementos e princípios que entendemos norteadores das nulidades no nosso processo civil, passemos a analisar as relações entre as nulidades e algumas hipóteses de flexibilização formal no sistema positivo brasileiro.

A atenção que o CPC dedicou especificamente à matéria das nulidades processuais não sistematizou detalhadamente o assunto em nosso sistema positivo. Os artigos 276 a 283 do código não disciplinaram integralmente o tema, referindo-se somente às nulidades de forma e concedendo apenas as diretrizes elementares ao seu desenvolvimento pela doutrina e pela jurisprudência.

Entretanto, parece-nos que o legislador não disciplinou exaustivamente o assunto exatamente por conhecer o casuísmo inerente à sua análise nas mais diversas situações, almejando que, em nosso

---

a ausência de prejuízo à pessoa jurídica de direito público." (TJSC. Apelação Cível 00.005220-5). Relator: Des. Newton Trisotto. Data da Decisão: 30/11/2000. (grifo nosso). E ainda: "EMENTA: APELAÇÃO CÍVEL - AÇÃO DE EXECUÇÃO - TÍTULO EXTRAJUDICIAL - MUNICÍPIO - DÍVIDA DECORRENTE DA REALIZAÇÃO DE OBRAS PÚBLICAS - TRANSAÇÃO - AUSÊNCIA DE INTERVENÇÃO DO MINISTÉRIO PÚBLICO - INTERESSE PÚBLICO CARACTERIZADO - NULIDADE RECONHECIDA - RECURSO PROVIDO. A intervenção ministerial é sempre obrigatória na demanda em que é parte pessoa jurídica de direito público e o direito não se circunscreva aos interesses dos litigantes, alcançando valores relevantes para a coletividade, pois outra não é a função do Ministério Público intencionada, senão o de fiscal da lei. **Destarte, anula-se o processado a partir do momento em que o Ministério Público deveria ter sido intimado**. Acórdão: Apelação Cível 2000.004140-8. Relator: Des. Rui Fortes. Data da Decisão: 31/08/2019. (grifo nosso).

sistema, se considerassem sempre os princípios gerais das nulidades, tais como a existência de prejuízo para as partes ou para o processo, a fim de reconhecer-se a existência desses vícios.

Diante disto, o exame das nulidades no ordenamento brasileiro torna-se mais do que a análise do desrespeito a cada um dos dispositivos do código; torna-se o exame das nulidades oriundas do desrespeito à forma, do prejuízo e das finalidades dos atos procedimentais e do próprio processo junto a cada situação concreta, algo improvável de se realizar de modo exaustivo tanto pelo legislador quanto pela doutrina.

Assim, a busca por um esboço de sistematização das nulidades convém se dar através do cotejo de dispositivos considerados importantes, segundo a prática forense e a estrutura do código. Nesse sentido, objetivando tratar da aplicação de normas concernentes à estrutura formal de meios do nosso sistema, analisaremos alguns dispositivos junto aos quais acreditamos que a flexibilização formal, também realizada através da fungibilidade de meios, merece ser pensada e aplicada:

a) O inc. V do art. 295 do CPC de 1973 não foi mantido pelo CPC de 2015.[74]

Nos casos em que a espécie de procedimento escolhido pelo autor ao propor a petição inicial não corresponder à natureza da causa ou mesmo ao valor da ação, tal petição não será indeferida, devendo o juiz indicar o que deve ser corrigido ou completado (CPC, art. 321).

Claro está, portanto, que a petição inicial não possui, no CPC de 2015, requisito de requisito referente ao procedimento adequado, não podendo ser indeferida caso o autor supostamente escolha "incorretamente" o procedimento a ser utilizado.

Além de acreditarmos que a adequação procedimental necessita se dar consoante a natureza do direito material a ser tutelado e não apenas segundo as regras do CPC, cremos que a eventual nulidade oriunda do desrespeito às regras que estipulam procedimentos

74. Não há mais inciso V no atual art. 330 do CPC de 2015.

também deve ser considerada sob o viés do prejuízo, que no caso em tela simplesmente não nos parece existir.

Nesse sentido, o erro na escolha do procedimento, de qualquer maneira, não tem mais o condão de levar à extinção do processo sem julgamento de mérito pelo indeferimento da petição inicial, já que o magistrado pode converter o procedimento ou determinar a emenda da inicial (CPC, art. 321), não havendo limites plausíveis a tal saneamento senão a eventual dependência de algum comportamento do autor, não verificado.[75] Mais do que isso, mesmo em caso de não conversão, o processo pode ser aproveitado caso não pronunciada a nulidade supostamente havida – que aos nossos olhos sequer constitui nulidade – em razão da escolha indevida do procedimento.[76-77]

Numa ação possessória de força nova, por exemplo, caso o autor deixe de seguir o procedimento constante do artigo 558 do CPC

---

75. Nesse sentido, é a jurisprudência do STJ:

PROCESSUAL CIVIL. PETIÇÃO INICIAL. INDEFERIMENTO. 1. As regras de indeferimento da petição inicial recebem interpretação restritiva.

2. O indeferimento da petição inicial é medida extrema que só deve ser aplicada após a abertura do prazo de 10 (dez dias) ao autor para mandá-la ou anexar documento essencial à causa.

3. Recurso provido para deferir-se a petição inicial, prosseguindo-se o feito com a realização da instrução e conseqüente julgamento da lide. (REsp 638353 / RS ; 2004/0018739-8. Rel. Min. José Delgado).

76. Vemos a conversão de procedimentos consoante à aceitação de um procedimento como se outro fosse: uma fungibilidade de procedimentos. Nesse sentido, o STJ tem se posicionado pela conversão de procedimentos e aproveitamento dos atos praticados:

AÇÃO REGRESSIVA PROPOSTA POR SEGURADORA CONTRA O CAUSADOR DO DANO. RITO SUMARÍSSIMO. INICIAL INDEFERIDA POR INCOMPATIBILIDADE DO PROCEDIMENTO ADOTADO COM O VALOR DA CAUSA. INEXISTÊNCIA DE PREJUÍZO.

Inocorrendo prejuízo à defesa, é possível a conversão do procedimento sumaríssimo (hoje sumário) em ordinário em qualquer fase do processo, com o aproveitamento dos atos praticados (art. 250 e parágrafo único, do CPC). Recurso Especial conhecido e provido (REsp 640860 / RJ; 2004/0001688-5. Rel. Min. Barros Monteiro).

77. Neste diapasão, leciona MARCUS VINICIUS RIOS GONÇALVES que: "O erro na escolha do procedimento, em princípio, não implica o indeferimento da inicial, bastando ao juiz convertê-lo, salvo se essa conversão depender de alguma atitude do autor, e ele não a tomar".

No mesmo estudo, diz ainda: "Não se pode extinguir o processo sem ouvir o autor, pois ele pode, ao manifestar-se, convencer o juiz ou de que o vício apontado não existe, ou de que ele é sanável." Novo curso de direito processual civil. São Paulo, Saraiva, 2004, p. 341 e 342.

de 2015, preferindo efetuar o pleito possessório adotando o procedimento comum e requerendo a antecipação genérica dos efeitos da tutela (CPC, art. 300 e segs.), pode-se converter o procedimento através da emenda da petição inicial, bem como, independentemente de conversão, se não ocorrer prejuízo ao próprio demandante e nem ao processo, simplesmente não reconhecer a nulidade, afinal estar-se-á apenas aceitando um novo caminho para o mesmo fim.

b) O parágrafo único do art. 305.

A suposta nulidade do feito cognitivo em que se deferiu cautelar como se antecipação fosse ou em que se antecipou a tutela jurisdicional requerida como medida cautelar.

A hipótese de fungibilidade de mão dupla entre as medidas de urgência cautelares e antecipatórias é outro exemplo que demonstra a flexibilização da forma que a aplicação do princípio da fungibilidade pode trazer, justificando, mais uma vez, a inexistência de nulidades.

Uma interpretação literal do art. 305 § único conduz à conclusão restritiva de que apenas a medida cautelar seria a via comum de acesso tanto à antecipação quanto à cautela, de modo que a parte não poderia gozar da fungibilidade entre as medidas de urgência caso fizesse uso de medida cautelar.

Entretanto, hoje, doutrina[78] e jurisprudência[79-80] tendem a aceitar a tese de que a fungibilidade não se coaduna com o sentido único derivado da interpretação literal do dispositivo legal. Para

78. Conforme MARCELO ABELHA RODRIGUES e outros: "Se a parte requerer medida antecipatória/satisfativa via processo cautelar, e o magistrado entender que os requisitos da tutela antecipada estão preenchidos, deve ele conceder a medida, desde que determine a conversão do procedimento para o rito comum (ordinário ou sumário, conforme seja), intimando o autor para que proceda, se assim o desejar ou for necessário, às devidas adaptações em sua petição inicial, antes da citação do réu. Essa medida pode ser tomada de ofício, com base no art. 295, V, do CPC. Em hipótese alguma deve determinar a extinção do feito, sob a absurda rubrica da ausência do interesse de agir. A conversibilidade do procedimento é uma as maiores manifestações do princípio da instrumentalidade das formas e não pode ser olvidada. Trata-se, aqui, de adaptação da fungibilidade dos provimentos de urgência, junto com uma adaptação procedimental: acaso requerida uma medida antecipatória pelo procedimento equivocado (cautelar), corrige-o o juiz – em situação contrária, como visto, não é necessária essa conversão procedimental." A nova reforma processual. São Paulo, Saraiva, 2003, p. 91 e 92.

que os meios sejam fungíveis entre si, ambos precisam ser aceitos como passíveis de utilização, naquilo que se costumou denominar a "fungibilidade de mão dupla".

Ora, hoje afirmamos que fungibilidade entre as medidas de urgência existe não apenas no sentido da medida cautelar para antecipatória, mas também da antecipatória para a medida cautelar. Uma das grandes diferenças entre uma situação e outra, entretanto, está na conveniência – portanto não obrigatoriedade (dado que a simples aceitação de um meio por outro é perfeitamente factível) – da conversão formal que o segundo caso pode receber em relação ao primeiro, pois poderia haver a transformação formal de uma medida cautelar em uma medida de antecipação.

Caso opte pela conveniência didática da conversão, não será necessário que a autoridade judiciária transforme sozinha o procedimento, podendo determinar a emenda da petição inicial (CPC, art. 321), excepcionando o pedido imediato, mas mantendo-se, no entanto, fiel ao pedido mediato (que se liga ao fim pretendido pelo autor, enquanto o pedido imediato refere-se aos meios a serem utilizados).

---

79. Nesse sentido, entende o STJ:

PROCESSUAL CIVIL E TRIBUTÁRIO – SUSPENSÃO DA EXIGIBILIDADE DO CRÉDITO TRIBUTÁRIO – CERTIDÃO POSITIVA COM EFEITO DE NEGATIVA – CONCESSÃO POR MEDIDA CAUTELAR (ARTS. 273, § 7º DO CPC E 115, V DO CTN) – AUSÊNCIA DOS REQUISITOS PARA ANTECIPAÇÃO DA TUTELA – FUNGIBILIDADE DAS MEDIDAS DE URGÊNCIA.

1. Direciona-se esta Corte no sentido de reconhecer a possibilidade de concessão de medida cautelar em lugar de tutela antecipada, quando não estão presentes os requisitos para concessão desta medida. Aplicação do art. 273, § 7º do CPC.

2. Firmado, também, entendimento quanto à possibilidade de o devedor ajuizar ação cautelar para obter certidão positiva com efeito de negativa, mediante antecipação da garantia do juízo.

3. Recurso Especial improvido (REsp 628388 / MG; 2003/0227991-1. Rel. Min. Eliana Calmon).

80. E ainda, no mesmo sentido, em caso de fungibilidade entre medidas de urgência cautelares e antecipatórias na ação rescisória:

AÇÃO RESCISÓRIA - INTERPOSIÇÃO CONTRA DECISÃO MONOCRÁTICA DE RELATOR - POSSIBILIDADE - PEDIDO CAUTELAR - APLICAÇÃO DA FUNGIBILIDADE DAS TUTELAS DE URGÊNCIA - RECEBIMENTO COMO ANTECIPAÇÃO DE TUTELA - VERIFICADA A PRESENÇA DOS REQUISITOS AUTORIZADORES À CONCESSÃO - TUTELA ANTECIPADA DEFERIDA ATÉ FINAL DESATE DA AÇÃO RESCISÓRIA. (STJ. Ação Rescisória nº 3.328 – MA. 2005/0081942-0. Rel.: Min. Franciulli Netto).

Por conseguinte, ao autor caberia emendar a peça inicial sob pena de perder a eficácia da medida urgente ou, na melhor das hipóteses, ver o procedimento convertido de ofício pelo magistrado, pois servindo a medida ao mesmo fim almejado, pouco interessa a discussão a respeito da verdadeira natureza do meio utilizado. Não se converte: se aceita o meio utilizado como um dos aptos àquele fim.

Deste modo, em respeito ao princípio dispositivo, a adequação procedimental oriunda da transformação ficará, em princípio, a cargo do autor. Mas dizemos "em princípio", porque o art. 321 comentado há pouco, possibilita a alteração do procedimento por emenda da inicial, mas o inc XXXV do art. 5º da CF possibilita que a adequação procedimental se dê de ofício, desde que respeitados os pedidos, excepcionando-se o pedido imediato, mas mantendo-se total respeito ao pedido mediato urgente e à tutela urgente prestada.

Tudo isso, enfim, servirá às situações em que a aplicação do princípio da fungibilidade se der mediante a conversão dos meios processuais. Devemos reafirmar, por conseguinte, que a conversão formal não é requisito impreterível à aplicação dessa fungibilidade de meios – muito embora a julguemos conveniente sob o aspecto didático para os operadores do direito – haja vista o julgador poder simplesmente aceitar um meio como se outro fosse.

Em não havendo conversão, as partes terão apenas o ônus (dado o princípio da demanda, constante do art. 2º do CPC), de complementar os conteúdos pertinentes às diferentes peças processuais, quando estes forem indispensáveis sobre o aspecto causal, apenas para que se tragam as informações necessárias ao julgamento dos feitos, sob pena, tão somente, de as decisões lhes serem desfavoráveis.

c) O art. 2º do CPC.

De acordo com o art. 2º do CPC, salvo nas situações previstas em lei, o processo começa por iniciativa da parte.[81]

Trata-se do princípio do dispositivo, essencial à imparcialidade do julgador, como afirmou RUI PORTANOVA, dado o inevitável

81. Dispõe o artigo 2º do CPC: "O processo começa por iniciativa da parte e se desenvolve por impulso oficial, salvo as exceções previstas em lei".

comprometimento consistente em uma mesma autoridade decidir aquilo que pediu[82]. Desrespeitado o artigo 2º do CPC e iniciado o processo de ofício pelo magistrado, poderá haver nulidade absoluta, de fundo, por se tratar da falta de um pressuposto processual de existência: a petição inicial.

No CPC de 2015, o princípio dispositivo – na verdade uma regra, como foi visto no capítulo anterior – não possui mais exceções.

Entretanto, muito embora o processo se dê por iniciativa da parte e por iniciativa da parte posse terminar, há situações em que existe interesse do próprio Estado em fazer com que o conflito seja levado o judiciário, como na hipótese dos direitos indisponíveis, na ação penal pública, dentre outros. A própria natureza instrumental do processo, enfim, instrumentaliza do princípio dispositivo.

d) O art. 73 do CPC.

O art. 73 do CPC refere-se à capacidade processual das pessoas casadas para a propositura de ações que versem sobre direitos reais imobiliários, que, em regra, não poderão fazê-lo sem a autorização respectivo do cônjuge.[83]

---

82. A respeito do princípio da demanda, ensina o autor: "Quando o Estado retirou do particular o direito de fazer justiça privada, e com as própria mãos, deu-lhe, em troca, o direito-poder de movimentar um dos órgãos do estado para resolver seus conflitos. Fora dessa época de barbárie, pode-se dizer que o princípio da demanda sempre existiu no processo civil. Já não se pode dizer o mesmo no processo penal, que em sua história registra um sistema chamado de *cognitio*. O pretor romano podia iniciar um processo penal contra qualquer pessoa. Bastava que tivesse notícia do cometimento de um delito." Op. cit. p. 114.

    Já quanto ao princípio dispositivo, diz o mesmo autor: "Costuma-se fundamentar o princípio dispositivo na necessidade de manter o juiz estranho ao processo. Ou seja, seria na salvaguarda da imparcialidade do juiz.

    Nos termos da lei, o juiz decidirá a lide nos limites em que foi proposta (art. 128 do CPC). A lide, como entidade sociológica já fora da jurisdição, vem parcialmente ao processo, não com toda essa extensão. (...) Tratando-se de um resquício da ideologia liberal-individualista, o princípio dispositivo resiste. Resiste pela falsa sedução do discurso liberal. A resistência se faz através da hipertrofia e do sentido equívoco que se dá ao princípio. Op. cit. p. 123 e 124.

83. Dispõe o artigo 10, *caput,* do CPC: "O cônjuge necessitará do consentimento do outro para propor ação que verse sobre direito real imobiliário, salvo quando casados sob o regime de separação absoluta de bens."

Em caso de desrespeito à norma do artigo 73 do CPC, tendo sido iniciada a demanda e havendo prejuízo para o cônjuge que não autorizou a propositura da ação sobre direitos reais imobiliários, prejuízo esse a ser analisado *a posteriori*, haverá nulidade absoluta, de fundo. Isso por se tratar de desrespeito a pressuposto processual de validade, matéria de ordem pública a respeito da qual não convém ser aplicado o artigo 276, já que aquele trata de nulidades de forma e não de fundo.

Entretanto, em determinadas situações não haverá prejuízo. Em uma ação de usucapião proposta pelo marido sem a anuência da mulher, por exemplo, acreditamos que o julgamento de procedência do pedido também a beneficiará de forma válida, na excepcionalidade de o respectivo feito chegar a termo sem que a nulidade seja declarada. Isto exatamente por que tal procedência só a beneficiará, não podendo prejudicá-la, ainda que não tenha autorizado a propositura da demanda.

Em qualquer situação, no entanto, que os cônjuges estejam casados sob os regimes da separação total de bens (CC, art. 1.687 e CPC, art. 73) ou da participação final nos bens aquestos com cláusula de livre disposição dos bens imóveis (CC, art. 1.656, hipótese de liberdade esta prevista no CC, mas não no CPC, o que a fragiliza no âmbito do direito processual), não seria necessário o respectivo consentimento, pela natureza de livre disposição da relação material.

De qualquer forma, nas ações concernentes a direitos reais imobiliários propostas sem a anuência do cônjuge preterido – a quem caberá mais tarde, alegar a nulidade, caso ainda não reconhecida de ofício – este deve ser intimado acerca do ajuizamento da demanda, corrigindo-se o eventual defeito antes mesmo de ele vir a ocorrer. Apenas nas situações em que assim não se proceder, será necessário passar à análise da eventual nulidade.

e) Os arts. 103 a 106 do CPC.

Conforme dispõem os artigos 103 a 106 do CPC, as partes, com a exceção dos Juizados Especiais Cíveis estaduais e federais no limite de 20 salários mínimos (Lei 9.099/95, art. 9º) necessitam estar representadas em juízo por advogado legalmente habilitado, ou postulam em causa própria caso possuam habilitação e assim prefiram.[84]

No entanto, além da presença de advogado capaz de postular em juízo e ligado à parte através de contrato de mandato judicial, também é necessário o respeito ao requisito formal da procuração (CPC, art. 104).

A procuração também é um pressuposto processual de validade do processo; um requisito formal. Trata-se de instrumento que indica os limites do contrato de mandato judicial havido entre o advogado e seu representado, e que não se confunde com o referido contrato, e muito menos com a capacidade postulatória do causídico.

Pelo contrário, os institutos não se confundem. Capacidade postulatória, contrato de mandato judicial e procuração não se equivalem. Desse modo, a procuração, como afirma RENAN LOTUFO[85], constitui a prova do contrato de mandato judicial, e não o contrato em si (CPC, art. 104 e 105).

Assim, o desrespeito às regras dos art. 104 e 105 do CPC poderá implicar em nulidade absoluta, mas, como sempre, desde que haja prejuízo às partes ou ao processo, oriundo da falta de algum dos

---

84. Dispõem os artigos 36, 37 e 38 do CPC, e art. 9º da Lei 9.099/95:

Art 36: "A parte será representada em juízo por advogado lagalmente habilitado. Ser-lhe-á lícito, no entanto, postular em causa própria, quanto tiver habilitação legal ou, não a tendo, no caso de falta de advogado no lugar ou recusa ou impedimento dos que houver."

Art. 37: "Sem instrumento de mandato, o advogado não será admitido a procurar em juízo. Poderá, todavia, em nome da parte, intentar ação, a fim de evitar decadência ou prescrição, bem como intervir, no processo, para praticar atos reputados urgentes. Nestes casos, o advogado se obrigará, independentemente de caução, a exibir o instrumento de mandato no prazo de 15 (quinze) dias, prorrogável até outros 15 (quinze), por despacho do juiz."

Art. 38: "A procuração geral para o foro, conferida por instrumento público, ou particular assinado pela parte, habilita o advogado a praticar todos os atos do processo, salvo para receber citação inicial, confessar, reconhecer a procedência do pedido, transigir, desistir, renunciar ao direito sobre o qual se funda a ação, receber, dar quitação e firmar compromisso".

Art. 9º, *caput*, da Lei 9.099/95: "Nas causas de valor até 20 (vinte) salários mínimos, as partes comparecerão pessoalmente, podendo ser assistidas por advogado; nas de valor superior, a assistência é obrigatória."

85. LOTUFO, Renan. Questões relativas a mandato, representações e procuração. São Paulo, Saraiva, 2001.

pressupostos processuais positivos referentes à capacidade processual, ao contrato de mandato judicial ou à procuração.

Ora, a ausência de procuração dos advogados do autor nos autos, por exemplo,, não induz necessariamente à falta de capacidade postulatória nem à falta de mandato judicial, nos casos em que o profissional esteve, de fato, presente. Assim, tendo sido alegada, tal nulidade, pelo réu em um feito cujo pedido foi julgado procedente em primeiro grau, por exemplo, não haverá prejuízo ao sucumbente ou ao processo, merecendo ser confirmada pelo tribunal local a sentença.

f) Os arts. 141 e 490 e 492 do CPC.

Por último, convém elencar, ainda, o princípio da demanda, a respeito da vinculação existente entre o pedido e o provimento jurisdicional dele decorrente. Trata-se da análise da eventual nulidade oriunda do desrespeito ao princípio da correspondência, referente à vinculação do juiz ao pedido (CPC, arts. 141 e 490 e 492)[86].

O pedido formulado pelo autor na petição inicial – ou pelo réu na reconvenção ou em pedido contraposto no procedimento sumaríssimo dos juizados especiais – inicia a delimitação tanto da extensão da lide quanto da natureza do provimento jurisdicional final de mérito.

A delimitação realizada pelo pedido em relação ao provimento jurisdicional de mérito é, portanto, dupla. Tanto as naturezas declaratória, constitutiva, condenatória, mandamental e/ou executiva *lato sensu* das quais se revestem pedido e provimento jurisdicional, quanto à extensão do objeto sob o qual versa o pedido, são oriundas da correspondência entre este e a sentença.

Entretanto, o desrespeito às normas dos arts. 141 e 492 do CPC infringe o princípio dispositivo, mas não atenta contra o princípio

86. Dispõem os artigos 141 e 492 do CPC:

Art. 141: "Os juiz decidirá o mérito nos limites propostos pelas partes, sendo-lhe vedado conhecer de questões não suscitadas a cujo respeito a lei exige a iniciativa da parte."

Art. 492, *caput*: "É vedado ao juiz proferir decisão de natureza diversa da pedida, bem como condenar a parte em quantidade superior ou em objeto diverso do que lhe foi demandado."

da demanda. Enquanto o princípio da demanda liga-se ao respeito da proibição da iniciativa do magistrado para iniciar os feitos sob sua autoridade, o princípio dispositivo[87] concerne aos limites da lide e à natureza do provimento jurisdicional, pois ao juiz, em princípio, não cabe analisar aquilo que não se pediu ou não analisar aquilo ou tudo aquilo que se pediu, ensejando sentenças *ultra petita*, *citra petita* ou *extra petita*.

Assim, a violação das regras de adstrição e congruência entre o pedido e a sentença também poderá gerar nulidade absoluta, em havendo prejuízo às partes e/ou ao processo, por se tratar de normas de ordem pública, cujo desrespeito macula a própria estrutura do processo, essencial ao sadio julgamento do mérito.

No entanto, partindo da classificação do pedido em mediato e imediato, segundo o critério da distinção entre meios e fins no processo, a respeito da qual trata o quarto capítulo deste livro, acreditamos que apenas o pedido mediato determina a natureza e a extensão do provimento jurisdicional final de mérito.

O simples meio formal escolhido pelo autor – oriundo do pedido imediato – não merece ser classificado como causador de

87. Enquanto o princípio dispositivo se refere à vinculação do magistrado à extensão e à natureza do pedido, o princípio da demanda liga-se à necessidade de provocação do Poder Judiciário para que os feitos se iniciem. Conforme RUI PORTANOVA: "A adoção do princípio do pedido pela parte afasta o princípio inquisito na iniciativa do processo, no qual o mesmo órgão que julga instaura a causa. Hoje, no Brasil, tanto o processo cível como o processo penal, com poucas exceções, adotam o princípio da iniciativa da parte. Evidentemente, quando se fala em iniciativa na movimentação do judiciário, está se falando na iniciativa qualificada pela representação de um técnico: advogado (no cível) e Ministério Público (na maioria das ações penais). Op. cit. p. 115.

Por sua vez, quanto ao princípio dispositivo afirma o autor: "Dependendo do sistema processual, o poder de vinculação que compõe o princípio dispositivo pode ser maior. Assim, à parte era confiada a formação, não só do material fático que compõe o processo, mas também das provas. Daí o brocardo: *juidex secundum allegata et probata partium judicare debet*. Haverá assim, vigência plena de um sentido liberal individualista, em que as partes são donas do processo." Op. cit. p. 121 e 122.

nulidades[88-89], não gerando o possível indeferimento da petição inicial (CPC, art. 330), especialmente se respeitado o contraditório[90], mas principalmente por que acreditamos que a ele deve ser aplicado o princípio da fungibilidade.

Acreditamos, portanto, que a aplicação da fungibilidade de meios explica e justifica a não ocorrência de nulidades em situações em que a norma processual, em princípio, teria sido violada, tais como as hipóteses acima demonstradas.

---

88. No mesmo sentido, vale citar o entendimento do STJ a respeito dos limites do princípio da adstrição ao pedido no tocante à correção monetária sobre depósitos judiciais:

PROCESSUAL CIVIL. RECURSO ORDINÁRIO EM MANDADO DE SEGURANÇA. DECISÃO FUNDAMENTADA. INOCORRÊNCIA DE OFENSA AO ART. 93, IX, DA CF. DEPÓSITO JUDICIAL. INSTITUIÇÃO FINANCEIRA. CORREÇÃO MONETÁRIA. SÚMULA N 271/S.T.J. VIOLAÇÃO AO DEVIDO PROCESSO LEGAL NÃO CONFIGURADA.

1. A impetração volta-se contra ato da autoridade impetrada que determinou a correção monetária integral sobre os depósitos judiciais sem que houvesse oportunidade para a impetrante discutir quais os índices a serem aplicados, o que, no entender do impetrante, acarretou a inobservância ao devido processo legal .O Tribunal a quo, em obediência ao princípio da adstrição, limitou-se a entender não haver qualquer ilegalidade praticada pelo juiz, e, com base na jurisprudência desta Corte, decidiu que não há necessidade de intentar-se ação específica para discutir-se acerca da correção monetária sobre depósitos judiciais . Decidiu, assim, dentro do limite estabelecido pelo impetrante ao formular seu pedido inicial. Não se configura, na hipótese, nulidade do acórdão por infringência ao disposto no art. 93, IX, da CF.

2. Esta Corte já assentou o entendimento de que "não há necessidade de intentar-se ação específica para discutir-se acerca da correção monetária sobre depósitos judiciais, podendo ser feita nos próprios autos da execução." (RESP 95.992/SP, Rel. Min. Castro Meira, 2ª Turma, DJ de 07.03.2005). É nesse sentido a orientação contida na Súmula n. 271/STJ. (RMS 19237 / RJ; 2004/0166662-2. Rel. Min. Nilson Naves).

89. PROCESSO CIVIL. ADSTRIÇÃO DO JUIZ AO PEDIDO DA PARTE. JULGAMENTO EXTRA PETITA (INOCORRENCIA). NÃO ALTERADA A NATUREZA DO PEDIDO IMEDIATO (AÇÃO CONDENATORIA, SENTENÇA CONDENATORIA), NÃO É EXTRA PETITA O JULGAMENTO QUE SE VALEU DE REGRA JURIDICA DIVERSA DA INVOCADA, PELO AUTOR, NA INICIAL. CASO EM QUE A APLICAÇÃO DA LEI ENVOLVEU QUESTÃO DE DIREITO, SOMENTE. IURA NOVIT CURIA.

ACORDÃO LOCAL QUE NÃO DESATENDEU O DISPOSTO NOS ARTIGOS 128 E 460. RECURSO ESPECIAL NÃO CONHECIDO. (REsp 5239 / SP ; 1990/0009511-5).

90. Nesse sentido, explicita CÂNDIDO DINAMARCO, ao tratar da aplicação do princípio do contraditório junto às hipóteses de extinção do processo sem julgamento do mérito: "O juiz que, apercebendo-se de uma causa extintiva do processo, pronuncia logo a sentença que lhe põe fim, não deu ao autor a mínima oportunidade de discutir a matéria e eventualmente convencê-lo do contrário. Se ele manda que se manifeste o demandante, é possível que este tenha fundamentos capazes de desfazer a impressão inicial do juiz e assim evitar a extinção do processo. Isso é contraditório." Instituições de Direito Processual Civil. São Paulo, Malheiros, 2001, v. 1, p. 183.

3.7. AS NULIDADES E A FUNGIBILIDADE DE MEIOS

A ligação existente entre as formalidades processuais, as nulidades causadas pelo seu desrespeito e o tema da fungibilidade de meios é intrínseca à nossa compreensão da estrutura interna do processo.

Nesse sentido, acreditamos piamente no acerto da concepção da fungibilidade de meios como uma ferramenta útil ao melhor entendimento da formalidade processual. Embora numa perspectiva formal, a conjugação devida dos princípios gerais das nulidades já comentados – aproveitamento, prejuízo, finalidade, liberdade das formas, convalidação e casualidade – fosse suficiente para promover o aproveitamento dos atos processuais inclusive nas situações em que o ordenamento não dispõe de mais de um meio para o atingimento do mesmo fim, a simplificação operativa trazida pela fungibilidade é de grande importância didática à obtenção dos resultados buscados pelo operador do direito.

Em outras palavras, a fungibilidade de meios, sob o ângulo formal adotado neste capítulo, demonstra inserir-se dentro de um universo mais amplo, referente ao desrespeito às formas processuais (nulidades). Nesse universo, podemos buscar o aproveitamento dos atos processuais tanto nas situações em que o ordenamento dispõe de um único meio para o atingimento do mesmo fim (ex: necessidade de procuração nos autos), quanto nas situações em que o sistema prevê a existência de dois ou mais meios para a mesma finalidade.

Entretanto, embora se possa localizar a fungibilidade de meios junto aos princípios norteadores das nulidades, tal identificação não basta às necessidades do operador jurídico, pois o assunto não foi suficientemente sistematizado, tanto pela doutrina quanto pela jurisprudência, com a profundidade e o amadurecimento necessários à melhor compreensão do fenômeno.

Percebemos, assim, que a aplicação do princípio da fungibilidade junto ao sistema processual é advento histórico-evolutivo da nossa realidade operativa forense, que simplifica a busca pela redução do formalismo.

Em diversas situações, inclusive, a aplicação do princípio da fungibilidade junto ao sistema processual justifica o não pronunciamento, e consequentemente, a não ocorrência de nulidades. Seriam exemplos de tais situações, o art. 554 entre possessórias (ações de manutenção e reintegração) bem como o artigo 305 § único, acerca da fungibilidade das medidas de urgência, além do velho art. 810 do CPC de 1939, que não tem um correspondente no atual código nem no CPC de 1973, mas que é frequentemente lembrado devido à constante aplicação do princípio da fungibilidade junto aos recursos.

A generalização da norma da fungibilidade junto aos meios processuais consiste numa especialização do princípio do aproveitamento das formas, seja através da estrutura de regras (sem a necessidade de critério objetivadores), seja através da estrutura de princípios (necessitando de critérios objetivadores da razoabilidade nos casos concretos: hoje, a chamada "dúvida objetiva"). Tal especialização decorre da problematização havida nos casos concretos em razão da existência de formas processuais distintas de se atingir os mesmos fins de tutela dos direitos.

Enfim, a aplicação da fungibilidade de meios serve à instrumentalidade das formas, e principalmente do processo, por demandar uma nova mentalidade por parte dos intérpretes tradicionais, justificando a não configuração e o não pronunciamento de nulidades em diversas hipóteses nas quais se busca flexibilização e redução da forma em prol de resultados através da jurisdição.[91]

Assim, convém analisar as nulidades do sistema processual da mesma maneira pontual com que estas são examinadas pelo cotidiano forense, não apenas junto ao código como também nas diversas situações retratadas pela realidade dos autos, a fim de que se analise se a regra de forma foi efetivamente violada, se houve prejuízo para as partes e/ou para o processo, bem como se o ato atingiu a sua finalidade.

---

91. Nas palavras de PAULO HENRIQUE MORITZ MARTINS DA SILVA: "O desafio é árduo, mas para conseguir superar a demanda de pleitos que crescem em progressão geométrica nas distribuições dos foros é indispensável uma reforma ampla dos procedimentos cognitivos e da estrutura formal das decisões judiciais.
Sem concentração de atos, unificação de prazos e simplificação de rotinas, continuaremos prisioneiros de um formalismo que nasceu ilógico e que está ultrapassado há muito tempo." Considerações sobre as reformas do Código de Processo Civil. In: Revista da ESMESC, 2005, v. 12, n.º 18, p. 166.

Por conseguinte, numa perspectiva instrumental e formalmente fungível, para que se configurem nulidades em nosso processo civil concluímos ser necessário o concurso de alguns elementos identificadores, de acordo com as seguintes possibilidades: 1) pronúncia de nulidade decorrente de violação da norma processual com prejuízo às partes ou ao processo, independente de o ato ter atingido sua finalidade; ou 2) pronúncia de nulidade decorrente de violação da norma processual sem prejuízo às partes ou ao processo, mas desde que o ato ou atos não tenham atingido suas finalidades, tornando-se inúteis.

Desta maneira, na hipótese de violação das mais variadas formas processuais, não havendo prejuízo às partes ou ao processo e tendo sido atingidas as respectivas finalidades de modo idêntico às que teriam sido obtidas caso respeitadas as formalidades processuais, não haverá nulidade especialmente por se tratar de casos em que um meio diverso terá servido ao mesmo fim buscado pelo ordenamento, havendo fungibilidade de meios.

CAPÍTULO 4

A DISTINÇÃO ENTRE MEIOS E FINS DO PROCESSO E A FUNGIBILIDADE DE MEIOS PROCESSUAIS

4.1. BREVE INTRODUÇÃO

A importância da identificação e da distinção entre os meios e os fins do processo reside na ideia de que, ao realizarmos uma abordagem sobre o formalismo na temática da instrumentalidade, podemos sugerir a fungibilidade entre os seus meios, mas não entre os seus fins, pois estes são invariáveis, como concluiu JAMES GOLDSCHMIDT.[1]

A partir da temática da instrumentalidade, bastante difundida pela obra de CÂNDIDO DINAMARCO[2], buscaremos delimitar,

---

1. Segundo o autor: "Por isso, ao se buscar o fim do processo, há que se partir do seu conceito empírico, investigar o fim, que em cada processo se alcança." Princípios Gerais do Processo Civil. Trad. Hiltomar Martins Oliveira. Belo Horizonte: Líder, 2004, p. 32.

2. Dissertando sobre os fins e os meios processuais, afirma o autor: "Falar em instrumentalidade exige que se estabeleça também qual a tarefa que se pretende através do instrumento considerado, ou seja, qual fim ou fins, a serem obtidos através do emprego do meio. Foi por isso que na parte II da obra se dedicaram diversos capítulos ao estudo dos escopos da jurisdição (ou do processo como sistema), com a preocupação de apontar todo o complexo caracterizador da função que o processo exerce, seja perante o direito, seja perante a sociedade, seja perante as suas instituições políticas (caps. IV a VIII)(...).

   "Todo instrumento, como tal, é meio; e todo meio só é tal e se legitima em função dos fins a que se destina. O raciocínio teleológico há de incluir então, necessariamente, a fixação dos escopos do processo, ou seja, dos propósitos norteadores da sua instituição e das condutas dos agentes estatais que o utilizam. Assim é que se poderá conferir um conteúdo substancial a essa usual assertiva da doutrina, mediante a investigação do escopo, ou escopos em razão dos quais toda ordem jurídica inclui um sistema processual." A Instrumentalidade do Processo. Malheiros, São Paulo, 2003, p. 378 e 181.

nas próximas páginas deste capítulo, tanto os fins quanto os meios processuais – além dos conteúdos estruturais não dinâmicos do processo – para, ao final, identificarmos, com a maior clareza possível, até onde e em que medida merece ser aplicada a norma da fungibilidade no seu âmbito.

4.2. OS FINS DO PROCESSO E O CONCEITO DE TUTELA JURISDICIONAL

O maior objetivo do processo civil clássico era o atingimento da coisa julgada material. A doutrina acreditava que a mera resposta judicial transitada em julgado a respeito da lide, bastava para que se considerasse prestada a tutela jurisdicional.[3]

A declaração a respeito do direito havido entre as partes recebia mais ênfase dos estudiosos do que a sua efetiva satisfação. Construir uma certeza sobre qual das partes possuía razão era mais importante do que desenvolver maneiras efetivas para a garantia do respeito à essa razão.

O período de instabilidade ideológica havido durante a edição do Código de Processo Civil de 1973 concedeu-lhe uma estrutura rígida e estanque, cujos objetivos primavam pelo mito da segurança jurídica em detrimento da busca pela efetividade dos direitos.

---

3. O esforço de compatibilização do processo com o direito material para a produção de resultados foi abordado por JOSÉ ROBERTO DOS SANTOS BEDAQUE, que em sua tese de doutoramento, expôs a necessidade de aproximar-se o processo e o direito substancial. *In* Direito e Processo: Influência do Direito Material sobre o Processo. Malheiros, São Paulo, 2001. p. 25.

Entretanto, ao entender que a tutela jurisdicional deve ser compreendida como a tutela fática de direitos e de situações através do processo, BEDAQUE chegou a ser criticado, por exemplo, por LUIZ GUILHERME MARINONI, que concebe a tutela jurisdicional como resultado, mas também como uma resposta jurisdicional, e não apenas como uma tutela que precisa resolver os problemas práticos que lhe são colocados. *In* Novas Linhas do Processo Civil. Malheiros, São Paulo, 1.999, p. 138.

Desta maneira, de acordo com MARINONI, "a apreciação da pretensão processual fica subordinada à presença de requisitos. Quando esses requisitos não estão presentes, nega-se o direito à adequada tutela jurisdicional, mas não o direito a uma resposta jurisdicional". Mais adequada está, por sua vez, a opinião de CÂNDIDO DINAMARCO, para quem "inexiste tutela jurisdicional enquanto o comando enunciado na sentença permanecer só na sentença e não se fizer sentir de modo eficaz na realidade prática da vida dos litigantes". Op. cit. p. 14.

Atualmente, no entanto, fatores como o constante aumento da complexidade social e do número de feitos a serem julgados, somados à estrutura insuficiente do Poder Judiciário e à disseminação da concepção instrumental do processo na perspectiva dos direitos fundamentais, modificaram o paradigma dos fins por ele almejados.

Hoje, para que se evite lesão ou ameaça a direito (CF, art. 5º, XXXV), o grande objetivo do processo, e de todo o aparato estatal destinado ao exercício da função judiciária, é a modificação a ser sentida na vida dos litigantes: o tempestivo resultado através da jurisdição, não apenas jurídico, mas também, e principalmente, fático.

Esse é o principal fim hodierno do processo: o resultado. Resultado que pode advir de mais de uma espécie de tutela jurisdicional, mas que está diretamente ligado a ela. Aliás, a vinculação intrínseca entre o resultado – tido como finalidade do processo – e a tutela jurisdicional orienta também o conceito dessa tutela, de modo que só se poderá considerar prestada a tutela jurisdicional na medida em que atingidos forem os resultados.

Merece ser repensada, então, a nosso ver, a classificação das espécies de tutela jurisdicional. A tradicional classificação da tutela jurisdicional em cognitiva, executiva e cautelar, efetuada segundo o critério da realização de atos cognitivos/executivos, não atende mais à realidade sincrética e dinâmica a que o processo está submetido. A estrutura dos livros do CPC de 1973 possuía contradições intrínsecas, pois segundo o critério utilizado para diferenciá-los, qual seja a produção de atos executivos, também o processo cautelar encontra-se dentro da tutela executiva, não correspondendo a um terceiro gênero de tutela jurisdicional.

Especialmente após o advento do CPC de 2015, não podemos mais aceitar seja a tutela jurisdicional pensada como mera resposta da jurisdição, em razão da clássica distinção estrutural entre declaração e execução, que teve como consequência a infrutífera universalização da sentença condenatória.[4-5-6]

Acreditamos que hoje não se pode pensar em uma espécie de tutela jurisdicional sem a prática de atos que satisfaçam faticamente as decisões de mérito (praticados judicial ou extrajudicialmente), de modo que o sincretismo trouxe a realidade da prática conjunta de atos tanto cognitivos quanto executivos, tanto na prestação jurisdicional definitiva quanto na prestação através de medidas de urgência.

---

4. Este fenômeno já podia ser observado antes mesmo do CPC de 2015, especialmente por ocasião da Lei Federal n.º 11.232/05, que inseriu os arts. 475 – A e segs. junto ao CPC de 1973.

5. Nesse sentido, explica OVÍDIO BAPTISTA DA SILVA: "O processo de conhecimento foi concebido e laboriosamente construído através de um longo processo histórico, de modo a permitir que o direito moderno preservasse a estrutura do *ordo judiciorum privatorum* da *actio* romana, fundamentalmente com a finalidade de transferir para os sistemas contemporâneos a concepção romana de separação entre *conhecimento* e *execução*, ligados pela sentença condenatória. Na verdade, a maior virtude teórica do processo de conhecimento não estava em ser ele exclusivamente declaratório, mas em não conter execução.

   Contudo, se isso fosse correto, então como explicar que nossos processualistas aceitem com tanta naturalidade, a inclusão nele de ações executivas e mandamentais? E qual a causa de exclusão das ações cautelares que, segundo nosso entendimento, são igualmente mandamentais (e sumárias, como a ação de Mandado de Segurança)?

   A explicação é simples e poderá ser facilmente compreendida substituindo-se o vocábulo *conhecimento* por *declaração,* e assumindo-se expressamente o pressuposto de que o processo dito de conhecimento na verdade é *declaratório*, destinado a produzir coisa julgada.

   Teríamos, deste modo, explicado a diversidade de tratamento entre uma ação de Mandado de Segurança e uma ação cautelar – ambas mandamentais – justificando o motivo pelo qual a primeira pode ter o privilégio de integrar o processo de conhecimento, embora seja uma ação sumária, em virtude da limitação probatória que lhe é inerente, enquanto a ação cautelar não merece esse reconhecimento. A explicação evidentemente não decorre da circunstância de produzir o Mandado de Segurança, como sua eficácia máxima, uma ordem, um *efeito mandamental*, destinado a fazer cessar o ato ilegal da autoridade, e sim do fato de, como as ações próprias do Processo de Conhecimento, produzir coisa julgada a ação de Mandado de Segurança e não produzi-la a ação cautelar". Jurisdição e Execução. RT, São Paulo, 1997, p. 183.

6. A universalização das ações condenatórias impediu fosse proporcionada maior efetividade aos feitos porque estas só produzem resultados através de outra ação autônoma de execução. Tendo como objetivo apenas constituir título judicial a ser executado em outra ação, a ação condenatória não tem cunho constitutivo, mas sim declaratório, já que a obrigação a ser posteriormente executada era anterior, já existia, não sendo constituída pela sentença.

Aliás, parece-nos realmente que essa é a classificação das espécies de tutela jurisdicional que mais se adequa à realidade atual: 1) tutela definitiva (seja preventiva, ressarcitória ou reparatória, mediante condenações, ordens mandamentais ou executivas *lato sensu*, declarações ou constituições); e 2) tutela urgente (através de meios cautelares assecuratórios ou de meios satisfativos, que podem antecipar os efeitos da tutela jurisdicional definitiva parcial ou integralmente).

Não cremos, é necessário esclarecer, que a tutela jurisdicional urgente possa ser dividida em tutela cautelar e tutela antecipatória. Vemos a tutela urgente como uma só, um só fim com uma única função constitucional (CF, art. 5º XXXV).[7] Antecipação e acautelamento são apenas meios para a prestação de uma única tutela urgente, pois não existe um fim cautelar ou um fim antecipatório, não espantando a sua compreensível fungibilidade enfim reconhecida pelo sistema.[8]

As tutelas urgentes sumárias, na prática, prestadas inclusive através de antecipações de tutela irreversíveis e de medidas urgentes satisfativas autônomas muitas vezes oriundas de medidas cautelares, nada mais são do que tutelas jurisdicionais definitivas, dada a sua irreversibilidade.[9]

Conferimos, ainda, terminologia diversa às normalmente denominadas "tutela cautelar" e "tutela antecipatória".[10] Como a tutela de

---

7. LAMY, Eduardo de Avelar. Flexibilização da Tutela de Urgência. Curitiba: Juruá, 2006, 3ª tiragem, p. 58.

8. Já nos manifestamos a respeito, conforme segue, ainda na sistemática do CPC/73: "No entanto, novas modificações no sistema processual civil foram realizadas. Uma delas refere-se à inclusão do § único no art. 305 do CPC, acerca da fungibilidade entre a técnica antecipatória e a técnica cautelar, com consideráveis conseqüências junto ao processo cautelar e à tutela de urgência como um todo. Sua inserção junto ao ordenamento possibilita vislumbrar-se o sistema uno da tutela de urgência, não havendo mais de uma tutela urgente, mas sim técnicas diferenciadas em razão da característica comum de provimento jurisdicional cognitivo e executivo que possuem tais provimentos." Tutela Provisória. São Paulo, Atlas, 2018, p. 126.

9. Conforme também já afirmamos: "Aliás, questão de grande importância é a que se refere à situação de tais medidas chamadas de "satisfativas autônomas",, que possuem cognição sumária, e cuja irreversibilidade fática dos provimentos lhes traz caráter de definitividade em seus efeitos.

   Trata-se de medidas que geram provimento irreversível, como no velho exemplo da demolição de um monumento histórico." Op. cit. p. 138.

10. Tutela Provisória. São Paulo, Atlas, 2018.

urgência é uma só, apenas ela merece ser chamada de tutela; só ela constitui realmente um fim. Antecipação e cautela são na realidade medidas, técnicas, meios para a prestação do mesmo fim: a tutela de urgência (prestada nos casos em que a realidade demandar, judicial ou extrajudicialmente, o atingimento de resultados antes da satisfação fática das decisões de mérito).

Tanto a tutela definitiva, prestada através de atos que satisfaçam faticamente a decisão de mérito transitada em julgado, quanto a tutela urgente, praticada através de atos executivos que garantem resultados antes do trânsito em julgado da decisão final de mérito, constituem fins fáticos prestados através de provimentos de natureza preponderantemente declaratória, constitutiva, condenatória, mandamental e/ou executiva *lato sensu*.

Tais provimentos declaratórios, constitutivos, condenatórios, mandamentais e/ou executivos *lato sensu* são fins internos que proporcionam a tutela dos direitos, mas que não equivalem a tal tutela; são fins jurídicos internos ao processo que visam ao atingimento de outros fins externos ao processo, fáticos, que equivalem, estes sim, à tutela jurisdicional. Reconhecemos, portanto, a existência de fins externos e de fins internos ao processo que, no entanto, não se confundem com os seus meios.

A tutela jurisdicional será sempre o principal fim, que poderá ser prestado através de diversos meios (que não se confundem com os fins internos ao processo). Por isso, a ideia de que também existem formas de tutela não vinculadas ao resultado proporcionado pela jurisdição, denominadas tutelas iniciais (e não apenas finais como afirmamos) não condiz com a distinção entre meios e fins no processo. Classificada como urgente ou definitiva, a tutela jurisdicional estará sempre servindo a uma espécie de resultado urgente ou definitivo.

Urge compreender, deste modo, que as escolhas, os caminhos processuais através dos quais se pleiteiam esses resultados, não possuem um fim em si mesmos; não possuem o objetivo de demonstrar, no próprio feito em que foram utilizados por terem sido o meio “mais” correto. Na perspectiva da tutela vista como resultado, tal análise perde sua importância.

Assim, os fins do processo são os seus objetivos, seus escopos insubstituíveis; fins do próprio Estado. Tais fins não podem ser substituídos por que os seus objetivos não são modificáveis através da atuação da máquina judiciária; não são fungíveis. Dentre eles, o principal fim do processo é o resultado definitivo ou urgente representado pela tutela jurisdicional.

Deste modo, nossa postura teleológica, embora considerando o eminente caráter político da função jurisdicional permite concluirmos serem fins, escopos práticos do processo, os seguintes:

a) O fim externo constituído pelo atingimento dos resultados fáticos urgentes ou definitivos: a tutela jurisdicional urgente ou definitiva (CF, art. 5º, XXXV);

b) O fim interno de resolução substancial (CPC, art. 487) do mérito (pedido mediato), com suas delimitações;

c) O fim interno ao processo atingido pela prolação dos provimentos jurisdicionais declaratórios, constitutivos, condenatórios, mandamentais e/ou executivos *lato sensu*[11], quando da resolução do pedido mediato (trata-se da eficácia concedida a essa resolução do mérito; sua segunda dimensão). Trata-se da resolução "processual" do pedido mediato;

d) O fim interno, mas de eficácia pamprocessual, de constituição da coisa julgada material;

e) A composição, assumidamente formal e, portanto, interna ao processo, das lides sociais (já que externamente, nem mesmo os resultados fáticos havidos através do processo podem garantir a eliminação das lides sociais).

Diversos meios processuais, nessa ótica, podem servir ao atingimento dos mesmos fins operativos do processo, se considerados os resultados fáticos urgentes ou definitivos: a tutela jurisdicional urgente ou definitiva (CF, art. 5º, XXXV). Assim, não nos concentramos na análise dos escopos filosóficos, políticos e sociais do processo, mas sim nos seus objetivos internos, bem como nos fins externos mais próximos da sua realidade prática.

11. Com isso, não buscamos nos aprofundar na análise dos escopos políticos, filosóficos e sociais do processo, como fez CÂNDIDO DINAMARCO, mas sim nos seus escopos internos, bem como nos escopos externos mais próximos à sua realidade operativa.

4.3. O CONTEÚDO ESTRUTURAL E OS MEIOS DO PROCESSO

4.3.1. O Conteúdo Estrutural do Processo

Por acreditarmos que numa perspectiva operativa e funcional, os princípios, regras e institutos do processo podem ser classificados como estruturais, como fins ou como meios, cremos não bastar que se esclareçam apenas os objetivos do processo, motivo pelo qual nos preocupamos em indicar – após terem sido delineados esses fins – os conteúdos estruturais e os meios processuais.

O aspecto estrutural do processo não constitui objeto primordial de nossa análise, exatamente por estabelecer princípios e regras estáticos, diversos da dinâmica inerente aos resultados compreendidos pelas partes, não correspondendo a fins ou a meios processuais. Tais elementos são oriundos da missão própria das estruturas jurisdicionais das mais diversas nações; são comuns a ponto de quase todos os ordenamentos processuais os possuírem.

A ampla adoção das estruturas processuais estáticas decorre do fato de que elas constituem verdadeiras conquistas históricas da humanidade, não sendo meramente instrumentais, de modo que a elas não se pode aplicar a norma da fungibilidade. Trata-se de elementos como, por exemplo, a igualdade entre as partes (da qual decorrem as regras do litisconsórcio), os seus deveres junto ao processo; o princípio do juiz natural (do qual decorrem as regras de competência), e o direito de defesa (do qual decorre a citação).

Interessa explicitar, também a título de exemplificação elucidativa, que os meios de realização da citação do réu podem ser objeto da norma da fungibilidade formal, mas a citação em si nunca o será, exatamente por se tratar de uma estrutura e não de um meio processual.

Nesse sentido, percebemos que a grande maioria dos princípios e regras de processo civil transnacional, formulados pelo American Law Institute, com a colaboração da Unidroit, sob a coordenação de GEOFFREY HAZARD JUNIOR e MICHELE TARUFFO[12],

12. Principles and Rules of Transnational Civil Procedure: Proposed Final Draft. The American Law Institute, Philadelphia, 2004, p. 25.

são elementos processuais estáticos e estruturais, exatamente por serem normas comuns aos ordenamentos. São exemplos dessas normas transnacionais: as normas sobre litisconsórcio, sobre competência; sobre igualdade entre as partes; sobre deveres das partes e dos advogados; sobre a coisa julgada; sobre os custos do processo; o direito a um advogado – mas não a um determinado meio – dentre vários outros.

Certos sistemas processuais, especialmente os de *common law*, provavelmente pelo fato de não serem codificados como os de *civil law*, são tão pobres em meios processuais que pouco se dedicam à lógica de tipificação das formas procedimentais; são sistemas que se preocuparam muito mais com a lógica causal que as estruturas processuais são afetas em detrimento da lógica normativa que traz consigo o desenvolvimento de meios, de tipos processuais.

Nessa perspectiva, especialmente quando a fungibilidade de meios é prevista expressamente em lei (CPC, art. 554, por exemplo), ela resulta na *destipificação* deste meio. Em nossa opinião, não existe necessidade alguma, por exemplo, em nominar-se uma ação que busca proteção possessória, já que a diferenciação entre os respectivos tipos não possui utilidade em razão da sua fungibilidade.

4.3.2. Os Meios Processuais

Embora a teoria tenha logrado indicar fins ao processo[13-14], ela não se preocupou em esclarecer mais detidamente quais são os seus meios, nem em analisar o funcionamento das relações entre esses meios e os fins do seu objeto de estudo.

Os meios do processo podem ser conceituados como as normas jurídicas que estipulam e arquitetam as formas, maneiras, caminhos através dos quais o instrumento da jurisdição presta a sua tutela, realizando o direito material: seu principal fim. Não se confundem com seus fins nem com os seus elementos essenciais e estruturais.

---

13. DINAMARCO, Cândido. Op. cit.
14. CAPPELLETTI, Mauro e GARTH, Bryant. Acesso à Justiça. Trad. Ellen Gracie Northfleet. Sergio Antonio Fabris Editor, Porto Alegre, 1988.

O processo como um todo é um meio. Um meio intimamente ligado a fins internos mas também externos, que extrapolam o seu universo formal. Como já dissemos, seus fins estão vinculados à satisfação do direito material, ultrapassando suas fronteiras: tornam-se matéria interdisciplinar. É por isso que a tutela inibitória, por exemplo, desenvolveu-se através de estudos ligados à tutela da vida privada, dos direitos do consumidor, do meio ambiente, e assim por diante.

A concepção instrumental global do processo como meio para satisfação de tais fins alinha-se à identificação de variados caminhos junto a esse meio maior; de mais de uma maneira ou formalidade existentes para o atingimento das mesmas finalidades. São os meios do processo; os meios do meio maior.

Tais meios são, inicialmente, oriundos do pedido imediato. O pedido imediato indica os meios escolhidos pelo autor ou recorrente. Diz respeito ao caminho ou caminhos, à forma, à medida, à técnica. É a espécie de pedido imediato que leva a crer a ocorrência anterior de uma escolha técnica metodológica.

Desta forma, são métodos e, portanto, meios processuais: o pedido imediato; os procedimentos a serem adotados em juízo; as diferentes espécies de medidas urgentes, de técnicas de urgência antecipatórias e cautelares; os diferentes recursos e demais meios de impugnação às decisões judiciais; as diferentes formas de intervenção de terceiros, as diferentes ações judiciais, dentre vários outros, cujas hipóteses de fungibilidade entre si serão melhor analisadas nos próximos capítulos.

A lógica de que necessita haver uma escolha correta a respeito dos meios processuais a serem utilizados induz ao raciocínio de que existe um meio para cada fim e de que apenas o meio correto será adequado. O acerto na adequação de meios acaba por se tornar a grande especialidade do operador do direito hábil junto ao processo.[15]

Ora, numa concepção instrumental não faz sentido que o autor não possua direito de ação apenas pelo fato de não ter escolhido o pedido imediato adequado aos olhos da interpretação que o magistrado tem de tais meios processuais.

15. Teoria Geral do Processo. Malheiros, São Paulo, 1997, p. 260.

Ao comentar a opinião de CÂNDIDO DINAMARCO[16] a respeito do tema, BARBOSA MOREIRA[17] discorda de tal posicionamento, exatamente por entender que não existe relação entre a adequação do pedido imediato e o interesse das partes. Segundo ele, como lembrou FREDIE DIDIER[18], a parte que utiliza meios supostamente inadequados tem interesse processual até em excesso, mas nunca a falta dele.

A procura por adequação técnica, usualmente concebida como um dos elementos constitutivos do interesse de agir – ao lado do binômio necessidade/utilidade do pronunciamento jurisdicional – deixa de estar ligada à formalidade dos procedimentos previstos pelo CPC, para numa perspectiva *jusfundamental*, adequar-se ao direito material e às situações a serem tuteladas: adequar-se aos fins de tutela dos direitos e não aos meios previstos pelo código.

Acreditamos, deste modo, que a busca pela adequação do procedimento e dos demais elementos do pedido imediato – meios em sentido amplo – necessita se dar consoante a natureza do direito material a ser tutelado e não apenas segundo as regras formais do código, motivo pelo qual nos parece que a eventual nulidade oriunda do desrespeito às regras que estipulam procedimentos necessita ser considerada sob o viés do prejuízo em cada caso concreto.

Neste diapasão, vemos que, especialmente em face da ausência de disposição limitadora mais clara por parte do CPC de 2015 junto ao interesse de agir, o simples erro na escolha do procedimento não tem mais o condão de levar à extinção do processo sem resolução de mérito, já que o magistrado deve convertê-lo ou ao menos possibilitar a emenda da inicial e o aproveitamento dos atos, não havendo maiores limites a essa conversão senão a eventual dependência de algum comportamento do autor. E mesmo em caso de não conversão, o processo pode ser aproveitado caso não declarada a nulidade supostamente ocorrida em razão da escolha indevida do

16. Na obra: Execução Civil. Malheiros, 2000, p. 405.

17. Disse o autor, por ocasião da defesa da tese de livre docência de DINAMARCO: "Seria antes o caso de falar em excesso do que em falta de interesse". *Apud* Pressupostos Processuais e Condições da Ação. Fredie Didier Jr. Saraiva, São Paulo, 2005, p. 286.

18. Op. Cit. p. 287.

procedimento. Os limites estariam mais focados na ilegitimidade ativa e na hipótese de prescrição, casos esses em que seria mais difícil aproveitar o processo.

Deste modo, nas situações de dúvida objetivamente verificável a respeito do meio processual a ser utilizado, e tendo em vista a perspectiva dos direitos fundamentais e da instrumentalidade do processo, sugerimos seja o interesse de agir compreendido e identificado apenas como a utilidade ou a necessidade do provimento jurisdicional em relação ao seu sujeito, retirando-lhe o formalismo oriundo da exigência de adequação do pedido imediato. Enquanto os fins do processo não constituem formalidades, vê-se, ao contrário, que os caminhos, os meios, a elas se equivalem. Todo caminho leva a um fim, mas há situações em que mais de um meio poderá levar ao mesmo fim. Nos moldes estruturais do CPC, a problemática da escolha de tais caminhos compõe o início do processo de delineamento das lides a serem solucionadas.

Assim, a escolha dos meios processuais passa a ter grande importância prática, a ponto da habilidade do operador jurídico estar muitas vezes associada à supostamente correta utilização das formas processuais.

Notamos, nesse sentido, a contradição existente entre a busca por um processo instrumental de resultados e a cultura da necessidade de acerto na escolha de meios. O processo pensado sob o prisma de resultados deixa de ser uma ciência afeta ao tradicional *dever ser* apenas normativo, para submeter-se à lógica de causalidade, de certo ou errado, de *ser* e não de dever ser.

Identificamos, pois, no atual processo de resultados influenciado pela afirmação dos direitos fundamentais, já analisada no capítulo inicial, a diferenciação essencial entre as disciplinas jurídicas processuais, que enquadramos como preponderantemente pertencentes ao universo do ser, testadas pelo cotidiano forense na medida de seus resultados, e as disciplinas jurídicas materiais, cuja natureza se adequa ao âmbito do dever ser.

Quando um médico escolhe o procedimento cirúrgico ou a medicação incorreta, seu paciente sofre consequências, em razão de um nexo de causalidade natural de ser, não arquitetado pelo homem, mas sim pela natureza. Entretanto, formulado o pedido e demonstrados os fatos que envolvem a causa, a escolha supostamente incorreta, pelo operador do direito, dos meios que o sistema prevê para a resolução dos casos, na maioria das situações, só prejudica a parte que o efetuou por apego à formalidade entendida como requisito inafastável, pois não existe relação de causalidade natural para tanto. Em outras palavras: a escolha dos meios processuais acaba por permanecer acima da necessidade de tutela dos direitos.

Ora, a escolha do recurso correto, da medida de urgência correta, da correta forma de intervenção de terceiros, do procedimento correto, dentre outros, decorre desse postulado verdadeiramente contraditório que é o dever ser processual: uma abstração que acreditamos não possuir razoabilidade instrumental. O operador do direito acaba por escolher os meios processuais através da probabilidade de acerto que o estudo da doutrina e da jurisprudência lhe permitem vislumbrar em cada caso, o que contribui para a imprevisibilidade dos feitos judiciais.[19]

A distinção entre meios e fins processuais questiona as finalidades do processo e demanda classificarem-se os conteúdos da disciplina sob a égide da dinâmica dos resultados. A aproximação do processo para com o direito material, sobre a qual versou JOSÉ ROBERTO DOS SANTOS BEDAQUE[20], merece ser pensada nessa perspectiva; na perspectiva de que os fins internos ao processo existem, mas precisam ser esclarecidos e nunca tidos como fins em si mesmos.

A falta de clareza acerca dos fins internos ao processo nos parece perigosa, como ocorre, por exemplo, na admissão da existência de um "dano apenas processual", ou mesmo na ideia de que existe um fim cautelar e um fim antecipatório, um fim de apelação ou um fim agravo, conteúdos esses que têm caráter de meio processual. A cientificidade do processo, a nosso ver, demanda significativa ênfase na análise do pedido mediato e da causa de pedir, junto aos mais

19. Nesse sentido, SÉRGIO BERMUDES certa vez afirmou: *se você tem um direito, não entre em juízo, pois pode vir a perdê-lo*. Conferência proferida no II Encontro Brasileiro de Direito Processual. Fórum da Comarca da Capital, Florianópolis, 19.12.2000.

20. Direito e Processo. Influência do Direito Material sobre o Processo. São Paulo: Malheiros, 1995.

variados feitos e instâncias, em detrimento da importância cultural e tradicionalmente conferida à escolha dos meios processuais.

4.4. PEDIDO MEDIATO E PEDIDO IMEDIATO

O pedido é o objeto da ação: o seu tema. Tal objeto foi dividido pela doutrina em mediato e imediato.

O pedido mediato é aquele que consiste no objeto da pretensão do autor ou recorrente, com suas especificações ou, em outras palavras, no objeto da submissão do interesse alheio ao interesse próprio através do processo. É o pedido mediato que estabelece relação de congruência para com os provimentos jurisdicionais.

Por sua vez, o pedido imediato é o meio escolhido pelo autor ou recorrente. É o caminho, a forma, a medida, a técnica. É a espécie de pedido que subentende a anterior ocorrência de uma escolha metodológica. Acreditamos, exatamente, que o pedido imediato não impede a adoção de meios diversos pelo cotidiano forense.

Assim, enquanto o pedido mediato diz respeito aos fins processuais, o pedido imediato concerne aos meios processuais. Enquanto o pedido mediato vincula a natureza da sentença e a extensão dos temas a serem analisados, o pedido imediato liga-se às formas através das quais dar-se-á o processo.

O pedido mediato pode ser classificado em certo ou genérico; explícito ou implícito, cumulado ou não cumulado, enquanto o pedido imediato só admite a classificação referente à cumulação de pedidos (simples, sucessivo, alternativo, eventual ou subsidiário). Enquanto o pedido mediato vincula-se diretamente à prestação da tutela jurisdicional e ao resultado por ela prestado, o pedido imediato está indiretamente ligado à prestação de tal tutela.

O pedido mediato consiste naquilo que a parte pretende através do processo; não naquilo de que ela efetivamente necessita. Não cabe ao magistrado analisar as necessidades da parte, mas sim o pedido mediato formulado – pois tal análise é possível somente em sede de pedido imediato – aí estando localizados os limites que o princípio da congruência coloca à utilização do princípio da fungibilidade junto ao processo, pois, em princípio, não há fungibilidade de fins.

Enquanto o pedido mediato liga-se à natureza do provimento jurisdicional e sua extensão, bem como à tutela jurisdicional vista como resultado, o pedido imediato corresponde aos meios processuais adotados pelo autor ou recorrente, às técnicas, às medidas, às formas através das quais autores e recorrentes buscam a consideração do pedido mediato.

São exemplos de pedidos mediatos: a declaração de uma relação jurídica; a modificação, criação ou extinção de relações jurídicas; o objeto das referidas declarações, constituições, ordens mandamentais ou executivas *lato sensu*, com suas delimitações. São exemplos de pedidos imediatos: os decorrentes da escolha de procedimentos; da escolha da espécie de medida de urgência a ser utilizada; os decorrentes da escolha do recurso a ser interposto.

A natureza dos provimentos jurisdicionais buscados pelo operador jurídico liga-se aos fins do processo, decorrendo de pedido mediato. Entretanto, tais fins manifestam-se de maneira diferente conforme possuam caráter declaratório ou constitutivo; mandamental ou executivo *lato sensu*.

Como acreditamos, após o advento da Lei n.º 11.232 de 23.12.05, devidamente confirmado pelo CPC de 2015, ter deixado de existir o processo comum autônomo de execução por título executivo judicial constituído por sentença de natureza condenatória[21], com a exceção de determinadas situações especiais, daremos ênfase à análise, neste momento, do atingimento dos fins processuais com relação às outras quatro espécies de provimento judicial.[22]

Deste modo, vemos que nas sentenças declaratórias e constitutivas, a eficácia fática da decisão se coaduna com a sua eficácia

21. Especialmente pelas disposições do art. 4º da referida lei, que inseriu os artigos 475 – I a 475 – R no CPC de 1973.

22. A frustração experimentada por aquele que, embora vencedor na causa, vê-se obrigado a instaurar novo processo, com nova citação, a fim de ver efetivado o comando sentencial era enorme. Daí a pertinência de se por fim à antiga dicotomia existente entre processo de conhecimento e processo de execução, dando lugar à adoção daquilo que a doutrina denomina de *processo sincrético*, com a integração das atividades cognitivas e executivas. A execução passou e continuou, no CPC de 2015, a ser apenas uma nova fase do processo de conhecimento, sem necessidade de instauração de processo autônomo.

jurídica. Nelas, em princípio, o atingimento do fim fático já ocorre com o atingimento da mera declaração ou constituição jurídica, sendo, todo o resto, mera consequência, como, por exemplo, o fato de uma empresa deixar de ser cobrada via declaração de inexigibilidade de crédito tributário.

Por sua vez, nos provimentos de natureza mandamental ou executiva *lato sensu*, a eficácia fática que, a nosso ver, constitui a tutela jurisdicional, não se coaduna com a respectiva eficácia jurídica, pois o atingimento dos fins dos feitos que possuem tais provimentos, dependem do atingimento dessa eficácia fática, portanto da prática de atos executivos, como ocorre, por exemplo, no cumprimento de uma decisão de despejo.

Enfim, o pedido mediato liga-se aos fins do processo ao indicar a natureza do provimento jurisdicional dele decorrente. Entretanto, conforme as diferentes naturezas dos provimentos, o fim constituído pela tutela jurisdicional – o resultado no mundo dos fatos para os litigantes – pode se dar de diferentes maneiras, com (ações mandamentais ou executivas *lato sensu*) ou sem (ações declaratórias ou constitutivas) a necessidade da prática de atos de execução formalmente determinados pelo juízo competente.[23]

Pedido mesmo, portanto, é o pedido mediato. Só o pedido mediato tem congruência para com a natureza e a extensão dos provimentos jurisdicionais. Apenas o pedido mediato corresponde ao tradicional conceito de pedido como sendo o objeto da ação com suas especificações.

A distinção doutrinária entre pedido mediato e imediato[24] decorre, a nosso ver, do excesso de importância historicamente

---

23. A prática de atos de cognição e execução foi identificada, nas ações mandamentais e executivas *lato sensu* inclusive, por PONTES DE MIRANDA, no seu Tratado das Ações, Vol. V. São Paulo, Bookseller, 1997, p. 365.

24. Nesse sentido, embora não concordemos com a concepção de pedido imediato como fim interno do processo, vale a pena conferir o pensamento de MARCELO COLOMBELLI MEZZOMO: "Assim como ocorre com a causa de pedir, também o pedido comporta uma divisão em mediato e imediato. O *pedido imediato* se traduz na espécie de tutela pretendida dentre as possíveis. (...) O *pedido mediato* é o bem da vida efetivamente postulado, que se materializa em um "bem jurídico material", ou no "bem da vida pretendido pelo autor". A Fragmentação da Causa de Pedir, o Pedido e a Cumulação

conferido à suposta necessidade de acerto dos meios processuais, concepção liberal do processo segundo a qual o domínio que um jurista tem da disciplina se mede pela correição da escolha dos meios processuais que efetua, ainda que hábeis, todos eles, a proporcionar o mesmo fim.

Tal distinção justificaria a existência de um fim junto à escolha dos meios processuais corretos. Mas identificar como fim a escolha de um meio processual nos parece errado nas situações em que o ordenamento jurídico possuir mais de uma forma adequada ao mesmo fim (daí nascendo o critério da dúvida objetivamente verificável para a aplicação da fungibilidade de meios estruturada como princípio). Nos casos em que tal adequação múltipla se verificar, deixa de haver racionalidade na exigência de *acerto* pelo operador jurídico.

Acreditar que o pedido na realidade corresponde ao denominado "pedido mediato" significa, portanto, defender a qualquer custo a manutenção do princípio da congruência entre este, a natureza e extensão do provimento jurisdicional dele decorrente (CPC, arts. 141, 490 e 492), esclarecendo a conveniência de se retirar os meios processuais desta relação vinculativa. Por esse motivo, a aplicação do princípio da fungibilidade, ao contrário do que se poderia imaginar, não sacrifica o princípio da adstrição ou congruência entre a sentença e o pedido do autor, apenas interpreta-o com certa restrição.

Nesse sentido, ao estudar a aproximação do processo do trabalho junto ao direito processual civil, CLÁUDIA DE ABREU LIMA PRISCO interpreta de modo mais restritivo o princípio da adstrição do pedido, mitigando-o através do fundamento constituído pelo *princípio da extrapetição da sentença*, que concede maior liberdade decisória ao juiz em razão da intenção demonstrada pela parte.[25]

---

de Demandas Frente à Eficácia Preclusiva da Coisa Julgada. http://jus2.uol.com.br/doutrina/texto.asp?id=6767.

25. Segundo a autora: "Por tais razões, entendemos que a quebra do princípio da adstrição pode e deve ser estimulada, mas somente em situações em que seja necessário ao juiz poderes para conceder medidas outras que, embora similares, possam atendem melhor ao direito material do que aquela requerida pelo autor, ou mesmo, dando o fundamento jurídico mais adequado à pretensão do autor.

Neste sentido, o Superior Tribunal de Justiça já decidiu que em sede de questões previdenciárias, em especial em sede de Juizados Especiais Federais, o princípio da

Parece-nos realmente, que o liame mais importante para estipular-se o limite à atuação do princípio da adstrição parece mesmo ser a intenção, a vontade da parte, vontade essa perceptível através de elementos objetivos do processo, tais como os demais requerimentos, as manifestações em audiências, as preocupações, enfim, demonstradas para com os fins do processo, e não apenas através do formalismo constante do pedido da petição inicial.

Trata-se de uma análise daquilo que a parte quer; não daquilo que ela formalmente disse querer, e muito menos daquilo que ela necessita, no entender do juiz. Não cabe ao magistrado dar à parte o que precisa, sob pena de estar verdadeiramente atuando de ofício e aí sim, no nosso entender, violando o princípio da adstrição dos provimentos ao pedido.

Em outras palavras, defendemos que a adstrição dos provimentos jurisdicionais ao pedido e à sentença deve decorrer preponderantemente da iniciativa e da vontade daquele que procura a tutela jurisdicional, e não apenas das regras formais de estabelecimento e estipulação do pedido desenhadas pelo código (CPC, arts 141, 490 e 492).

Com efeito, ao tratar da aplicação da norma da fungibilidade em situações mais tradicionais, junto às ações possessórias e às medidas cautelares, JOSÉ ROGÉRIO CRUZ E TUCCI[26] explicita que, mesmo naquelas hipóteses, a possibilidade de utilização da referida norma de conversão e aproveitamento de atos processuais fundamenta-se no escopo comum das respectivas tutelas jurisdicionais, variando apenas na sua extensão, mas não na sua essência.

Desta maneira, o processo de desformalização da eleição de matérias constantes da causa de pedir a serem analisadas pela sentença,

---

adstrição deve ser mitigado para que o juiz possa aplicar a lei ao caso concreto e conceder benefício diverso daquele requerido pelo autor." Mitigação da Adstrição da Sentença ao Pedido: Influência do Processo Laboral no Campo Processual Civil. www.jusnavigandi.uol.com.br/doutrina/texto.asp?id=7849 acessado em 04.05.06.

26. Diz o estudioso: "Acrescente-se, por fim, que tanto nas possessórias quanto nas cautelares a justificação para essa possibilidade de conversão legal se lastreia no escopo comum das respectivas tutelas, variando apenas a sua extensão, e não a sua essencialidade, seja para defender a posse, seja para proteger o direito ameaçado de dano." A *Causa Petendi* no Direito Processual Civil Brasileiro. Editora RT, São Paulo, 2001, p. 183.

decorre de uma concepção mais flexível do arcabouço dos pedidos mediato e imediato, ante a tendência de aceitação da existência de uma pluralidade de meios e da admissão da unidade da tutela jurisdicional que esses meios visam proporcionar.

4.5. A NORMA DA FUNGIBILIDADE

4.5.1. *Fungibilidade no Direito Material*

Conforme o dicionário de AURÉLIO BUARQUE DE HOLANDA FERREIRA[27] da língua portuguesa, fungível é aquilo que se gasta; que se consome com o primeiro uso. Logo, a etimologia do termo indica a noção de consumo, de desgaste, e assim, de menor individualização.

No entanto, no âmbito do direito material, fungibilidade significa generalidade e consequentemente, substitutividade, possibilidade inerente de troca. Trata-se de uma característica, uma adjetivação que pode ter como sujeitos os bens jurídicos ou as prestações obrigacionais.

Assim, o significado do termo no âmbito do direito não traz a ideia inicial de consumo, mas sim a consequente noção de substituição: a possibilidade de troca do bem. Nesse diapasão, de acordo com LIMONGI FRANÇA[28], percebe-se que o sentido jurídico de fungibilidade tende a ser concebido como a propriedade daquilo que é substituível, mas não necessariamente consumível, tanto que o Código Civil distingue os bens fungíveis dos consumíveis (CC, arts. 85 e 86).

De qualquer forma, também no âmbito do direito material, não identificamos a substitutividade, mas sim a menor individualização, a generalidade, como a característica mais significativa dos objetos fungíveis: a substitutividade nos parece ser apenas uma consequência da generalidade.

27. Conforme o dicionário: "Fungível é termo oriundo do latim *fungi* = cogumelo, tumor, fungiforme (...), significando: 1. Aquilo que se gasta. 2. Que se consome com o primeiro uso." Novo Dicionário Aurélio da Língua Portuguesa. Positivc, Curitiba, 2004, p. 948.

28. Enciclopédia Saraiva do Direito. Saraiva, São Paulo, 1977, v. 39, p. 231.

Deste modo, acreditamos que aquilo que se costuma denominar princípio da fungibilidade consiste, em direito material, na realidade, numa característica de determinados elementos do sistema jurídico, essencialmente bens e obrigações, que por suas naturezas, sofrem mutações capazes de eliminar o objeto inicial.

Pelo fato de não serem únicos, específicos, os objetos fungíveis acabam se tornando substituíveis. Desta feita, outros objetos podem ser aceitos em troca daqueles tidos como fungíveis, conquanto levados em consideração os critérios da quantidade, da espécie e da qualidade (CC, art. 85).

A fungibilidade material supõe a existência generalidade e consequente substitutividade de forma recíproca, ou seja, constitui uma via de mão dupla. Isso porque os objetos fungíveis são substituíveis entre si, não havendo ordem ou preferência entre tais elementos.

A obrigação se diz fungível quando pode ser realizada tanto pelo devedor quanto por outra pessoa, sem a ocorrência de prejuízo para o credor, sendo infungível quando tenha de ser, obliquamente, cumprida pelo devedor. Assim como ocorre junto aos bens, a infungibilidade das obrigações pode resultar da sua natureza ou da vontade das partes. Uma cesta de frutas, por exemplo, é um bem fungível, mas se emprestada para fins de decoração ou ornamentação torna-se um bem infungível: *comodatum ad pompam vel ostentationem.*[29]

Foi a paulatina caracterização das espécies de bens considerados pelo sistema jurídico que propiciou a identificação histórica do traço da fungibilidade. Inicialmente oriundo do direito substancial referente aos bens jurídicos, tal traço normativo esteve associado, portanto, à detecção dos bens genéricos, consequentemente classificados como substituíveis, dada a inexistência de prejuízo à utilidade destes em caso de troca entre si.

Apenas mais tarde, deste modo, foi que a fungibilidade passou a servir de critério também para classificar as espécies de obrigações. A parte geral do Código Civil, ao tratar dos bens jurídicos, no seu art. 85, assim como já fazia do art. 50 do Código Civil de 1916,

29. As coisas utilizadas para decoração diferenciam-se das demais (tradução nossa).

dispõe que os bens móveis que podem se substituir por outros da mesma espécie, quantidade e qualidade são fungíveis entre si.[30]

Tal conceito legal coloca em evidência a lógica de generalização, de inespecificação e consequente substitutividade, deixando claro, portanto, o traço da inexistência de características diferenciadoras e peculiares entre bens fungíveis, como ocorre com o dinheiro, por exemplo.

Os bens infungíveis, por sua vez, são vistos de acordo com as suas qualidades específicas, como no caso de uma tela de Portinari ou de um determinado violino Stradivarius, por exemplo. Nesse aspecto, o Código Civil de 2002 decidiu conceituar tão somente o indispensável, não se dedicando a noções negativas, como as de bens inconsumíveis e infungíveis – o que não retira os bens infungíveis do sistema, até porque se conceitua o bem fungível para diferenciá-lo do infungível.

Desta maneira, os bens fungíveis possuem uma relação de equivalência entre si. Por serem genéricos, são substituíveis. Por serem substituíveis, equivalem-se podendo, consequentemente, servir para o cumprimento das obrigações a eles referentes, uns em relação aos outros, o que lhes concede verdadeiro caráter liberatório, inclusive obrigacional.[31]

A classificação entre bens fungíveis e infungíveis passa a ter importância operativa junto ao direito material, por exemplo, à medida que serve à distinção entre os contratos de mútuo (bens fungíveis, CC, art. 586) e comodato (bens infungíveis, CC, art. 579), como também em casos de compensação, a qual só pode se realizar entre dívidas líquidas e vencidas ou entre coisas fungíveis (CC, art. 369).

30. Nos termos do artigo 85 do CC: "São Fungíveis os móveis que podem substituir-se por outros da mesma espécie, qualidade e quantidade."

31. Como ensina CAIO MÁRIO DA SILVA PEREIRA: "As coisas fungíveis guardam entre si uma relação de equivalência, o que lhes atribui um mesmo *poder liberatório*, e significa que o devedor tem a faculdade de se quitar da obrigação, entregando ao credor uma coisa em substituição à outra, desde que do mesmo gênero, da mesma qualidade e na mesma quantidade. As coisas infungíveis, ao revés, caracterizam-se pelos requisitos próprios, que as individuam como corpo certo, o que impede ao devedor entregar uma por outra em solução do obrigado. Instituições de Direito Civ I, Forense, Rio de Janeiro, p. 268 e 269.

A incidência prática da norma da fungibilidade também possui outras hipóteses, como ocorre nas características diferenciadas do depósito de coisas fungíveis (CC, 645), nos contratos de locação de coisas infungíveis (CC, art. 565), ou mesmo nas obrigações de entrega de coisas certas, que são infungíveis (CC, art. 313).

Por extensão, a lei material civil identificou a característica da fungibilidade também junto ao direito das obrigações, consoante o art. 247 do CC, correspondente ao antigo art. 880 do Código Civil de 1916, na lição de MARIA HELENA DINIZ.[32] Nesse sentido, é fungível a prestação que pode ser realizada por outrem e infungível a obrigação que não pode ser executada por mais ninguém da forma como foi assumida.

A característica da fungibilidade revela-se, então, como uma norma de direito expressamente reconhecida pelo ordenamento substancial (CC, arts. 50 e 247) e que classificamos como regra e não como princípio, em sede de direito material.

Como já afirmamos no primeiro capítulo desta obra, vemos as regras como normas específicas, de tudo ou nada, preponderantemente pertencentes ao campo da validade, concebendo os princípios, por seu turno, também como normas, mas que se diferenciam das regras por serem mais genéricas, sendo respeitadas apenas na maior medida possível e pertencendo preponderantemente ao campo dos valores.

Assim, a fungibilidade dos bens ou mesmo das obrigações não constitui norma genérica que deve ser aplicada apenas na maior medida possível, pois tanto as obrigações quanto os bens ou são fungíveis ou não o são, não havendo margem para valorações ou generalizações a partir de uma determinada diretriz. A incidência da norma da fungibilidade trabalha com elementos jurídicos de tudo ou nada, que não dependem de valorações, por isso constitui uma regra junto ao direito material.

32. Diz a autora: "A fungibilidade é também empregada em relação às obrigações de fazer, que consistem na prática de um fato ou serviço pelo devedor. Será fungível a prestação se puder ser realizada por outra pessoa que não seja o devedor, por consistir num ato que não requer técnica ou especialização, p. ex. a do engraxate. Será infungível quando a obrigação de fazer requer uma atuação personalíssima do devedor, que devido a suas qualidades pessoais ou habilidade técnica é insubstituível, como dispõe o art. 247 do CC." Teoria Geral do Direito Civil. 1º vol. Saraiva, São Paulo, 2004, p. 306-307.

A distinção realizada pela norma da fungibilidade interessa mais significativamente às obrigações de prestação de fato: obrigações de fazer, como talhar uma escultura, pintar um edifício ou outra forma de prestação de serviço. São infungíveis as prestações que dependem de qualidades especiais do devedor, enquanto são fungíveis aquelas obrigações através das quais realiza-se trabalho que não requeira confiança ou competência diferenciadas por parte do devedor, como ensina MÁRIO JÚLIO DE ALMEIDA COSTA.[33]

Com efeito, é em caso de inadimplemento que mais se revela o alcance operativo da referida distinção junto às obrigações. Enquanto as obrigações de fazer fungíveis podem ser cumpridas tanto pelo devedor quanto por um terceiro, podendo o credor obter a prestação por um terceiro ou então pleitear perdas e danos pelo valor que entender equivalente, tal não ocorre nas obrigações de fazer infungível.

A lógica do Estado liberal, segundo a qual as obrigações assumidas possuem sempre um equivalente pecuniário não se coaduna com o Estado de feições sociais trazido pela estrutura da atual Constituição Federal. Especialmente no cumprimento das obrigações de fazer, o respeito às obrigações *in natura* é essencial ao bem da

---

33. De acordo com o autor: "A prestação obrigacional diz-se *fungível* quando pode ser realizada tanto pelo devedor como por outra pessoa, sem prejuízo para o credor; e *não fungível* quando tenha de ser cumprida necessariamente pelo devedor. A infungibilidade da prestação resulta ou da sua própria natureza ou da vontade das partes (art. 767, n.º 2). Sempre que, de acordo com os usos da vida, o facto a prestar seja não fungível, deverá presumir-se que se quis tratá-lo como tal. Mas o caráter infungível da prestação não exclui forçosamente a possibilidade de o devedor recorrer a auxiliares. (...)

A distinção interessa verdadeiramente às obrigações de prestação de facto. Constituem alguns exemplos de prestações não fungíveis: a pintura de um quadro de arte, o tratamento de uma doença ou uma intervenção cirúrgica, em que se atende às qualidades pessoais do devedor; todas as prestações de facto negativas e as positivas que consistam na emissão de declarações de vontade negocial. Pelo contrário, serão fungíveis as prestações que se traduzam na realização de trabalho meramente material, que não requeira uma confiança ou competência especiais.

Revela-se o alcance prático da distinção máxime no caso de inadimplemento. Se a obrigação é não fungível, o credor tem apenas o direito de exigir uma indenização dos danos para ele resultantes do não cumprimento. Tratando-se de uma indenização, ou exercitar a faculdade de requerer, em execução, que o facto seja prestado por outrem à custa do devedor (Cód. Civ. Art. 828.º; Cód. de Proc. Civ., arts. 45º e 933º e segs.). Direito das Obrigações. Almedina, Coimbra, 1979, p. 462 e 463.

coletividade. Mas quando uma obrigação de fazer é infungível, existe maior dificuldade em se obter o seu respeito *in natura*.

Logo, a importância social do devido adimplemento dessas obrigações merece tratamento especial já que, atualmente, a multiplicação das prestações de serviços levou a um enorme crescimento desse setor econômico, de forma que as prestações de fato ganharam muito espaço através do fenômeno da terceirização da economia.[34]

Torna-se inadequado, nesta perspectiva, afirmar que toda obrigação tem um valor pecuniário que a exprima, especialmente as infungíveis. Assim como a indenização por dano moral tem feição meramente compensatória, também as indenizações em caso de irreparabilidade do dano ambiental, por exemplo, não possuem substitutividade em relação ao dano à qual se referem.

Daí o fato de que na execução de tais obrigações, segundo a estrutura do artigo 536 do CPC, busca-se o cumprimento da obrigação da forma como esta foi assumida, ou pelo menos da maneira mais próxima à que foi assumida, para que se obtenha resultado que equivalha ao adimplemento, disponibilizando-se toda uma gama de possibilidades ao magistrado (CPC, art. 536, § 1º). Nelas, a obrigação resultará em perdas e danos apenas em caso de impossibilidade da prestação ou de opção do autor.

Até bem pouco tempo atrás, quando o devedor não realizava a prestação infungível que assumia, não havia outra alternativa senão buscar indenização por perdas e danos, o que prejudicava tanto o credor quanto a coletividade, razão pela qual o ordenamento passou a prever diversos meios eficazes e viáveis para a sua consecução, fundamentados tanto no processo quanto no direito material.[35]

34. A respeito: BONELLI, Régis e FONSECA, Renato. Ganhos de produtividade e de eficiência: novos resultados para a economia brasileira. IPEA, Rio de Janeiro, 1998.

35. No entanto, a fundamentação para o reconhecimento da importância do adimplemento de fazer infungível e para o combate ao seu inadimplemento através de meios de coerção que não tornem a resultar apenas em perdas e danos deve vir também do campo do direito material. Com frequência, aliás, os estudiosos buscam apenas dentro das suas disciplinas soluções para questões cuja verdadeira essência não se encontra necessariamente nelas.

Na execução das obrigações de fazer infungíveis, preferimos analisar os casos concretos com ênfase no comportamento do devedor. Isso porque através do comportamento

Neste escopo, os meios de coerção ao adimplemento nas obrigações de fazer, especialmente as infungíveis, passaram por grande evolução. Sentindo a necessidade de inovar para o bem-estar coletivo, o legislador brasileiro criou meios para influir na vontade do devedor a fim de que este se decidisse a realizar a obrigação. Trata-se da chamada execução indireta da obrigação de fazer.

A principal medida coercitiva criada para combater o inadimplemento de fazer infungível tornou-se a multa cominatória dos artigos 84, § 4º do CDC e 536 do CPC, especialmente, e inicialmente, para os casos de descumprimento de ordem judicial referente a prestações de fazer. Além dela, previram-se medidas como a busca e apreensão e a requisição de força policial (CPC, art. 536, § 1º).

Como outros meios de coerção, até hoje bastante polêmicos, têm se discutido a possibilidade de prisão civil fundada no *contempt ou court* (CPC, art. 536 § 3º),[36] bem como a eventual prisão penal pelo crime de desobediência (CP, art. 330) como forma de coerção civil em caso de descumprimento de decisão judicial que ordena determinado fazer.[37]

Muito embora o fenômeno da afirmação dos direitos fundamentais tenha orientado os ordenamentos jurídicos na busca de garantias aos direitos e valores humanos que passaram a ser positivados, colocando o homem como o objeto maior de proteção, existem diversas situações de conflito envolvendo essa noção coletiva dos valores almejados.

É o que ocorre, por exemplo, em caso de inadimplemento de obrigação de fazer infungível, em razão da natureza eminentemente singular derivada do seu caráter personalíssimo. Detectamos a existência de um paradoxo bastante evidente entre a natureza das obrigações de fazer infungíveis e a tendência de coletivização e difusão dos "novos direitos" fundados nos valores humanos.

---

do devedor é possível aferir a sua boa-fé objetiva, que, em se tratando da execução de tais obrigações, revela-se estremada pelo poder conferido ao devedor em razão do caráter personalíssimo da obrigação.

36. ARENHART, Sérgio Cruz. Tutela Inibitória da Vida Privada. RT, São Paulo, 2000.

37. LAMY, Eduardo de Avelar. Prisão Penal e Coerção Processual Civil. Revista Gênesis, nº. 19, Curitiba, 2001.

Como institutos jurídicos diretamente derivados desse paradoxo que envolve os valores atuais e a natureza dos fazeres infungíveis, aparecem os meios coercitivos que agem exatamente sobre a vontade do devedor dolosamente moroso em prestar o serviço contratado.

Ora, a coerção não afeta nem é contrária aos valores e direitos humanos.[38] Pelo contrário, as medidas coercitivas objetivam exatamente colaborar para a proteção dos direitos humanitários coletivamente compreendidos, influenciando o devedor inadimplente que assumiu a obrigação através de livre e espontânea vontade, emitida na formação do contrato: tem função verdadeiramente educativa para o "poderoso" devedor de fazer infungível.

Deste modo, concluímos, enfim, serem as características da fungibilidade ou infungibilidade, havidas junto a determinadas obrigações de fazer, que explicitam e trazem consigo, de modo inerente, a problemática referente ao adimplemento das ditas prestações, saindo do plano distintivo meramente teórico e tendo grande importância na prática dos sistemas jurídicos, tanto no aspecto material quanto no processual.

4.5.2. A Fungibilidade no campo do processo

A característica da fungibilidade no âmbito do processo constitui uma das espécies de aproveitamento dos atos processuais e consequente simplificação operativa do sistema. Sob o ponto de vista processual, vemos a fungibilidade como uma característica de determinados meios processuais que servem ao mesmo fim; como uma das maneiras de se aproveitar atos processuais formalmente imperfeitos.

---

38. Acreditamos que a fundamentação jurídica para a coerção do devedor não deve vir apenas do direito processual, instrumental, devendo também encontrar fundamento no direito substancial, mais precisamente em um princípio fundamental advindo do direito contratual, especialmente o princípio da boa-fé.

Muitas vezes, na tentativa de proteger determinados direitos e interesses, depara-se com a necessidade de se dar guarida a uns, em detrimento da proteção tradicionalmente conferida a outros. O propósito não é de condenar direitos conquistados, mas apenas considerar a redução de seu âmbito de incidência visando a proteção de um bem de maior valor através da ponderação de valores.

Trata-se de um fenômeno distinto daquele constituído pela aplicação da norma da fungibilidade no âmbito do direito material – entre bens e obrigações – mas que utiliza a mesma denominação (o mesmo termo), bem como a mesma ideia de flexibilização de tipos jurídicos.

No campo do direito processual, a norma da fungibilidade deixa de possuir caráter de troca, de substituição, de generalidade de determinados objetos, como ocorre no direito material, para adquirir caráter de tolerância, de aproveitamento de atos imperfeitos, promovendo a *aceitação* de um meio processual em lugar de outro, ou mesmo do meio processual tido como incorreto, desde que capaz de gerar os mesmos resultados.

Não se trata apenas de promover a utilização de um meio processual no lugar de outro, mediante conversões, mas também de aceitar e aproveitar um meio como se outro fosse. Não se trata de apenas trocar um recurso de apelação por um recurso de agravo de instrumento ou de conceder medidas urgentes cautelares em casos de medida antecipatória, mas também de fazer uso do meio considerado correto aceitando a iniciativa formalmente incorreta da parte – aos olhos do julgador.

Assim, acreditamos que na seara do direito processual a fungibilidade deixa de constituir uma característica de determinados objetos, de certos meios, para se tornar um símbolo de otimização operativa da formalidade processual. Os meios não possuem o traço da substitutividade, mas sim a possibilidade de serem úteis, aproveitáveis para a prestação de uma tutela face aos princípios que norteiam a forma no processo.

Vista como norma ligada à forma a fungibilidade consiste numa subespécie do princípio do aproveitamento. Sob este viés, ao contrário do que se poderia pensar, não há conflito entre a norma da fungibilidade de meios e a necessidade de respeito às formas. Ela compõe o regime das formas processuais, não devendo ser concebida como norma excepcional ou residual, pois incide nas hipóteses de aplicação adiante comentadas. A fungibilidade trabalha com as formas; não as excepciona, pois são as nomenclaturas que se flexibilizam.

Deste modo, no direito processual a fungibilidade permite aproveitar e aceitar como válidos e eficazes – exatamente por não haver nulidade – os meios formalmente irregulares escolhidos pela parte, para o fim de prestar-lhe a tutela jurisdicional. O meio entendido como correto não deixará de ser utilizado, não havendo necessariamente troca ou conversão de meios, mas apenas economia processual.

Desta maneira, por servir como instrumento de combate à formalidade excessiva, a norma da fungibilidade constitui valioso elemento de aproximação do processo para com os direitos materiais constitucional e infraconstitucional e a sua efetiva realização.

Como dissemos, a norma da fungibilidade constitui uma regra ao invés de um princípio, no direito material civil. Entretanto, em algumas situações, também no direito processual civil, a fungibilidade será regra e não princípio. Noutras situações, no entanto, a norma da fungibilidade se revela como princípio no âmbito do processo, mormente quando o requisito objetivador da dúvida se fizer necessário à análise da razoabilidade no caso concreto.

A fungibilidade entre as medidas cautelares e a fungibilidade entre as ações possessórias, por exemplo, além de estarem previstas expressamente em lei, são verdadeiras regras (CPC, arts. 554 e 305 § único)[39], pois são específicas e não são aplicáveis na maior medida possível.[40] Entretanto, a fungibilidade entre os recursos e a fungibilidade entre as formas de intervenção de terceiros, por exemplo, se dão através da aplicação do princípio da fungibilidade, pelo fato de serem genéricas e possuírem sua aplicação vinculada à análise das vicissitudes dos casos concretos.

A fungibilidade não constitui uma só norma especial que pode adquirir duas feições no âmbito do processo – tanto feição de princípio quanto de regra – mas sim representa normas diferentes que possuem uma ideia em comum. Não se trata da mesma norma

39. De acordo com VICTOR BOMFIM MARINS: "Segundo a letra do art. 805, a medida cautelar poderá ser substituída, de ofício ou a requerimento de qualquer das partes, pela prestação de caução ou outra garantia menos gravosa para o requerido, sempre que adequada e suficiente para evitar a lesão ou repará-la integralmente. O art. 807 refere, também, à possibilidade de modificação, a qualquer tempo, da medida. Tutela Cautelar. Juruá. Curitiba, 1996, p. 121.

40. O mesmo ocorrendo junto às medidas de urgência cautelares e antecipatórias (§ único do art. 305 do CPC.

aplicável aos diversos meios processuais, mas apenas de uma mesma ideia que, na sua essência, tem em comum o traço do aproveitamento formal, e que se instrumentaliza através de diferentes normas, sejam princípios ou regras.

Em nosso sistema processual, a norma da fungibilidade apareceu pela primeira vez no art. 810 do CPC de 1939. Tal CPC estabelecia diferentes e variados recursos caso as decisões recorridas julgassem o mérito dos feitos e caso as decisões não julgassem o mérito dos feitos, também não estipulando com clareza as situações em que uma decisão analisava mérito. Assim, o próprio diploma processual reconhecia, no art. 810 – até por influência dos códigos de processo civil estaduais, que já o faziam anteriormente[41] – que a sua estrutura recursal era complexa e confusa.[42]

O referido art. 810 daquele diploma processual já revogado, dispunha expressamente acerca do princípio da fungibilidade junto aos recursos. Estabelecia o artigo que exceto em casos de má-fé ou erro grosseiro do recorrente, este não seria prejudicado em razão da interposição de um recurso no lugar de outro, devendo os autos dos processos serem enviados à câmara, ou turma competentes.[43]

No âmbito dos recursos a aplicação do princípio da fungibilidade significava a transformação de um recurso em outro, desde que não houvesse má-fé ou erro grosseiro, como, por exemplo, o recebimento de uma apelação por um agravo de instrumento, mas não a aceitação de um recurso incorreto como suficiente para a reanalise ou a anulação da decisão recorrida, como acreditamos que a fungibilidade hoje pode ser pensada, algo que também se pode realizar entre procedimentos e meios de intervenção de terceiros, dentre outros meios (infras n.º 6.2 e 6.4).

41. Como ocorreu, por exemplo, no caso do art. 1.360 do antigo CPC do Ceará.

42. Não apenas quanto ao cabimento, mas também quanto ao número de recursos existentes.

43. Dispunha o art. 810 do CPC de 1939: Salvo a hipótese de má-fé ou erro grosseiro, a parte não será prejudicada pela interposição de um recurso por outro, devendo os autos ser enviados à Câmara, ou Turma, a que competir o julgamento.

Assim, a origem do princípio da fungibilidade está nos direitos alemão[44] e português[45]. Na realidade, a regra do art. 810 do CPC de 1939 não possuía similar, e até hoje não possui regra idêntica em análise de direito comparado, como leciona TERESA ARRUDA ALVIM[46], e como também permite concluir RENÉE DAVID.[47]

Percebemos que apenas o termo "fungibilidade" veio do direito material, enquanto a ideia, o conteúdo da fungibilidade de meios, é uma das espécies, uma especialização do princípio do aproveitamento das formas oriundo das nulidades processuais. Já o fundamento da fungibilidade de meios não é simplesmente a instrumentalidade das formas (CPC, art. 267), mas sim a nova mentalidade trazida pela temática da instrumentalidade do processo, de embasamento constitucional.

A teoria do recurso indiferente e o princípio do "maior" (uma análise de razoabilidade) favor, assim como a regra do art. 687, III, do CPC Português de 1967, são as manifestações da instrumentalidade, não apenas das formas, mas principalmente do processo, que mais se aproximam dessa nova dimensão que a norma da fungibilidade merece receber junto ao nosso processo civil.

De acordo com o "princípio do maior favor", *grundsatz der meistbegunstigang*[48], oriundo da "teoria do recurso indiferente", *sowohl-als-auch-theorie,* o ônus oriundo das eventuais obscuridades do sistema jurídico acerca dos meios devidos para a impugnação das decisões judiciais em um mesmo processo não pode ser imputado às partes, gerando-lhes prejuízos.

É preciso darmos mais importância à essência, ao conteúdo das decisões – e à sua consequente natureza intrínseca – do que à denominação dos meios que às provocam. O erro do judiciário não pode

44. Fundamento sobre o qual discorreu com propriedade OTHMAR JAUERNIG. Direito Processual Civil. 26ª ed. Trad. F. Silveira Ramos. Lisboa: Almedina, 2005.p. 205.

45. Consoante os arts. 688 do CPC Português de 1939 e 687, 3, do CPC Português de 1967, como explicita MANOEL OLIVEIRA DE LEAL HENRIQUES. Recursos em Processo Civil. Coimbra: Almedina, 1984.

46. Os Agravos no CPC Brasileiro. 4ª ed. São Paulo: RT, 2006, p. 171.

47. Os grandes sistemas do direito comparado. São Paulo: Martins Fontes, 2006, p. 367.

48. JAUERNIG. Othmar. Idem, p. 206.

prejudicar as partes. Se existe divergência acerca da interpretação da lei junto aos próprios tribunais, as partes também terão dificuldade em escolher a medida processual devida, existindo incongruência em não lhes reconhecer o direito à dúvida.[49]

Os requisitos para a utilização da norma da fungibilidade referiam-se, no CPC de 1939, a conceitos indeterminados, já que a má-fé e o grau de erro do recorrente necessitavam ser analisados e enquadrados nos casos concretos, para que a fungibilidade fosse aplicada na maior medida possível. Assim, mesmo positivada expressamente, além de não se referir ao termo *fungibilidade*, exatamente por se tratar de um meio de aproveitamento formal, tal norma possuía estrutura de princípio, ao contrário de outras regras que expressamente possuem o chamado traço da fungibilidade, no atual CPC (arts. 554 e 305 § único).

O requisito da ausência de erro grosseiro foi interpretado pela doutrina e pela jurisprudência, como sendo a não ocorrência daquele erro que atenta contra disposição expressa de lei, ou ainda, que não tem fundamento segundo divergência doutrinária ou jurisprudencial, como explicita NELSON NERY JUNIOR.[50]

O requisito da ausência de má-fé, por sua vez, liga-se às razões pelas quais a parte utilizou o recurso incorreto. A nosso ver, de modo geral a ausência de má-fé corresponde à necessidade de boa-fé do recorrente, assim como a ausência de boa-fé processual indica a ocorrência de má-fé processual. Nesse diapasão, conceituamos a boa-fé processual objetiva como o dever que as partes e intervenientes possuem de não gerar danos umas às outras ou ao processo, durante o desempenho de sua atividade em cada ato procedimental.

Ocorre que a jurisprudência passou a se preocupar, mais especificamente, com o viés da tempestividade dos recursos incor-

---

49. WAMBIER, Teresa Arruda Alvim. Op cit., p. 173.

50. Segundo o autor: "O erro grosseiro poderia se ver aferido por algumas circunstâncias objetivas, como, por exemplo, a disposição expressa e induvidosa de lei dizendo qual o recurso cabível, estando a hipótese consagrada pacificamente, sem divergências, na doutrina e na jurisprudência como ensejando determinado recurso, etc. Já a má-fé seria de difícil comprovação." Princípios Fundamentais – Teoria Geral dos Recursos. RT, São Paulo, 1990.

retamente interpostos, limitando a análise da má-fé do recorrente àquele momento procedimental e passando a interpretar tal requisito como sendo a não utilização de um recurso de prazo maior para a obtenção do conhecimento de um recurso de prazo menor, já ultrapassado no momento da interposição.

Percebemos, deste modo, que a ausência de erro grosseiro e a ausência de má-fé constituíam requisitos que apenas excepcionavam a norma geral da fungibilidade entre os recursos no CPC de 1939. A boa-fé processual e a escolha correta dos meios processuais a serem utilizados são elementos processuais que necessitam ser observados pelas partes a todo tempo, e não apenas quando da interposição de um recurso.

Eram, portanto, requisitos negativos, pois o comum era a fungibilidade. A fungibilidade não era tratada como exceção, ou seja, a fungibilidade recursal era a regra, muito embora possuísse a estrutura normativa de princípio, por já estar vinculada à lógica da instrumentalidade e racionalidade formais na maior medida possível.

O legislador do CPC de 1973 buscou arquitetar um sistema recursal que fosse claro e simples, estabelecendo o princípio da correspondência como diretriz imperativa e consequentemente eliminando o texto expresso vigente à época acerca do princípio da fungibilidade, ante a sua suposta desnecessidade, em razão da suposta perfeição do novo texto, como afirmou o então ministro ALFREDO BUZAID na exposição de motivos do atual código.[51]

No entanto, a riqueza das situações a serem julgadas pelo cotidiano forense produz e sempre produziu casos e situações não previstas pelo legislador. Tais situações demonstraram as incongruências e a rigidez de um sistema recursal que, desde o início,

51. Diz a exposição de motivos do CPC de 73, itens 31 e 33: "É certo que para obviar os inconvenientes da interposição errônea de um recurso por outro, o código vigente admite o seu conhecimento pela instância superior e ordena a remessa à câmara ou turma, desde que não esteja viciado por má-fé ou erro grosseiro (art. 810). O Código consagrou, nesse preceito legal, a teoria do *recurso indiferente* (Sowohls-auch-Theorie), como ensinam os autores alemães.

Esta solução não serviu, porém, para melhorar o sistema, por que a freqüência com que os recursos, erroneamente interpostos, não são conhecidos pelo Tribunal evidenciou que a aplicação do art. 810 tem valor limitadíssimo.

desconsiderou os importantes fatores do constante aumento da complexidade social e da fragilidade do princípio – inicialmente uma regra – da correlação entre a natureza da decisão e o recurso a ela correspondente.[52]

Hoje, passados mais de trinta anos da entrada em vigor do novo sistema, como afirmou TERESA ARRUDA ALVIM, todos os artigos do Título X do Livro I do CPC, referente aos recursos, foram posteriormente modificados[53], o que, no mínimo, indica a necessidade de adaptação da estrutura montada pelo legislador de 1973 às vicissitudes da realidade operativa forense.

Por conseguinte, muito embora o sistema não mais dispusesse expressamente a respeito da fungibilidade recursal, doutrina e jurisprudência patrocinaram a volta da aplicação da norma da fungibilidade na seara processual: agora como princípio implícito à realidade operativa não apenas dos recursos, mas paulatina e progressivamente, de modo genérico, em relação a todo o sistema de meios processuais.

O requisito objetivador dos valores que envolvem a análise da razoabilidade nos casos concretos, com vistas à aplicação da fungibilidade de meios adquiriu, hoje, feição positiva (e não mais negativa), unificando-se através da detecção da chamada "dúvida objetiva", por si só suficiente ao ensejo da fungibilidade de meios.[54]

Conceituamos como "dúvida objetiva" aquela que se estabelece quando doutrina e/ou jurisprudência divergem, tanto em nível

---

52. Pois como explicita NELSON LUIZ PINTO: "Com relação aos recursos cabíveis contra as decisões de primeiro grau de jurisdição (sentenças e decisões interlocutórias), procurou o Código de Processo Civil, estabelecer uma exata correlação entre a natureza da decisão judicial e o recurso a ela correspondente". Manual dos Recursos Cíveis. São Paulo, Malheiros, 2017, p. 33 e 34.

53. A Nova Lei do Agravo. Revista Consulex. n.º 217, 2006, p. 37.

54. Nesse sentido, observe-se o seguinte julgado: "AGRAVO DE INSTRUMENTO. DECISÃO DO RELATOR NEGANDO SEGUIMENTO LIMINAR. DECISÃO RECORRIDA PROFERIDA NOS AUTOS DE IMPUGNAÇÃO À GRATUIDADE DE JUSTIÇA. REGRA ESPECIAL (ART. 17 DA LEI 1.060/50). CABIMENTO DO RECURSO DE APELAÇÃO. MATÉRIA PACÍFICA NA JURISPRUDÊNCIA. **INEXISTÊNCIA DE DÚVIDA OBJETIVA**. INAPLICABILIDADE DO PRINCIPIO DA FUNGIBILIDADE. PRECEDENTE DO SUPERIOR TRIBUINAL DE JUSTIÇA. ACERTO DO DECISUM MONOCRÁTICO. DESPROVIMENTO DO AGRAVO INTERNO". (TJRJ – AI n.º 2006.002.14530. Rel. JDS. DES. SERGIO RICARDO A. FERNANDES - Julgamento: 24/10/2006 - Quinta Câmara Cível).(grifo nosso).

local quanto nacional, a respeito da utilização de meios processuais, aceitando mais de um meio para o atingimento do mesmo fim processual, desde que não se trate de meios concorrentes (que possam ser utilizados simultaneamente, tais como o agravo de instrumento e o pedido de suspensão utilizados contra liminares em face da fazenda pública). Havendo concorrência de meios deixa de ser necessário escolher um deles, afastando a aplicação da fungibilidade formal.

Para nós, também se revela dúvida objetiva aquela oriunda da ausência de elementos suficientes a respeito dos meios processuais a serem utilizados. Consideramos tais dúvidas como objetivas por serem objetivamente verificáveis através da análise das fontes do sistema jurídico processual, ainda que não haja divergência, mas apenas imprevisão por parte da doutrina e da jurisprudência.

Tais dúvidas seriam aquelas decorrentes das novidades trazidas pelo CPC de 2015, bem como pela inexistência de precedentes na decisão proferida: os chamados "leading cases" processuais; no mesmo sentido, detectamos como dúvidas objetivas aquelas provocadas pelo erro do magistrado que profere uma espécie de decisão em lugar de outra, tida como formalmente devida pela parte que a pretende impugnar.

A "dúvida objetiva" deve ser vista como o requisito único que substituiu os requisitos da ausência de má-fé e de erro do grosseiro[55-56], pois a sua aplicação passa naturalmente pela análise dos elementos que constavam do art. 810 do CPC de 1939, já que tal

55. Requisitos ainda considerados para a aplicação da regra da fungibilidade recursal no Código de Processo Penal (CPP, art. 579 e seu § único). Diz o artigo: "Salvo a hipótese de má-fé, a parte não será prejudicada pela interposição de um recurso por outro.
Parágrafo único. Se o juiz, desde logo, reconhecer a impropriedade do recurso interposto pela parte, mandará processá-lo de acordo com o rito do recurso cabível".

56. Nesse sentido: "AGRAVO DE INSTRUMENTO. Embargos à execução rejeitados liminarmente. Inadequação do recurso. Decisão que rejeita liminarmente embargos à execução desafia a interposição de recurso de apelação, pois se trata de sentença. Artigos 513 e 520, V, do CPC. Impossibilidade de aplicação do princípio da fungibilidade recursal. **Ausência de dúvida objetiva.** Recurso a que se nega seguimento por manifestamente inadmissível". (TJRJ – AI n.º 2006.002.13368 - DES. CARLOS EDUARDO PASSOS - Julgamento: 23/08/2006 - Segunda Câmara Cível). (Grifo nosso).

dúvida elimina a possibilidade de erro grosseiro ao mesmo tempo em que demonstra, na realidade, a boa-fé do recorrente.[57]

A parte que se beneficia da fungibilidade em situação de "dúvida objetiva" apenas deixa de ser prejudicada, pois correu o risco de não ver admitido seu meio, razão pela qual não poderia esta estar agindo de má-fé.

Já quanto ao requisito da ausência de erro grosseiro, se doutrina e/ou jurisprudência possuem divergência acerca da utilização de determinado meio processual, existe fundamento para a escolha formal feita pela parte, seja ela qual for, pelo que não seria possível considerar tal erro como sendo grosseiro.

No entanto, por concordarmos com a afirmação de TERESA ARRUDA ALVIM, de que as dúvidas são, na realidade, subjetivas, ao nos referirmos à "dúvida objetiva" preferimos utilizar a nomenclatura *dúvida objetivamente verificável*, expressão esta que só não passaremos a utilizar a partir deste ponto, por questão de clareza e respeito a uma expressão já tradicionalmente utilizada.

Deste modo, vemos que a "dúvida objetiva" induz a lógica de que o ônus pelos erros de interpretação do sistema processual não deve ser das partes. É irrazoável (não razoável) que as dúvidas provocadas pela lei e pelo sistema prejudiquem o jurisdicionado. Como a dúvida na premissa menor provoca dúvidas na premissa maior, a responsabilidade pelo suposto erro de escolha do meio processual passa a ser dos tribunais: *Grundsatz der meistbegunstigang*[58]: o chamado *princípio do maior favor.*

Segundo o *princípio do maior favor* não faz sentido prejudicar a parte pela desorganização do "sistema" jurídico quanto à eleição dos meios processuais devidos para cada fim, pois tal não seria razoável consoante a perspectiva dos direitos fundamentais. A análise de qual seria o *maior* favor consiste numa comparação valorativa fundada na norma da razoabilidade e objetivada através da dúvida nos casos concretos.

57. Ver, por todos: TERESA ARRUDA ALVIM. Os Agravos no CPC Brasileiro. RT, São Paulo, 2000, p. 118 a 120.

58. Princípio do maior favor, oriundo do direito alemão, segundo o qual a parte não pode ser prejudicada por um erro ou incongruência do judiciário a respeito dos tipos legais.

Assim, cremos que o aproveitamento das formas processuais se dá através de dois fenômenos: a fungibilidade de meios e a instrumentalidade em sentido lato. Enquanto a fungibilidade consiste no aproveitamento mediante a existência de dois meios processuais fungíveis entre si por determinação legal (por ex: art. 554 do CPC) ou por "dúvida objetiva", com ou sem a conversão de meios processuais, portanto com ou sem a aceitação do meio utilizado, o aproveitamento sem fungibilidade ocorre com a simples convalidação de atos processuais, independente da existência de dois meios processuais.

A dúvida objetiva não é requisito à aplicação da instrumentalidade em sentido lato, mas é requisito da fungibilidade de meios, quando não está prevista expressamente em lei. Para nós, inclusive, tanto num caso como noutro, não é necessário haver conversão no meio processual correto para que haja fungibilidade, já que ela consiste na aceitação, na tolerância, numa espécie de aproveitamento formal. A conversão seria, no máximo, conveniente conforme o caso, mas não obrigatória.

Não vemos empecilho causal para que o recurso de agravo de instrumento, por exemplo, havendo dúvida objetiva, seja conhecido no lugar de um recurso de apelação e continue tramitando como se fosse um recurso de apelação, desde que determinada, perante o juízo *a quo*, a posterior remessa dos autos (o que não consiste na conversão, mas na simples instrumentalização de qualquer recurso de apelação).

Pelo mesmo motivo, também não vemos empecilho, por exemplo, a que um recurso de agravo regimental seja recebido como agravo interno sem que haja conversões.[59] É verdade que as conversões entre

59. No sentido da desnecessidade de conversão: "EMENTA: AGRAVO REGIMENTAL - FUNGIBILIDADE RECURSAL - RECEBIMENTO COMO AGRAVO INOMINADO - POSSIBILIDADE. O agravante, ao interpor agravo regimental quando a lei expressamente previa o cabimento do agravo do § 1º, do art. 557, do CPC, incidiu em erro grosseiro, o que obstaria a aplicação do princípio da fungibilidade recursal e conduziria ao não conhecimento do recurso. Entretanto, o Superior Tribunal de Justiça, ao apreciar hipótese idêntica, admitiu a sua fungibilidade desde que haja dúvida quanto ao recurso a ser interposto e inexistência de erro grosseiro, e que a sua interposição ocorra dentro do prazo legal previsto para o recurso adequado, o que ocorreu na hipótese. APELAÇÃO CÍVEL - AÇÃO POPULAR - AUSÊNCIA DOS REQUISITOS DA LESIVIDADE E ILEGALIDADE - EXTINÇÃO DO PROCESSO - POSSIBILIDADE EM NOME DO PRINCÍPIO DA ECONOMIA PROCESSUAL. A

meios processuais são operativamente compreensíveis face ao formalismo da nossa cultura jurídica, além de serem mais convenientes em muitos casos, mas não podem ser consideradas obrigatórias para a aplicação da norma da fungibilidade entre esses meios.

Não podemos confundir, entretanto, o mero aproveitamento de meios processuais com a não obrigatoriedade da conversão formal na fungibilidade de meios. Haverá aproveitamento dos meios processuais quando não existir dúvida objetiva nem previsão legal específica a respeito da fungibilidade de meios, não havendo fungibilidade, mas apenas instrumentalidade em sentido amplo. Desse modo, a fungibilidade de meios, com ou sem conversões, é apenas uma das maneiras de se aproveitar os meios processuais, reconhecendo a validade de atos tidos como formalmente imperfeitos.

Enfim, a *conversibilidade* não pode ser pré-requisito ao aproveitamento através da fungibilidade de meios que supõe que um dos meios é correto em relação ao outro, fragilizando a lógica de que o requisito da dúvida objetiva decorre de um defeito do sistema não imputável às partes e retirando a noção de amplo aproveitamento, que mesmo a fungibilidade vista apenas como substituição – e não como aceitação – exige.

A doutrina ainda não estabeleceu com clareza o que seria essa nova dimensão da norma da fungibilidade nem conseguiu pensá-la sem contemplar uma suposta origem no direito material. Em muitos momentos, continua a pensar a norma da fungibilidade vinculando-a aos conceitos e estruturas do direito material – especialmente à conversão dos negócios jurídicos – como se se tratasse de mais um

---

legalidade e a lesividade não se confundem com as condições da ação, sendo vinculadas ao *meritum causae* na ação popular. Contudo, se restar claro, *ab initio*, que o ato impugnado não está eivado dos vícios acima descritos, bem como de imoralidade, a extinção do processo é medida que se impõe, em nome do princípio da economia processual, a fim de evitar encargo à sociedade de demanda inócua. DISPENSA DE LICITAÇÃO - MATÉRIA DE DIREITO - CONTRATO COM FUNDAÇÃO DE ENSINO SEM FINS LUCRATIVOS - PRESENTES OS REQUISITOS DA LEI N. 8.666/93. O julgamento antecipado se justifica por ser matéria de direito, uma vez que a contratação efetuada pelo Poder Público com instituição de ensino é dispensada de licitação, calcada no art. 24, XIII, da Lei n. 8.666/93. Se a instituição não tem fins lucrativos e apresenta capacidade técnica para cumprir o que for pactuado, não há lesão, ilegalidade ou imoralidade no contrato administrativo." (TJSC – AR n.º 2005.020298-4. Relator: Des. Volnei Carlin. Data da Decisão: 29/09/2005).

conceito meramente importado do direito material para o processo. Este o pensamento de SIDNEI AMENDOEIRA JR[60], por exemplo, constante de estudo recente a respeito do tema.

Apenas a ideia e a terminologia da fungibilidade no âmbito do direito material se assemelham à fungibilidade na seara do processo. O problema é que a fungibilidade no campo do direito material traz uma ideia de substituição através de conversão que não se coaduna com todas as situações do processo em que a utilização da norma será conveniente.

É por isso que a *conversibilidade* formal não pode ser considerada requisito obrigatório para a aplicação da fungibilidade entre os meios processuais, uma vez que a ideia de conversão como pré-requisito à fungibilidade não condiz com a própria noção da fungibilidade na perspectiva dos direitos fundamentais; com a noção da fungibilidade na dimensão abordada nesta obra: não como conversão, mas sim como aceitação, como tolerância de atos processuais tipicamente imperfeitos.

Dessa maneira, acreditamos que o requisito da "dúvida objetiva" nos permite, independentemente de quaisquer conversões de um meio processual em outro, proceder à classificação de *hipóteses gerais* de aplicação da norma da fungibilidade não previstas em lei, possibilitando, cada uma delas, a incidência de variadas hipóteses específicas de aplicação da referida norma.

São as hipóteses gerais não tipificadas em lei: a) A "dúvida objetiva" positiva, ou propriamente dita, que se tornou a principal hipótese geral de flexibilização formal trazida pela fungibilidade; b) A "dúvida objetiva" negativa, oriunda da falta de informações e elementos de convicção necessários à escolha de qualquer meio processual. Tal dúvida pode decorrer das novidades provocadas pelas constantes reformas do CPC, da escolha de meios junto a casos novos, os chamados "leading cases", ou mesmo do erro do magistrado que

60. A Fungibilidade de Meios: Conversão do ato praticado no processo civil brasileiro e possibilidade de escolha dentre meios processuais postos à disposição das partes. Tese defendida perante a Universidade de São Paulo. São Paulo: Biblioteca da Faculdade de Direito, 2006, p. 16 e 17.

profere uma decisão em lugar de outra.[61-62] Analisemos cada uma das hipóteses gerais de aplicabilidade do requisito da "dúvida objetiva":

a) A dúvida objetiva positiva, ou propriamente dita.

A "dúvida objetiva" positiva foi bastante difundida pelos estudos de TERESA ARRUDA ALVIM[63]. É aquela que se estabelece quando doutrina e/ou jurisprudência divergem a respeito da utilização de um determinado meio processual, como ocorre, por exemplo, na dúvida entre o uso de uma ação de execução e uma ação monitória em situações limítrofes, justificando a aplicação da norma da fungibilidade entre tais ações.

Dizemos "dúvida objetiva" propriamente dita, ou em sentido estrito, por que tal dúvida consiste, tradicionalmente, na verificação das situações de divergência de meios processuais positivamente identificadas junto à doutrina e à jurisprudência.

Por notarmos que o erro do magistrado que profere uma decisão no lugar de outra, bem como a ocorrência de "leading cases", também provocam dúvidas verificáveis de modo objetivo junto ao sistema jurídico, mas preferimos classificar tais dúvidas como espécies diferenciadas de "dúvida objetiva".

---

61. Trata-se de hipóteses gerais de dúvida objetiva quase idênticas àquelas apontadas por NELSON NERY JUNIOR. A diferença entre as hipóteses trazidas por aquele autor e aquelas por nós aqui utilizadas estão nas situações de dúvida criadas por obscuridades ou contradições do próprio CPC, que para nós não correspondem a uma nova hipótese, pois se encaixam dentro da dúvida objetiva propriamente dita, já que a lei é apenas parte do sistema jurídico, de modo que a dúvida não existirá se doutrina e jurisprudência não divergirem a respeito de tais dispositivos do código. Da mesma forma, vislumbramos outra hipótese, qual seja a de aplicação da dúvida objetiva a *leading cases*: situações nunca enfrentadas anteriormente, hipótese essa não elencada pelo autor.

62. Afirma NELSON NERY JÚNIOR, referindo-se a hipóteses de fungibilidade recursal, mas que merecem ser consideradas, ainda que analogicamente, junto aos demais meios processuais: "Essa dúvida pode ser de três ordens: a) o próprio código designa uma decisão interlocutória como sentença, ou vice versa, fazendo-o obscura ou impropriamente; b) a doutrina e/ou a jurisprudência divergem quanto à classificação de determinados atos judiciais e, consequentemente, quanto à adequação do respectivo recurso para atacá-los; c) o juiz profere um pronunciamento em lugar de outro".

63. Os Agravos no CPC Brasileiro. RT, São Paulo, 2000; Fungibilidade de Meios: uma nova dimensão do princípio da fungibilidade. Aspectos Polêmicos e Atuais dos Recursos Cíveis e de outras formas de impugnação às deciões judiciais. v. 4, RT, São Paulo, 2001.

Diferenciadas por que o erro do magistrado que profere decisão no lugar de outra, bem como e a ocorrência de "leading cases", consistem em realidades negativas decorrentes da ausência de disposição a respeito por parte das mesmas doutrina e jurisprudência. Nessas outras hipóteses gerais, o sistema jurídico não está dividido; somente não possui respostas que criem uma divergência positiva, decorrendo dessa ausência as "dúvidas objetivas" em sentido lato.

Além da análise das hipóteses específicas de aplicação da fungibilidade de meios decorrentes dessa primeira hipótese geral constituída pela "dúvida objetiva" em sentido estrito, o que realizaremos de modo detido nos capítulos que seguem, há que se atentar para outras questões operativas de importância.

Nesse sentido, quando houver divergência doutrinária e/ou jurisprudencial de âmbito nacional, mas não regional, por exemplo, discute-se a aplicação da fungibilidade fundada na "dúvida objetiva", uma vez que a habilitação dos nossos advogados é nacional.

Inexistindo divergência regional, a maior parte dos advogados locais terá ciência dos entendimentos dos respectivos poderes judiciários. No entanto, os profissionais de um estado que também advogarem noutro, enfrentarão clara hipótese de dúvida objetiva pela frente.

Desta maneira, a dúvida objetiva necessita ser aceita como requisito de âmbito nacional, sob pena de as realidades regionais se sobreporem ao caráter federal da lei processual, especialmente pelo fato de que a habilitação para a advocacia permite o seu exercício em todo o país.

Da mesma forma, devemos consignar, ainda, que a divergência doutrinária e/ou jurisprudencial que enseja a dúvida objetiva propriamente dita, além de ser nacional, necessita ser atual, precisa estar presente, para que seja objetivamente verificável no momento da escolha do meio processual.

Se no momento da provocação da forma de intervenção de terceiros ou da interposição do recurso, por exemplo, portanto no momento da escolha do meio processual utilizado pela parte, não houver mais divergência, em âmbito nacional, entre doutrina e/ou jurisprudência a respeito do meio correto, a "duvida objetiva" em sentido estrito, a nosso ver, deixa de estar configurada.

Por conseguinte, a atualização e o conhecimento do entendimento dos tribunais tornam-se elementares para a atuação do operador processual comum do direito, tanto para a escolha dos meios processuais utilizados quanto para a eventual obtenção do benefício trazido pela norma da fungibilidade.

Como operador processual comum do direito, conceito esse oriundo do pensamento de ADROALDO FURTADO FABRÍCIO,[64] concebemos o operador médio do direito processual, portanto não especializado em processo, e que possua dificuldade na escolha de meios processuais em uma determinada situação em razão da existência de uma ou mais "dúvidas objetivas".

Ora, por mais que possamos estudar, descrever e analisar o sistema jurídico, todos somos, em certa medida, operadores comuns do direito. A especialização em determinada área do conhecimento jurídico não nos garantirá conhecermos todas as respostas supostamente corretas, especialmente aquelas referentes aos meios processuais em casos de "dúvida objetiva". Nem mesmo os maiores processualistas pátrios poderiam indicar "o" meio processual correto nessas situações, ainda que fornecessem a mais rica linha de argumentação. Todos somos operadores comuns em certa medida.

Parece-nos que a paulatina conscientização acerca do conceito de operador comum do direito explica a importância didática da doutrina e da jurisprudência para a maior aplicabilidade das normas de flexibilização formal do processo, bem como das últimas reformas processuais, ao explicitarem conclusões a que já se podia chegar anteriormente, não provocando verdadeiras mudanças, mas sim esclarecimentos.[65]

---

64. Tutela Antecipada. Porto Alegre: Sérgio Antonio Fabris editor, 1996, p. 30.

65. Reflete BARBOSA MOREIRA, ser necessário, antes de procedermos a outras reformas, apurar os efeitos concretos daquelas já realizadas. Diz ele: 'Reformas legislativas de cunho exclusivamente (ou predominantemente) científico podem ser avaliadas em plano teórico. Reformas legislativas de cunho exclusivamente (ou predominantemente) prático, só podem ser avaliadas à luz de seus efeitos concretos. Exemplo do primeiro caso seria a substituição de palavras do texto legal, para corrigir impropriedades terminológicas. Exemplos do segundo caso são a introdução de institutos novos e a modificação substancial de institutos já existentes. Temas de Direito Processual. São Paulo, Saraiva, p. 1.

São exemplos das últimas modificações do CPC que vieram para o código para explicitar conclusões a que já se podia chegar anteriormente, não provocando mudanças, mas sim esclarecimentos, aquelas ocorridas no § 7º do art. 273; no art. 296; na nova redação do art. 526 e seu § único, dentre outros.

São exemplos de manifestações doutrinárias nesse sentido aquelas referentes aos estudos de CÂNDIDO DINAMARCO a respeito da instrumentalidade do processo[66], bem como de CARLOS ALBERTO ALVARO DE OLIVEIRA sobre o formalismo no processo civil brasileiro[67], ou ainda os próprios estudos sobre as novas dimensões da fungibilidade dos meios processuais, de TERESA ARRUDA ALVIM[68].

Também o estudo de RITA DE CÁSSIA VASCONCELOS[69], a respeito das hipóteses de aplicação da fungibilidade de meios no processo civil brasileiro, merece especial lembrança pela sua atualidade e pelo fato de abordar com propriedade singular as hipóteses positivas de "dúvida objetiva".

Por fim, percebemos, ainda, que a "dúvida objetiva" em sentido estrito, portanto positivo, deixa de ser um requisito operativo imprescindível nos casos em que o próprio sistema estabelece expressamente a fungibilidade entre determinados meios processuais, tais como nas ações possessórias (CPC, art. 544) e nas medidas urgentes (CPC, art. 305 § único).[70]

---

66. A Instrumentalidade do Processo. Malheiros, São Paulo, 2003; Execução civil. Malheiros, São Paulo, 2000.

67. Do Formalismo no processo civil. São Paulo, Saraiva, 2003.

68. Fungibilidade de Meios: uma nova dimensão do princípio da fungibilidade. Aspectos Polêmicos e Atuais dos Recursos Cíveis e de outras formas de impugnação às decições judiciais. v. 4, RT, São Paulo, 2001.

69. Fungibilidade de Meios no Processo Civil. São Paulo, RT, 2006 (no prelo).

70. Poderíamos aperfeiçoar o CPC através da inserção de dispositivo específico reconhecendo expressamente a fungibilidade de meios processuais em situações às quais o conceito indeterminado de "dúvida objetiva" puder ser aplicado, bem como determinando ao magistrado a interpretação do pedido e aplicação dos meios processuais conforme a intenção efetivamente demonstrada pelas partes e não somente conforme a intenção formalmente revelada.

Nesse sentido, ao comparar os ordenamentos processuais brasileiro e norte americano, ANTÔNIO GIDI demonstra que o sistema processual brasileiro é rígido e formalista,

Nesse diapasão, acreditamos que a eventual necessidade do estabelecimento expresso da fungibilidade deriva da necessidade de que, tanto a doutrina quanto a jurisprudência, admitam a existência de divergências, decidindo e produzindo textos científicos que não preguem apenas pela erudição, mas principalmente pela pesquisa.

Não devemos silenciar a respeito de opiniões contrárias às esposadas, e muito menos adotar nomenclaturas diferenciadas e distantes do necessário acordo semântico essencial ao desenvolvimento do processo, sob pena de não contribuirmos para o efetivo debate doutrinário e uniformização da jurisprudência.

b) A dúvida objetiva negativa.

A dúvida objetiva negativa é a segunda hipótese geral de incidência da fungibilidade de meios. Ela decorre da inexistência de informações que possam orientar qualquer entendimento a respeito dos meios processuais adequados para a consecução de determinado fim processual.

São exemplos de dúvida negativa: o surgimento de dúvidas em *"leading cases"*, e o aparecimento de dúvidas em situações em que o juiz confunde a natureza das decisões a serem proferidas, além das situações de dúvida criadas pelas contínuas modificações do CPC.

b1) A aplicação da norma da fungibilidade em "leading cases" é uma hipótese geral na qual acreditamos que a "dúvida objetiva" se dá em sentido lato, portanto negativo, pela inexistência de elementos de divergência objetivamente verificáveis e justificadores da fungibilidade.

---

servindo à manutenção do *status quo* e alimentando o descrédito da população no Poder Judiciário. Diz o estudioso: "El derecho procesal civil em los países de derecho civil (civil law) en general y em particular el sistema brasileño difiere del norteamericano em varios aspectos importantes. El procedimiento civil en el sistema de derecho civil es um sistema rígido y formalista. Las reglas procesales están escritas con riguroso detalle, dejando poco espacio a la discrecionalidad judicial em materia procesal. (...) En conseqüência, el procedimiento brasileño, como muchas otras jurisdicciones de sistema civil tiende a ser un procedimiento abstracto y burocrático alejado de la realidad y de las necesidades específicas de cada caso." Las Acciones Colectivas y La Tutela de los Derechos Difusos y Colectivos e Individuales en Brasil: Un modelo para países de derecho civil. UNAM, México, 2004, p. 9 e 12.

Esta hipótese decorre do fato de que a escolha de meios processuais em situações nunca antes enfrentadas pelo Poder Judiciário acontece sem que as partes possam seguir posicionamentos doutrinários ou jurisprudenciais pré-existentes, o que justifica a dissonância de opiniões a respeito, e consequentemente, a aplicação geral da norma da fungibilidade.

Nesse sentido, ao contrário de outras hipóteses, não encontramos autores que já tenham se manifestado favoravelmente à utilização da norma da fungibilidade em situações nunca antes encontradas: os *leading cases* em matéria processual.

As hipóteses específicas de aplicação da norma da fungibilidade em situação de "leading case", como, por exemplo, o meio a ser utilizado para a intervenção do "amicus curiae" em determinado processo subjetivo, serão analisadas com maior detalhe nos capítulos a seguir.

b2) *A aplicação em caso de erro do magistrado que profere uma decisão em lugar de outra.* A aplicação da norma da fungibilidade nas situações em que o magistrado profere uma decisão no lugar de outra é outra hipótese de incidência, em que o requisito da "dúvida objetiva" em sentido lato também será negativo.

Neste caso, tal aplicação da fungibilidade deriva da impossibilidade de se afirmar, com segurança, qual o recurso ou meio de impugnação cabível contra a referida decisão, já que esta foi intitulada como sendo de uma determinada espécie, mas possuiu conteúdo de espécie diversa.

Com efeito, NELSON NERY JÚNIOR[71] já se manifestou favorável à utilização da norma da fungibilidade junto à escolha

71. De acordo com o autor: "As hipóteses que ensejam ocorrências do terceiro grupo são mais raras. Isto porque, conforme já analisado alhures neste trabalho, o nosso código não deu importância à forma do ato judicial para efeitos de defini-lo. O fator preponderante e essencial para tanto é a finalidade do pronunciamento judicial: se decidiu questão incidente sem pôr termo ao processo, é decisão interlocutória; se colocou fim ao processo, ainda que não haja julgado o mérito, é sentença. Em sistemas jurídicos onde a forma do ato é que é o fator determinante para classificá-lo com vistas à recorribilidade, o erro do juiz ao proferir pronunciamento por outro é revelante.

A esse respeito, lembramo-nos de caso ocorrido conosco em uma das varas cíveis da comarca de São Paulo. Em processo de execução fundado em título judicial, alegamos, por simples cota nos autos, a incompetência absoluta do juízo. Como se tratava de

de meios processuais nesta situação. Seria a hipótese, por exemplo, de escolher-se o meio para impugnar uma decisão intitulada como sentença, mas que julga questões de modo apenas interlocutório. Esta e outras hipóteses também serão analisadas detidamente nos capítulos a seguir.

b3) Aplicação em caso de dúvida causada pelas reformas legislativas. Ao longo dos últimos a legislação processual tem sofrido incessantes e numerosas alterações de cunho pontual e estrutural, modificando o *modus operandi* do processo civil e demandado atualização frequente dos operadores do direito.

Essas modificações legislativas provocam dúvidas de cunho negativo junto às comunidades jurídicas, tanto antes quanto após a entrada em vigor dos novos dispositivos, especialmente aqueles que se referem a meios processuais, dúvidas objetivas essas que também podem levar à aplicação do princípio da fungibilidade de meios.

Enfim, o traço comum às duas hipóteses gerais de incidência da norma da fungibilidade no nosso sistema processual (cuja segunda, referente às dúvidas negativas, classificamos em outras três subdivisões), ora elencadas, é a necessidade de admitirmos a imperfeição do sistema – se é que assim as nossas leis processuais realmente merecem ser denominadas, tais as suas incongruências – e a existência de mais de um meio para o mesmo fim, como traços

---

matéria de ordem pública, que deveria ser conhecida *ex officio* pelo juiz, naturalmente prescindia da oposição de embargos. Entretanto, o magistrado proferiu decisão no curso do próprio processo de execução, do seguinte teor: *rejeito os embargos opostos à execução.*

Na verdade, tomando o ato judicial em sua essência, o juiz prolatou decisão interlocutória, pois resolveu a questão da incompetência absoluta no curso do processo de execução, já que não houve interposição de embargos. Por outro lado, seria perfeitamente razoável entender-se que houvera proferido sentença, na suposição de que o devedor havia oposto embargos, fazendo-o incorretamente em sua forma.

Não chegamos a interpor recurso dessa decisão, em virtude de sua revogação por outro magistrado que funcionou posteriormente no processo, razão pela qual não pudemos saber a opinião do tribunal em caso de real interesse à ciência do processo. Mais, se eventualmente necessário, não teríamos hesitado em interpor o recurso de agravo, já que a execução estaria tomando o seu curso normal após a referida decisão. No entanto, poderia o tribunal *ad quem* entender tratar-se de sentença, portanto atacável pela via da apelação, pois o juiz, convencido de que o devedor não tinha razão, havia rejeitado os *embargos,* mesmo que estes estivessem nos próprios autos da execução e não em processo e autos apartados como determina a lei." Op. cit. p. 176 e 177.

comuns à fungibilidade de meios. Parece-nos, assim, que a fungibilidade dos meios processuais aparece como mais um instrumento que objetiva contribuir para que a legislação processual adquira a feição de sistema.

4.6. A COMPLEXIDADE PROCESSUAL E A FUNGIBILIDADE DE MEIOS

O conceito de complexidade processual, para nós, nasce do questionamento que sempre nos fizemos a respeito da existência de meios processuais variados e distintos para fins idênticos, ou ao menos próximos, visto que tais distinções e diferenciações instrumentais devem servir à efetividade do processo.

Desta maneira, inspirados na concepção epistemológica jurídica de NICKLAS LUHMANN, bem como de RAFAELLE DI GIORGI, denominamos "complexidade processual" a riqueza de conhecimentos instrumentais, sejam meios previstos pela lei, sejam posicionamentos doutrinários ou jurisprudenciais, dentre outras regras processuais, cuja ciência e eventual utilização se façam necessárias junto a uma mesma situação concreta, um mesmo caso.[72-73]

É o que ocorre, por exemplo, quando das dificuldades provocadas pelas alterações *semanais* pelas quais tem passado o CPC. Não consideramos, portanto, a noção de complexidade processual utilizada pelo art. 3º da Lei 9.099/95[74] referente aos Juizados Especiais, pois aquela se preocupa apenas com a complexidade oriunda da riqueza de detalhes procedimentais – como a citação por edital – ou probatórios, como é o caso da prova pericial.

72. LUHMANN, Niklas. Sociologia do Direito I. Rio, Tempo Brasileiro, 1983.

73. Diz o estudioso, a respeito da necessidade de redução da complexidade do sistema jurídico: "Delineia-se, assim, uma perspectiva que conduz à noção de que a sociedade moderna encontra-se em face de um processo de hiperjuridificação; na prática, há demasiado direito na sociedade, pelo que se torna legítima a expectativa de reduzir consideravelmente a sua quantidade ou, como se dizia, de iniciar processos de desjuridificação."

74. Dispõe o *caput* do art. 3º da Lei n.º 9.099/95: "O Juizado Especial Cível tem competência para conciliação, processo e julgamento das causas cíveis de menor complexidade, assim consideradas:"

Assim, não nos interessa medir a riqueza dos meios processuais em si mesmos, mas sim a quantidade de informações, o acúmulo de conhecimentos necessário à melhor e mais efetiva operabilidade do processo. Não nos parece que as situações sejam complexas, mas sim que a construção da complexidade processual decorra de todas as conjecturas cognitivas percorridas pela parte para a escolha de um meio ou comportamento processual.

A doutrina que dividiu o pedido – o objeto do processo – em mediato e imediato[75] e distinguiu medidas cautelares e antecipatórias, por exemplo[76], aumentou a complexidade processual ao criar meios dentro de fins (e inconscientemente, fins dentro de meios), usualmente fundamentando modificações práticas através de distinções teóricas, oriundas de elaborações cognitivas iniciais.

Neste universo, podemos concluir que a busca pela redução racional e conveniente desta complexidade processual cognitiva constitui ferramenta conveniente ao aprimoramento operativo do sistema jurídico, já que o sistema jurídico é aquilo que nós pensamos que ele é.

Tanto sob o ponto de vista racional quanto pelo aspecto puramente operativo, vemos a norma da fungibilidade de meios como mecanismo de redução desta complexidade processual desnecessária de conhecimentos, partindo do pressuposto de que só faz sentido que o processo seja complexo, exigindo tais conjecturas cognitivas, se houver necessidade fática, de ser, e não meramente abstrata, normativa, de dever ser.

Só é necessária a complexidade processual da qual depende a melhor tutela dos direitos e o não prejuízo às partes e ao processo, havidos no mundo dos fatos, sendo desnecessária a complexidade processual que impede a tutela dos direitos e/ou traz prejuízo às partes e/ou ao processo, constituindo fim em si mesma.

---

75. Tal distinção é bastante conhecida. A respeito: CRUZ E TUCCI, José Rogério. Op. Cit. e CARVALHO, Milton Paulo de. Do pedido no processo civil. Porto Alegre, Sérgio Antônio Fabris Editor, 1992.

76. Como foi o caso de LUIZ GUILHERME MARINONI, ao escrever *Tutela Cautelar e Tutela Antecipatória*. São Paulo, RT, 1993.

A aplicação da norma da fungibilidade pressupõe a perda da importância da escolha dos meios processuais. Só existe erro de escolha de meios para o intérprete do direito que se limita sempre a um único caminho; a uma só opinião como correta. A fungibilidade, enfim, torna-se uma norma flexibilizadora de opiniões, portanto de construções cognitivas: a chamada fungibilidade de entendimentos.[77]

Em conferência publicada na Revista de Processo, CÁSSIO SCARPINELLA BUENO[78] teceu análise comparativa entre a interpretação da norma musical e a interpretação da norma jurídica. Versou, no nosso entender, sobre a necessidade de redução da complexidade processual, concluindo que a interpretação da norma jurídica tanto processual quanto material, assim como a da norma musical, deve conciliar opiniões e estilos pessoais para o bem comum; deve primar pela fungibilidade de entendimentos.

Para tanto, contou o autor que no mês de abril de 1962, reuniram-se no *Carneggie Hall*, na cidade de Nova Iorque, dois reconhecidos instrumentistas para, juntos, pela primeira vez, executarem concertos de música erudita: o maestro *Leonard Bernstein* e o pianista *Glenn Gould*.[79] Durante os ensaios, entretanto, explicou

77. Conforme CÁSSIO SCARPINELLA BUENO, é essencial que todos interpretem a lei e participem dos assuntos de interesse publico, acostumando-se a ouvir e a respeitar opiniões contrárias, pois a sociedade brasileira clama por participação. Diz ele: "O direito altera-se, modifica-se, ganha novas e inusitadas facetas, ganha atualidade ou a perde, tudo a depender de quem é seu intérprete (...) Talvez já não haja mais espaco no Brasil para que uma interpretação – seja boa ou má, aplaudida ou não pela doutrina – prevaleça pela sua mera origem, *subjetiva*, nas salas de Sessão ou do Plenário deste ou daquele Tribunal. Cada vez mais, já acentuei, a sociedade brasileira clama por participação. Não só indireta, mas também direta. Pelo menos a mais direta possível." Op. cit. p. 240.

78. Direito, Interpretação e Norma Jurídica: Uma aproximação musical do direito. Revista de Processo, n.º 111, p. 223 a 242.

79. Diz o trecho: "Há um concerto tido como histórico – ou, quando menos, bastante extravagante – em que o grande maestro, compositor e musicólogo Leonard Bernstein e o não menor pianista Glenn Gould, não conseguiram chegar a um consenso a respeito de qual a interpretação que deveria ser dada a uma determinada música. Tratava-se do concerto n.º 1 para piano e orquestra, *Opus 15*, em ré menor, de Johannes Brahms. As cortinas, naquela noite de 06.04.1962, no Carneggie Hall de Nova York...ouvem-se os aplausos de platéia assim que o maestro entrou no palco. Ao contrário do que é habitual nas situações me que há um "solista" – no caso, Gould, o pianista – ele não acompanhou de imediato o maestro, que se apressou em dirigir a palavra ao público,

que os profissionais não concordaram quanto ao modo de interpretar o Concerto n.º 1 de JOHANNES BRAHMS, *Opus 15,* pois o pianista o executava em ritmo mais acelerado do que o maestro costumava conduzi-lo.

Por esse motivo, tendo assumido o compromisso de executarem o concerto em conjunto, foi necessário que os profissionais escolhessem apenas uma das interpretações – ainda que obviamente

---

coisa muito rara, sobretudo naquela época, como, aliás, reconhece, em sua fala, o próprio maestro.

Disse Bernstein, no que interessa para o presente estudo:

Estamos para ouvir uma, digamos, pouco ortodoxa performance do concerto em ré menor de Brahms. Uma performance muito diferente de tudo aquilo que já ouvi ou, até mesmo, já sonhei a respeito. Isto por causa dos tempos largos (lentos) e as constantes desconsiderações das dinâmicas indicadas pelo próprio Brahms. Não posso afirmar que esteja em total acordo com a concepção da obra do Sr. Gould (risos) e isto dá ensejo a uma importante questão sobre por que regerei o concerto. Estou conduzindo este concerto por que o Sr. Gould é um artista tão extraordinário e sério que eu devo levar em consideração tudo aquilo que ele concebe em boa-fé. Acho que esta concepção é suficiente para que vocês possam ouvi-la também. Mas mesmo assim, remanesce a questão principal: em um concerto, quem é que manda? O solista ou o maestro ? (risos) A resposta é, evidentemente, algumas vezes um, algumas vezes o outro dependendo de quem esteja envolvido. Mas em geral os dois trabalham juntos para obter um resultado uniforme (*unified performance*), seja por persuasão, charme, ou, até mesmo, ameaças (risos).

Depois de afirmar que esta seria a última vez que se submeteria à vontade (exclusiva) do solista, Bernstein prossegue acentuando que o que motivava a realização daquela noite era que as discrepâncias das visões da obra de Brahms, entre ele e Gould, eram tão grandes que se justificava a sua *pequena justificativa*. E responde, enfim, à questão: por que, se as discrepâncias interpetativas eram tão grandes, estava ele conduzindo o concerto de Brahms? Por que não substituir o solista ou por que não colocar o maestro substituto para reger a orquestra? Porque estou fascinado e feliz de ter a chance de olhar diferentemente para este trabalho tão executado; porque há momentos na performance de Gould de uma frescura e convicção extraordinárias; porque em música há o que Dimitrous Mitropolous chama de "o elemento esportivo". Aquela fábrica de curiosidade, aventura, experimento que, acreditem, experimentei bem perto nesta última semana com o Sr. Gould.

Depois de muitas palmas entra o solista, Gould que, em última análise convenceu Bernstein quanto à sua especial – e especial por que diferente – visão de uma partitura, é dizer, quanto a ser a sua interpretação do concerto de Brahms a mais correta, a mais adequada, aquela, em suma, que a platéia merecia ouvir. Aliás, como os quase cinco minutos de explicação de Bernstein evidenciam, na há como fugir àquilo que é cotidiano no Direito. Por uma razão ou por outra, o conflito existente entre os dois intérpretes (o maestro e o solista) resolveu-se em favor deste. Gould, por qualquer razão, convenceu Bernstein de executar a obra da forma como ele, Gould, queria, e não de outra forma, na linha mais tradicional, sem a lentidão – quase que exacerbada – imposta, ainda que convincentemente, por Gould." Op. cit. p. 229 a 231.

ambas pudessem ser consideradas corretas – exatamente pela impossibilidade de tal divergência ser executada em conjunto.

Momentos antes da apresentação, o maestro Bernstein, antes de iniciar a sua regência, virou-se para o público e explicou por que motivo iria conduzir o 1º Concerto de Brahms segundo a interpretação que viria a seguir, bastante diferente do modo como já havia conduzido a execução da obra noutras ocasiões.

Foi a primeira e última vez em que Leonard Bernstein e Glenn Gould se apresentaram juntos. A música, assim como o processo, está intimamente vinculada às emoções, e, portanto, ao orgulho de seus atores. Essa é a principal lição que extraímos da análise comparativa entre a norma musical e a norma processual, levada a cabo por CÁSSIO SCARPINELLA BUENO[80].

O artigo do estudioso nos faz perceber que os resultados almejados, tanto na música quanto no processo, dependem de uma atuação respeitosa e humilde, de todos os seus atores simultaneamente, pouco importando a melhor ou mais correta opinião, mas sim os fins a serem atingidos.

A fungibilidade de que necessitamos não é apenas aquela referente aos meios processuais, mas também a que concerne aos posicionamentos doutrinários e jurisprudenciais – uma fungibilidade de entendimentos – pois esta flexibilização cognitiva é a maior responsável pela necessária redução daquilo que estamos a considerar como complexidade processual inútil.

4.7. A DENOMINAÇÃO "INCORRETA" DE MEDIDAS JUDICIAIS E A DISTINÇÃO ENTRE PEDIDO E NECESSIDADE: OS LIMITES DA FUNGIBILIDADE DE MEIOS

A intitulação "incorreta" de medidas judiciais em caso de pedido mediato devido e a distinção entre pedido e necessidade são temas possibilitam a estipulação dos limites sobre os quais opera a fungibilidade de meios.

Quanto à intitulação supostamente indevida de medidas judiciais, vemos que as denominações concedidas a cada meio processual

80. Op. cit. p. 239.

constituem traços técnicos por vezes desnecessários ao atingimento de resultados, razão pela qual hoje é possível afirmar que os "erros de nome" são corrigíveis de ofício pelo magistrado.[81]

Na realidade, se considerarmos as razões pelas quais os meios processuais recebem diferentes denominações, estas permanecerão preponderantemente no campo da normatividade, do dever ser.

No entanto, quando analisamos a denominação dos meios processuais sob o prisma dos resultados que estes objetivam produzir, chegamos à conclusão de que nesta seara, comum ao nexo causal, ao ser, os nomes das medidas processuais em si mesmos pouco significam quando a parte formula com clareza o seu pleito final, o seu pedido mediato.

A ideia de que os meios incorretamente denominados apenas servem aos fins, e, portanto, devem ser corrigidos e relevados pelo magistrado, está contida na lógica de que "o juiz conhece o direito", precisando apenas que as partes e o processo lhe esclareçam e comprovem os fatos, consoante o tradicional brocardo *iura novit cúria.*[82]

Segundo tal diretriz, constante do art. 376 do CPC[83], o direito federal constitucional e infraconstitucional é o único que o magistrado aplica sem que as partes necessitem provar seu teor e vigência: o único que o juiz conhece independente da atividade das partes. Ora, o CPC é lei federal, e o texto do seu art. 376 não diferencia entre o direito material e o direito processual.

Disto concluímos, em primeiro lugar, pela possibilidade de interpretarmos o referido artigo no sentido de que o juiz tem o poder de aplicar os meios processuais aos casos concretos independente da atitude das partes, haja vista que o princípio da congruência ou adstrição ao pedido (CPC, arts. 141 e 492) atua apenas junto

81. Nesse sentido, explica FREDIE DIDIER: "Em relação à adequação do provimento (do pedido) ao fim almejado, a situação ou é a) de impossibilidade jurídica do pedido; ou b) o próprio sistema admite a fungibilidade (arts. 305 § único e 554 do CPC, por exemplo), como de resto deveria ser a regra; c) é o caso de erro de nome, corrigível pelo próprio magistrado; ou d) não sendo possível a correção pelo magistrado, deverá ele determinar a alteração do pedido." Op. Cit. p. 287.

82. O juiz conhece o direito. (tradução nossa).

83. Dispõe o art. 376 do CPC: "A parte, que alegar direito municipal, estadual, estrangeiro ou consuetudinário provar-lhe á o teor e a vigência, se assim o juiz determinar."

pedido mediato[84], como já explicitamos de forma detida neste capítulo (item 4.1.2).

Em segundo lugar, concluímos existir significativa preponderância dos fatos sobre as questões de direito junto à causa de pedir. Isso porque os fundamentos jurídicos materiais e processuais do pedido podem variar e serem resolvidos pela criatividade do magistrado, mas os fatos não podem ser criados; são apenas investigados. Os fatos não variam, pois não há dúvida que existe uma verdade a respeito deles.

Mesmo assim, é interessante como a jurisprudência do STJ reconhece serem, por exemplo, os feitos referentes a direitos previdenciários, um significativo campo de exceção ao princípio da congruência ou adstrição da sentença ao pedido, de modo que em tais ações têm ocorrido uma saudável flexibilização da causa de pedir, inclusive fática, que vai sendo detalhada jurídica e faticamente ao longo do trâmite processual.

Em outras palavras, o regime jurídico de direito público reflete no processo também nesta seara. Em razão do caráter público e alimentar essencial dos benefícios previdenciários, a jurisprudência admite, no que concerne ao detalhamento jurídico, em tais ações, a concessão de benefício diverso do pleiteado, como no caso em que se pede auxílio-doença e se defere aposentadoria, já que "o juiz conhece o direito" federal (CPC, art. 376).

Nesses casos flexibiliza-se a extensão, o objeto do pedido mediato perante a sentença, como se o pedido da parte fosse apenas a concessão do benefício previdenciário a que tiver direito, seja ele qual for.[85] Se o benefício devido não era exatamente aquele,

84. Sobre o verdadeiro conteúdo das demandas, percebemos que o art. 318 do CPC italiano afirma que, seja qual for a intitulação ou modo de propositura, os elementos da demanda são os mesmos. Diz o artigo: "Art. 318 – (conteúdo da demanda) A demanda, seja como for proposta, deve conter, além da indicação do juiz e das partes, a exposição dos fatos e as indicações do objeto." GAMA, Ricardo Rodrigues. Código de Processo Civil Italiano. Campinas, Agá Júris, 2000, p. 122.

85. É a jurisprudência do STJ a respeito: "AgRg no Ag 540835 / SP ; AGRAVO REGIMENTAL NO AGRAVO DE INSTRUMENTO2003/0120307-9 Ministro HÉLIO QUAGLIA BARBOSA. AGRAVO REGIMENTAL. AGRAVO DE INSTRUMENTO. PREVIDENCIÁRIO. BENEFÍCIO ASSISTENCIAL DE PRESTAÇÃO CONTINUADA. RENDIMENTO MENSAL PER CAPITA. ART.

até porque os fatos se revelaram outros, acaba-se por conceder o benefício merecido.

Acreditamos, nesse sentido, que a maior exceção de tais ações em relação às demais matérias está na excepcional identificação que os feitos previdenciários realizam entre o pedido mediato efetuado e a necessidade da parte. Em outras palavras: em princípio, o pedido é aquilo que se quer e não aquilo que se necessita, situação essa excepcionada pelas ações previdenciárias; nelas, segundo o entendimento do STJ, ora demonstrado, se quer aquilo a que se tem direito.

No entanto, também no que concerne ao seu detalhamento fático, as ações previdenciárias têm modificado inclusive a tradicional correlação entre a causa de pedir fática e a sentença, de modo que se aceita seja pedida aposentadoria em face do mal "A", mas que seja

---

20 DA LEI 8.742/93. REEXAME DE FATOS E PROVAS. SÚMULA 7 DO STJ. PROVIMENTO NEGADO.

1. O julgador está autorizado a deferir benefício diverso do requerido na exordial, ao verificar que o autor enquadra-se nos requisitos legais de outro benefício, sem que isto configure julgamento extra petita. O magistrado não precisa se ater ao argumento e ao enquadramento legal apontado pela parte. Mihi factum dabo tibi ius e jura novit curia.

2. O v. acórdão regional reprochado foi proferido com base no conjunto probatório construído de forma idônea nos autos, o qual indicou expressamente a condição de miserabilidade do autor, requisito elementar à concessão do benefício assistencial. Portanto, a revisão deste quadro fático encontra óbice no Enunciado 7 da Súmula deste Sodalício.

3. A comprovação da situação econômica do requerente e sua real necessidade, não se restringe a hipótese do artigo 20, § 3º, da Lei 8.742/93, que exige renda mensal familiar per capita não superior a 1/4 (um quarto) do salário mínimo, pois tal condição pode ser verificada por outros meios.

4. Decisão monocrática confirmada, agravo regimental a que se nega provimento."

No mesmo sentido: "REsp 663836/SP; RECURSO ESPECIAL 2004/0075423-8. Rel. Ministro JOSÉ ARNALDO DA FONSECA (1106).

PREVIDENCIÁRIO. BENEFÍCIO. RMI. CORREÇÃO DOS SALÁRIOS-DE-CONTRIBUIÇÃO. TERMO AD QUEM. INDICAÇÃO DE ARTIGO NA INICIAL E NA APELAÇÃO. JULGAMENTO EXTRA PETITA. IMPOSSIBLIDADE.

Para os benefícios concedidos após a vigência da Lei nº 8.213/91, a atualização dos salários-de-contribuição, para efeito do cálculo do salário-de-benefício, deverá ser feita até o mês anterior à data do início do benefício previdenciário. Não há que se falar em julgamento ultra petita, se o Tribunal de origem julgou a aplicabilidade ou não de dispositivo que o autor considerou aplicável ao presente caso como causa de validade a outro dispositivo invocado. Recurso parcialmente provido."

deferida a mesma aposentadoria em razão da doença "B", efetivamente possuída e descoberta, nos autos, ao longo do procedimento.

Trata-se de uma modificação significativa inclusive da causa de pedir fática do feito, decorrente da posterior apuração mais detalhada dos fatos efetivamente ocorridos, os quais muitas vezes a própria parte desconhecia.[86] Nesse sentido, percebemos que o pedido mediato é mantido nessas situações, pois o fim pleiteado foi o mesmo obtido, embora a causa de pedir fática tenha se modificado.

Em suma, acreditamos que a realidade da jurisprudência nas ações previdenciárias nos permite concluir que o comprometimento dos operadores do direito torna possível, em determinadas hipóteses, assim como nas situações formalmente irregulares albergadas pela fungibilidade de meios, sejam aproveitados os feitos, ainda que, ao longo do processo, a causa de pedir se demonstre diversa daquela que fundamentou inicialmente o pedido mediato.

De qualquer forma, na grande maioria dos casos, o universo da diferenciação entre pedido mediato e pedido imediato, permite a conclusão de que o pedido mediato é fim e por isso é infungível, e de que o pedido imediato é meio e por isso é fungível, faltando-se apenas estabelecer limites à fungibilidade de pedidos imediatos.

Se o pedido mediato é o que se quer e o pedido imediato é como se pretende atingir o objeto do pedido mediato, é exatamente na intenção da parte que residem tais limites: na distinção entre pedido e necessidade.

O liame mais significativo para estipular-se o limite à atuação do princípio da adstrição é a intenção, a vontade da parte, vontade essa perceptível através de elementos objetivos do processo, tais

86. Nesse diapasão, diz a jurisprudência do STJ: "AgRg no REsp 336295 / SC ; AGRAVO REGIMENTAL NO RECURSO ESPECIAL 2001/0091625-0. Rel. Ministro FELIX FISCHER (1109). AGRAVO REGIMENTAL. PROCESSUAL CIVIL. PREVIDENCIÁRIO. SENTENÇA. NULIDADE. EXTRA PETITA.

Não é extra petita a r. sentença que, constatando o preenchimento dos requisitos legais para tanto, reconhece como período trabalhado em atividade especial interstício diverso do pedido, tempo esse que havia sido indeferido na esfera administrativa e que o MM. Julgador, com base no acervo probatório dos autos e tendo em vista a relevância da questão social que envolve a matéria, reconheceu como devido ao autor. Agravo regimental desprovido."

como os demais requerimentos, as manifestações em audiências, as preocupações demonstradas para com os fins processo, e não apenas através do formalismo constante das petições protocoladas em juízo.

Como já afirmarmos anteriormente (item 4.4), trata-se de uma análise daquilo que a parte quer; não daquilo que ela formalmente disse querer, e muito menos daquilo que ela necessita, no entender do juiz. Não cabe ao magistrado dar à parte o que precisa, sob pena de estar verdadeiramente atuando de ofício e aí sim, no nosso entender, violando o princípio da vinculação dos provimentos ao pedido.

A vinculação dos provimentos jurisdicionais ao pedido decorre do seu fundamento. Essa é a limitação conjunta (fundada na causa de pedir e no pedido dela consequente) a que se refere o princípio dispositivo. Nesse sentido, acreditamos que o princípio dispositivo tem dois subprincípios diferenciados: o princípio da congruência e o princípio da adstrição.

Enquanto a lógica do princípio da congruência dispõe sobre a adequação substancial do juiz ao conteúdo da demanda[87], a lógica da adstrição do juiz ao pedido tem cunho mais formal (CPC, arts. 141 e 490)[88], traço esse que merece ser menos considerado, dada saudável e atual busca pela redução da formalidade desnecessária junto à interpretação do pedido.

No entanto, o magistrado tem o dever de analisar aquilo que a parte pede e quer – independente do acerto ou do erro quanto ao título da medida – mas não aquilo que a parte necessita. Ora, não cabe ao juiz dar à parte o que ela precisa, segundo a sua opinião, sob pena de estar atuando de ofício e violando não apenas o princípio da adstrição da sentença ao pedido, mas também o princípio dispositivo.

---

87. Como afirma NILO FERREIRA PINTO JUNIOR. Princípio da Congruência no Direito Processual Civil. Curitiba, Juruá, 2003, p. 35.

88. Nesse âmbito, ilustra JOSÉ CARLOS DE ARAÚJO ALMEIDA FILHO, ao estudar o princípio da adstrição da sentença ao pedido no sistema da *common law,* que nos sistemas Norte- americano e Inglês existe certa liberdade quanto ao pedido, de modo que este tende a não ser considerado de forma rígida a ponto de inviabilizar um julgamento de mérito. O pedido no sistema da *comonn law* e o princípio da adstrição. Revista de Processo, n.º 118, p. 107.

Acreditamos, portanto, que a congruência dos provimentos jurisdicionais ao pedido e à sentença decorre essencialmente da iniciativa, da vontade da parte, bem como do efetivo conteúdo da demanda, ou seja, dos fatos e fundamentos jurídicos que ensejam a tutela jurisdicional, em detrimento das formalidades de estabelecimento e estipulação do pedido, arquitetadas pelo Código de Processo Civil. Que se respeite, antes de mais nada, a adequação entre causa de pedir, o pedido e a sentença, flexibilizando-se, desta feita, o princípio da adstrição formal do juiz ao pedido.

CAPÍTULO 5

APLICANDO A FUNGIBILIDADE DE MEIOS: HIPÓTESES DE DÚVIDA OBJETIVA POSITIVA - 1ª PARTE

5.1. CONSIDERAÇÕES INICIAIS

Dentro de cada uma das hipóteses gerais de incidência da fungibilidade de meios no Direito Processual Civil encontram-se diversas situações específicas de sua aplicação.

Na sua maior parte, tais hipóteses específicas de fungibilidade formal pertencem ao universo das "dúvidas objetivas" propriamente ditas, de caráter positivo, de modo que as hipóteses gerais de dúvida negativa se verificam com menos frequência no cotidiano.

De qualquer forma, as situações específicas de aplicação da norma da fungibilidade no processo podem ir e vir, aparecer e desaparecer conforme surjam e se solucionem, pelo próprio sistema jurídico, as dúvidas objetivamente verificáveis junto à doutrina e à jurisprudência.

Os próximos capítulos objetivam, de modo exemplificativo, tratar das principais hipóteses específicas de aplicação da fungibilidade formal no processo civil, sem, contudo, pretender esgotar as situações atuais de incidência da norma[1], dado não ser este o nosso objetivo, até porque os estudos sobre tais hipóteses decorrem do cenário atual das dúvidas referentes aos meios do processo, sendo

1. Até porque a complexidade e a riqueza das situações que a realidade cotidiana traz para o processo dificultam uma análise integral das hipóteses atuais às quais a norma pode ser aplicada.

reflexo de um dado momento de sua evolução. Serão, portanto, apenas exemplos que entendemos serem os mais úteis atualmente.

Por questão organizacional, analisaremos, inicialmente, neste e no próximo capítulo, as hipóteses de "dúvida objetiva" propriamente dita, segundo a ordem cronológica dos artigos do Código de Processo Civil a elas relacionados, para só então passarmos à análise das principais hipóteses negativas de "dúvida objetiva", às quais denominamos de "dúvidas objetivas" em sentido lato, quais sejam os "leading cases" processuais, os casos em que o juiz gera dúvida por proferir uma decisão no lugar de outra e as dúvidas provocadas pelas reformas do CPC.

5.2. FUNGIBILIDADE QUANTO ÀS FORMAS DE INTERVENÇÃO DE TERCEIROS: A DÚVIDA ENTRE DENUNCIAÇÃO DA LIDE E CHAMAMENTO AO PROCESSO

Tanto a denunciação da lide quanto o chamamento ao processo possibilitam o direito de regresso, daquele que respondeu pela obrigação, em face do corresponsável ou devedor principal.

Entretanto, a principal diferença entre as duas formas de intervenção reside no fato de que a responsabilidade do denunciado é subsidiária, já que ele tem relação jurídica apenas com o denunciante – o que explica a natureza do litisconsórcio simples havido entre denunciante e denunciado – enquanto a responsabilidade do chamado é solidária, de modo que o chamado possui relação jurídica tanto com o chamante quanto com o seu adversário, autor da ação.

A sentença que decide a denunciação julga duas lides, uma primária, entre autor e réu, e outra secundária, entre denunciante e denunciado; a sentença que decide o chamamento julga diretamente, e com o mesmo *status* jurídico, as lides havidas entre autores e réus, dentre eles o chamante e o(s) chamado(s).

O chamamento ao processo é verdadeiro instrumento de economia processual disponibilizado ao réu devedor solidário, para trazer ao feito um ou mais codevedores solidários, nas situações em que o autor da demanda não quis ou não pôde propor a ação contra todos, exatamente por que embora o litisconsórcio entre tais devedores seja unitário (CPC, art. 113)[2], é também facultativo. Desta maneira, o chamamento ao processo só ocorre no polo passivo da demanda (CPC, art. 130).[3]

Ocorre que, especialmente o inc. II do art. 125 do CPC[4], ao dispor que a denunciação da lide será cabível quando o terceiro denunciado for responsável, pela lei ou pelo contrato, pela eventual perda da demanda, muitas vezes acaba sendo interpretada de modo amplo a ponto de confundir os operadores do direito a respeito da adequação da denunciação da lide ou do chamamento ao processo[5]. A responsabilidade subsidiária, comum à denunciação da lide (CPC, art. 125, II)[6], acaba sendo confundida, pelo fato de a ação regressiva ser julgada na mesma sentença que a principal, com a responsabilidade solidária a que se refere o chamamento ao processo.

Não há dúvida de que a característica da responsabilidade solidária acaba por conceder ao chamamento ao processo maior efetividade do que à denunciação, na medida em que naquele instituto o autor acaba por obter título diretamente contra o chamado, ao contrário do que acontece na denunciação da lide.

---

2. Art. 113. Duas ou mais pessoas podem litigar, no mesmo processo, em conjunto, ativa ou passivamente, quando: I - entre elas houver comunhão de direitos ou de obrigações relativamente à lide; II - entre as causas houver conexão pelo pedido ou pela causa de pedir; III - ocorrer afinidade de questões por ponto comum de fato ou de direito.

3. Art. 130. É admissível o chamamento ao processo, requerido pelo réu: I - do afiançado, na ação em que o fiador for réu; II - dos demais fiadores, na ação proposta contra um ou alguns deles; III - dos demais devedores solidários, quando o credor exigir de um ou de alguns o pagamento da dívida comum.

4. Art. 125. É admissível a denunciação da lide, promovida por qualquer das partes: I - ao alienante imediato, no processo relativo à coisa cujo domínio foi transferido ao denunciante, a fim de que possa exercer os direitos que da evicção lhe resultam; II - àquele que estiver obrigado, por lei ou pelo contrato, a indenizar, em ação regressiva, o prejuízo de quem for vencido no processo.

5. Nesse diapasão, CÁSSIO SCARPINELLA BUENO, ao confrontar a Denunciação da Lide e o Chamamento ao Processo, faz menção às dificuldades interpretativas trazidas pela amplitude da redação dos arts. 70, III e 77, I do CPC/73. Partes e Terceiros no Processo Civil Brasileiro. 2ª ed. São Paulo: Saraiva, 2006, p. 354.

6. Art. 125, II. É admissível a denunciação da lide, promovida por qualquer das partes: (...) II - àquele que estiver obrigado, por lei ou pelo contrato, a indenizar, em ação regressiva, o prejuízo de quem for vencido no processo.

Assim, buscando proporcionar maior efetividade a casos de denunciação da lide, a doutrina passou a defender[7], e a jurisprudência a determinar, muitas vezes, a responsabilização do denunciado diretamente contra o adversário do denunciante, desconsiderando a justificativa de não haver relação jurídica entre estes (mesmo não se tratando, portanto, de relação de consumo).

Essa iniciativa da jurisprudência mesclou os institutos da denunciação da lide e do chamamento ao processo nas seguintes situações de responsabilização: a) diretamente contra as seguradoras denunciadas, quando a decisão permitir tal execução, por motivo de efetividade, genericamente[8]; b) diretamente contra as seguradoras, quando o segurado que causou o dano se nega a utilizar a cobertura da apólice;[9] c) diretamente contra o denunciado, quando o patrimô-

---

7. Conforme ATHOS GUSMÃO CARNEIRO: "Nos casos de ação regressiva por responsabilidade civil (inclusive nas demandas contra o Estado), igualmente consideramos possível ao autor *executar a sentença condenatória* não só contra o réu denunciante como contra o denunciado, *seu litisconsorte por força da lei processual*, isso naturalmente dentro dos limites da condenação na demanda regressiva. O Min. Ruy Rosado de Aguiar, em recente pronunciamento no STJ (REsp 97.590, RSTJ 93:320), vem de endossar essa orientação, referindo que sempre lhe parecera que *o instituto da denunciação da lide, para servir de instrumento eficaz fosse o caso, também e diretamente contra o denunciado, pois afinal ele ocupa a posição de litisconsorte do denunciante;* e alude à "flexibilização" do sistema, instituída pelo art. 101 do Código de Defesa do Consumidor, que permite, em seu inc. II, o ajuizamento da demanda diretamente contra o segurador no caso de falência do réu. Idem, p. 103 e 104.

8. O Superior Tribunal de Justiça firmou tese no sentido de que "Em ação de reparação de danos movida em face do segurado, a Seguradora denunciada pode ser condenada direta e solidariamente junto com este a pagar a indenização devida à vítima, nos limites contratados na apólice STJ, Súmula 537, Tema Repetitivo 459, Segunda Seção, DJe 20.04.2012.

9. AGRAVO INTERNO NO AGRAVO NO RECURSO ESPECIAL. PROCESSUAL CIVIL. AÇÃO INDENIZATÓRIA. SEGURADORA LITISDENUNCIADA EM AÇÃO DE REPARAÇÃO DE DANOS MOVIDA EM FACE DO SEGURADO. **CONDENAÇÃO DIRETA E SOLIDÁRIA.POSSIBILIDADE. EXECUÇÃO.** COISA JULGADA. JUROS DE MORA. INCIDÊNCIA.AGRAVO IMPROVIDO. 2. A Segunda Seção desta Corte, julgando o REsp 925.130/SP, sob o rito do art. 543-C do CPC/1973, possui orientação no sentido de que a "seguradora, aceitando a denunciação da lide realizada pelo segurado, inclusive contestando os pedidos do réu, **assume posição de litisconsorte passivo na demanda principal, podendo ser condenada direta e solidariamente a pagar os prejuízos experimentados pelo adversário do denunciante, nos limites contratados na apólice para a cobertura de danos causados a terceiros"**.3. No caso dos autos, o Tribunal de origem afirmou, categoricamente, que houve condenação solidária do segurado e da seguradora no título executivo judicial, desta última nos limites contratados na apólice. Ademais, da

nio do denunciante não é suficiente para garantir o ressarcimento da vítima e d) condenação direta e solidária das operadoras de plano de saúde[10].

Nessas hipóteses, portanto, a dúvida na escolha entre a denunciação da lide e o chamamento ao processo passou a ser compreensível e objetivamente verificável, especialmente junto à jurisprudência, já que a denunciação ganhou a característica da responsabilização direta, comum ao chamamento – embora utilizada em situações sem solidariedade, nas quais este, em tese, não seria cabível – ensejando a aplicação da norma da fungibilidade entre as referidas formas de intervenção de terceiros.

---

análise do título exequendo, verifica-se que houve explícito reconhecimento de que, com a aceitação da denunciação da lide, a seguradora foi incluída no feito na condição de litisconsorte passiva e não como assistente litisconsorcial, ficando expresso que os autores poderiam cobrar diretamente da denunciada o valor da indenização. 4. A seguradora, na condição de litisconsorte passiva, dado o acolhimento da denunciação da lide, também tornou-se responsável pelo adimplemento da condenação perante o autor da ação indenizatória, devendo, do mesmo modo, responder pelos consectários legais decorrentes de tal condenação, ou seja, correção monetária e juros de mora. 5. A responsabilidade da litisdenunciada pelo pagamento dos juros moratórios deve ser contada a partir de sua citação na ação indenizatória, pois, embora não exista o vínculo contratual entre a seguradora e a parte autora, a responsabilidade decorre do contrato de seguro firmado com a parte segurada. (AgInt no AREsp 805.562/RS, Rel. Ministro MARCO AURÉLIO BELLIZZE, TERCEIRA TURMA, julgado em 13/12/2016, DJe 01/02/2017).

10. PROCESSO CIVIL. AÇÃO MONITÓRIA. DENUNCIAÇÃO DA LIDE. POSSIBILIDADE. RESPONSABILIDADE SOLIDÁRIA DO SEGURADO. PLANO DE SAÚDE. CONDENAÇÃO DIRETA E SOLIDÁRIA DO LITISDENUNCIADO. CELERIDADE PROCESSUAL.1. Cuida-se de sentença proferida em ação monitória, condena operadora do plano de saúde, litisdenunciada, ao ressarcimento de despesas hospitalares de forma direta, isentando a paciente. O prestador de serviço busca, no apelo, a inclusão do paciente como responsável solidário.2. A denunciação à lide, que tem por finalidade a economia processual, destina-se a assegurar ao denunciante o direito de regresso contra o denunciado, na hipótese sucumbir, quando houver obrigação do litisdenunciado decorrente de lei ou de contrato.3. Julgada procedente a denunciação e comprovada a responsabilidade contratual do plano de saúde pelo pagamento das despesas hospitalares, cabível a condenação direta e solidária da operadora juntamente com a paciente/contratante.4. A condenação direta e exclusiva do litisdenunciado implica na supressão de uma das possibilidades de satisfação do crédito, impondo-se, pois, o reconhecimento da obrigação solidária. 5. Recurso conhecido e provido.TJ-DF, 0005665-65.2013.8.07.0003, Des. Rel. Sandoval Oliveira, DJe: 13.02.2017.

5.3. FUNGIBILIDADE ENTRE AS MEDIDAS DE URGÊNCIA CAUTELARES E ANTECIPATÓRIAS: A DÚVIDA ENTRE MEDIDA ANTECIPATÓRIA E MEDIDA CAUTELAR

A "dúvida objetiva" entre medidas cautelares e medidas antecipatórias não é nova. Após a generalização da antecipação dos efeitos da tutela no nosso direito comum (CPC, arts. 300[11]), o benefício trazido pela explicitação da possibilidade de concessão de medidas urgentes satisfativas genéricas trouxe, também, o perigo do seu indeferimento pela suposta inadequação da medida utilizada.

Na realidade, tal "dúvida objetiva" tem origem, junto à doutrina e à jurisprudência, na estrutura que havia sido dada ao CPC de 1973. Como afirmamos nos capítulos anteriores, a classificação das espécies de tutela jurisdicional em tutela de conhecimento, execução e cautelar (a que se referem os processos de conhecimento, de execução e cautelar, Livros I, II e III do CPC), não respeita o mesmo critério, qual seja, o da produção direta, ou não, de efeitos fáticos oriundos de cada espécie de tutela jurisdicional.

Houve, por conseguinte, grande interesse da doutrina brasileira em diferenciar a nova técnica antecipatória da técnica cautelar atípica, como foi o caso de OVÍDIO BAPTISTA DA SILVA[12], LUIZ GUILHERME MARINONI[13] e TEORI ALBINO ZAVASCKI[14],

---

11. Art. 300. A tutela de urgência será concedida quando houver elementos que evidenciem a probabilidade do direito e o perigo de dano ou o risco ao resultado útil do processo.§ 1 º Para a concessão da tutela de urgência, o juiz pode, conforme o caso, exigir caução real ou fidejussória idônea para ressarcir os danos que a outra parte possa vir a sofrer, podendo a caução ser dispensada se a parte economicamente hipossuficiente não puder oferecê-la.§ 2º A tutela de urgência pode ser concedida liminarmente ou após justificação prévia. § 3º A tutela de urgência de natureza antecipada não será concedida quando houver perigo de irreversibilidade dos efeitos da decisão.
12. Curso de Processo Civil: processo cautelar (tutela de urgência) vol. 3. 2ª ed. São Paulo: RT, 1998, p. 33.
13. Tutela Cautelar e Tutela Antecipatória. 2ª ed. São Paulo: RT, 1994, p. 81.
14. Explicita o estudioso e eminente Ministro do STJ: "Apesar das suas características comuns e da identidade quanto à função constitucional que exercem, as medidas cautelares e as antecipatórias são tecnicamente distintas, sendo que a identificação de seus traços distintivos ganha relevo em face da autonomia de regime processual e procedimental que lhes foi atribuída pelo legislador." Antecipação da Tutela. São Paulo: Saraiva, 2000. p. 46.

de certa forma influenciados pelos estudiosos estrangeiros, especialmente italianos como FERRUCCIO TOMMASEO[15], GIOVANNI ARIETA[16] e CARMELO SAPIENZA[17], visando impedir fossem confundidas.

No entanto, poderia não ter havido tantos embaraços práticos tanto na doutrina quanto na jurisprudência, sobre o cabimento de um ou de outro meio, se as medidas fossem confundidas operativamente, pois o importante era que os juízos se conscientizassem da possibilidade de concederem medidas urgentes genéricas de cunho satisfativo. Até hoje, a sustação de protesto, por exemplo, é medida de urgência considerada cautelar por determinados julgadores[18], mas tida como antecipatória junto a outros.[19]

A medida de urgência a ser utilizada para retirar o nome do devedor dos serviços de informação ao crédito, tais como o Serviço de Proteção ao Crédito – SPC e a Serasa, é outro exemplo que en-

15. I Provvedimenti D'urgenza: Struttura e Limiti della Tutela Anticipatoria. Padova: Cedam, 1983. p. 92.

16. I Provvedimenti D'urgenza: ex art. 700 CPC. Padova: Cedam, 1985. p. 17.

17. I Provvedimenti D'urgenza: ex art. 700 CPC. Milano: Dott. Giuffrè – Editore, 1957.

18. EMENTA: AGRAVO DE INSTRUMENTO - AÇÃO DECLARATÓRIA DE NULIDADE C/C PERDAS E DANOS - TUTELA PROVISÓRIA DE URGÊNCIA CAUTELAR - DECRETAÇÃO DE INDISPONIBILIDADE DOS BENS - POSSIBILIDADE - SUSTAÇÃO DE PROTESTO - REQUISITOS DO ART. 300 DO CPC - PRESENÇA. A tutela cautelar antecipada, que busca seja decretada a indisponibilidade de bens, será concedida quando houver elementos que evidenciem a probabilidade do direito e o perigo de dano ou o risco ao resultado útil do processo. Restando demonstrada a probabilidade do direito, por meio da farta documentação coligida ao feito, bem como o perigo de dano, decorrente da aparente confusão patrimonial, deve ser deferida a medida cautelar pleiteada. Presentes os requisitos legais, imperioso deferir a tutela de urgência para determinar a sustação dos protestos de títulos ou a suspensão de seus efeitos, caso já consumados, bem como a inexigibilidade da cobrança das parcelas restantes. (TJMG - Agravo de Instrumento 1.0000.19.126708-7/001, Relator(a): Des.(a) Baeta Neves, 18ª CÂMARA CÍVEL, julgamento em 17/03/2020, publicação da súmula em 17/03/2020).

19. AGRAVO DE INSTRUMENTO. PROCESSUAL CIVIL. TUTELA PROVISÓRIA DE URGÊNCIA DE NATUREZA ANTECIPADA EM CARÁTER ANTECEDENTE. SUSTAÇÃO DE PROTESTO. LIMINAR DEFERIDA EM PRIMEIRO GRAU. INCONFORMISMO DO RÉU. PRETENDIDA A REFORMA DO DECISUM COMBATIDO COM A MANUTENÇÃO DOS EFEITOS DO PROTESTO. INSUBSISTÊNCIA. REQUISITOS DA ANTECIPAÇÃO DE TUTELA PRESENTES. (...). (TJSC, Agravo de Instrumento n. 4027514-84.2018.8.24.0000, de Brusque, rel. Des. Marcus Tulio Sartorato, Terceira Câmara de Direito Civil, j. 16-07-2019).

contra, entre as medidas cautelares e antecipatórias, especialmente na jurisprudência, divergência que enseja "dúvida objetiva".[20-21]

Ainda hoje, a fungibilidade entre as medidas de urgência encontra obstáculos na redação do parágrafo único do art. 305 do CPC[22], já que a sua interpretação literal leva a crer que a antecipação da tutela teria se tornado a via comum para a concessão de medidas antecipatórias e cautelares: a chamada fungibilidade de mão única.

Parece-nos que a intenção do legislador reformista foi mesmo conservadora, limitando-se a explicitar, no parágrafo único do art. 305 do CPC, aquilo que o poder geral de cautela já possibilitava. Felizmente, no entanto, a realidade operativa tem tido a sensatez

---

20. AGRAVO DE INSTRUMENTO. AÇÃO DECLARATÓRIA DE INEXISTÊNCIA DE DÉBITO C/C INDENIZAÇÃO POR DANOS MORAIS. DECISÃO DE INDEFERIMENTO DA TUTELA ANTECIPADA PARA EXCLUIR O NOME DA AGRAVANTE DO CADASTRO DE ÓRGÃO DE PROTEÇÃO AO CRÉDITO (SERASA). REQUISITOS DO ART. 300 DO CPC PREENCHIDOS NA HIPÓTESE. TELEFONIA. CONTRATO FIRMADO PELA EMPRESA AGRAVANTE. LINHAS POSTERIORMENTE TRANSFERIDAS PARA EMPRESA INDIVIDUAL, CONSTITUÍDA POR SÓCIA DA EMPRESA ANTERIOR. DÉBITO ORIUNDO DE MULTAS DE RESCISÃO CONTRATUAL COBRADAS PARA CADA LINHA TRANSFERIDA. INDÍCIOS DE ABUSIVIDADE. PROBABILIDADE DO DIREITO EVIDENCIADA. PERIGO NA DEMORA. INSCRIÇÃO QUE PODE GERAR PREJUÍZO AO FUNCIONAMENTO DA PESSOA JURÍDICA. AUSÊNCIA DE PERICULUM IN MORA INVERSO. CAUÇÃO. CONTRACAUTELA ANALISADA "CONFORME O CASO" (ART. 300, § 1º, CPC). DESNECESSIDADE NA HIPÓTESE. NÃO DETECTADO PROPÓSITO ABUSIVO. POSSIBILIDADE DE RESTABELECIMENTO DO GRAVAME A QUALQUER TEMPO. AUSÊNCIA DE DANO À PARTE CONTRÁRIA. CONFIRMADA A ANTECIPAÇÃO DA TUTELA RECURSAL DO AGRAVO. DECISÃO REFORMADA. RECURSO PROVIDO. (TJSC, Agravo de Instrumento n. 4002606-60.2018.8.24.0000, de Caçador, rel. Des. Marcus Tulio Sartorato, Terceira Câmara de Direito Civil, j. 18-12-2018).

21. AGRAVO DE INSTRUMENTO – Tutela cautelar antecedente – IPVA dos exercícios de 2013 e 2014 - Recurso contra decisão que indeferiu tutela de urgência para determinar o cancelamento ou suspensão dos protestos ou obstar eventual inscrição no CADIN, SERASA e SPC – Existência de decisão proferida em ação diversa, declarando a transferência da propriedade do veículo a terceiro em 20.06.2009 – Falta de comunicação da venda ao órgão de trânsito – Responsabilidade solidária do antigo dono não caracterizada – Súmula 585 do STJ que afastou a responsabilidade solidária no que diz respeito ao IPVA – Decisão reformada – Recurso provido. (TJSP; Agravo de Instrumento 2246790-34.2017.8.26.0000; Relator (a): Eduardo Gouvêa; Órgão Julgador: 7ª Câmara de Direito Público; Foro de Atibaia - Vara do Juizado Especial Cível e Criminal; Data do Julgamento: 04/03/2020; Data de Registro: 04/03/2020).

22. Art. 305. A petição inicial da ação que visa à prestação de tutela cautelar em caráter antecedente indicará a lide e seu fundamento, a exposição sumária do direito que se objetiva assegurar e o perigo de dano ou o risco ao resultado útil do processo.

    Parágrafo único. Caso entenda que o pedido a que se refere o caput tem natureza antecipada, o juiz observará o disposto no art. 303.

de pregar o desapego às formas técnicas[23], entendendo que não faz sentido falar-se em fungibilidade de mão única, e aproveitando também a iniciativa por meio cautelar para a eventual concessão de medida antecipatória.

Acreditamos que os conceitos de medida antecipatória e medida cautelar não foram operativamente uniformizados. Até hoje se discute, por exemplo, a respeito da natureza da liminar no Mandado de Segurança (Lei 12.016, art. 7º).[24] Os critérios de classificação entre as medidas urgentes não foram suficientemente esclarecidos, ora versando sobre o caráter formal da medida, ora versando a respeito do seu aspecto substancial.

O reconhecimento legal expresso das diferenças havidas entre as duas técnicas gerou grande imprevisibilidade por alguns anos, dada a rigidez das regras procedimentais e a insensatez de alguns magistrados que indeferiam medidas urgentes, por entenderem ser incorretamente requeridas, mesmo quando a parte demonstrasse ter direito material a ser urgentemente tutelado.

Na Itália, mesmo antes da última reforma processual, o entendimento de que o artigo 700 do Código de Processo Civil daquele país abrangia também a técnica antecipatória já não constituía de todo uma interpretação forçada do dispositivo legal, sobretudo ante os âmbitos constitucional e principiológico.[25-26]

---

23. PROCESSUAL CIVIL. AGRAVO DE INSTRUMENTO. AÇÃO DE RESCISÃO CONTRATUAL CUMULADA COM ANTECIPAÇÃO DE TUTELA. TUTELA DE URGÊNCIA. ANTECIPAÇÃO DE TUTELA EM CARÁTER ANTECEDENTE. PRETENSÃO COMPREENDIDA COMO ANTECIPAÇÃO DO PEDIDO. FUNGIBILIDADE DAS TUTELAS DE URGÊNCIA. NATUREZA. APREENSÃO. RITUAL PROCEDIMENTAL. MEDIDA ANTECIPATÓRIA. CONCESSÃO. DISSONANTE DA NATUREZA DA TUTELA PRETENDIDA. (TJDFT, Agravo de Instrumento 00154773820168070000, DJe 09.09.2016)

24. Art. 7: Ao despachar a inicial, o juiz ordenará: (...) III - que se suspenda o ato que deu motivo ao pedido, quando houver fundamento relevante e do ato impugnado puder resultar a ineficácia da medida, caso seja finalmente deferida, sendo facultado exigir do impetrante caução, fiança ou depósito, com o objetivo de assegurar o ressarcimento à pessoa jurídica.

25. Segundo FERRUCCIO TOMMASEO (1981, p. 55): Invero, la constatazione della vasta latitudine di poteri che lê norme sui provvedimenti d`urgenza sembrano attribuire al giudice e la consapevolezza che la lettera della norma di per sé non esclude un possibile contenuto anticipatorio della tutela urgente, hanno conspirato a incoraggiare la lettura in chiave funciónale dell`instituto disciplinato negli artt. 700 ss. c.p.c. Tendenza vie piè

A chamada "tutela cautelar" não corresponde a uma espécie de tutela jurisdicional, mas, sim, a uma espécie de técnica através da qual presta-se uma tutela preponderantemente executiva não definitiva e, portanto, urgente, através de cognição sumária. A técnica cautelar é um meio e não um fim, pois o fim é a própria tutela urgente.

Não existe uma espécie de tutela jurisdicional de natureza apenas assecuratória, assim como não existe uma espécie de tutela jurisdicional de natureza apenas antecipatória. Para afirmar a existência de uma tutela cautelar ou mesmo de uma tutela antecipatória, parte-se do pressuposto incoerente de que a técnica ou medida cautelar é uma espécie de tutela jurisdicional, o que ela não é.

Só seria possível afirmar a existência de uma tutela cautelar ou antecipatória se o critério utilizado para classificar as tutelas jurisdicionais como um todo fosse a satisfatividade ou referibilidade dessa "tutela".

Mesmo assim, tal classificação seria bastante nebulosa, já que a medida que satisfaz acaba também por acautelar, e a medida que acautela acaba também por satisfazer, havendo apenas preponderância de satisfatividade ou de referibilidade, que poderão variar dentro das mesmas medidas, conforme a situação. É o que acontece com a referibilidade das decisões tomadas com base no art. 305 do CPC, ou mesmo com a satisfatividade comum da produção antecipada de prova (art. 381 CPC)[27].

---

favorita, sul piano teorico, dall`esistenza nel processo civile di un principio di effetività della tutela giurisdizionale secondo il quale l`interpretazione delle norme debe essere rivolta soprattutto a traer dalle stresse strumenti per quanto posibile idonei a realizzare tale principio.

26. Na verdade, a constatação da vasta latitude dos poderes que a norma sobre provimentos de urgência parece atribuir ao juiz e o conhecimento que a letra da norma de per si não exclui um possível conteúdo antecipatório da tutela urgente, tem conspirado a encorajar a leitura em um sentido funcional do instituto disciplinado no artigo 700 do CPC. A tendência favorita, sobre o plano teórico, indica a existência, no processo civil, de um princípio de efetividade da tutela jurisdicional segundo o qual a interpretação da norma deve ser feita, sobretudo, para que sirva de instrumento à realização de tal princípio. (tradução nossa).

27. Art. 381. A produção antecipada da prova será admitida nos casos em que: I - haja fundado receio de que venha a tornar-se impossível ou muito difícil a verificação de certos fatos na pendência da ação; II - a prova a ser produzida seja suscetível de viabi-

As técnicas cautelar e antecipada são apenas meios para que se atinja o fim de toda a jurisdição, que é a prestação de sua tutela. A fungibilidade entre tais medidas não versa, deste modo, sobre uma fungibilidade de fins, pois o fim é um só, qual seja a tutela jurisdicional urgente. Trata-se da fungibilidade e da flexibilização das técnicas que correspondem aos meios pelos quais o fim é atingido.

A técnica processual deve ser concebida como o meio, e a tutela jurisdicional como o fim. As técnicas generalizadas acautelatória e satisfativa, ou ainda, cautelar e antecipatória, são apenas maneiras de se obterem provimentos jurisdicionais através de cognição sumária, que constituem a tutela jurisdicional não definitiva, denominada tutela de urgência.

Não se pode, portanto, estudar a fungibilidade e a possível flexibilização entre "tutelas" de urgência, já que a tutela de urgência é uma só. É por isso que a fungibilidade do parágrafo único do art. 305 do CPC significa o câmbio de uma técnica pela outra e não de uma tutela por outra. É exatamente por que assegurar e satisfazer com urgência são apenas técnicas diferentes que a flexibilização de tais medidas pode continuar a ponto de se unificarem sistematicamente.

De qualquer maneira, parece claro que a fungibilidade provocada pela inserção do parágrafo único do art. 305 do CPC, compatibilizou os instrumentos processuais urgentes, tais como uma maior flexibilização, inclusive quanto aos procedimentos e requisitos legais para a concessão das técnicas acautelatória e antecipatória.

Permitir expressamente a fungibilidade entre as técnicas, sem flexibilizar os procedimentos e requisitos existentes para a concessão de cada uma, poderá continuar gerando injustiça e iniquidade, pois é necessário adequar a fungibilidade à base procedimental do processo de conhecimento.[28]

---

lizar a autocomposição ou outro meio adequado de solução de conflito; III - o prévio conhecimento dos fatos possa justificar ou evitar o ajuizamento de ação.

28. A concessão de uma medida de urgência passa sempre pelo crivo da sua necessidade e possibilidade conforme a situação dos autos, no caso concreto com a qual se depara o magistrado. Assim, a prática já tem o costume de abrandar o rigor dos requisitos legais quando, uma vez requerida a medida, o bom senso concluir estar demonstrada a urgência e a possibilidade do requerente ter razão, de tal forma que danos possam ser evitados.

Para adequar o parágrafo único do art. 305 do CPC à sistemática processual, o juiz deverá observar o art. 303 do Código de Processo Civil, hipótese em que se seguirá o procedimento da tutela antecipada requerida em caráter antecedente. Assim agindo, possibilita-se a fungibilidade entre as técnicas cautelar e antecipada, tanto através de requerimento pela via de medida cautelar como também através de requerimento pela via de medida antecipatória, uma vez que o procedimento pode ser convertido pelo juiz de ofício, aplicando-se o princípio da instrumentalidade das formas.

Acreditamos que em hipótese alguma o julgador deve indeferir a medida de urgência sob o fundamento da inadequação. A *conversibilidade* do procedimento é uma das maiores manifestações da instrumentalidade formal, não merecendo ser desconsiderada. O importante é que não se invertam as prioridades do sistema.

5.4. FUNGIBILIDADE DE PROCEDIMENTOS: – A DÚVIDA ACERCA DA EXISTÊNCIA DE PROCEDIMENTOS FUNGÍVEIS

A dúvida objetiva que justifica a utilização da norma da fungibilidade entre os procedimentos é oriunda da divergência entre doutrina e jurisprudência acerca da existência de procedimentos fungíveis, seja através da sua conversão, seja através da aceitação de um procedimento diverso daquele tido como devido, segundo a opinião do julgador.

Tal fungibilidade se vincula à fungibilidade entre as próprias ações, já que estas, muitas vezes, possuirão procedimentos diferentes, mas serão aproveitáveis entre si: é o que ocorre, por exemplo, entre os procedimentos/ações referentes à ação rescisória e ação anulatória; ação declaratória de inexistência do processo e ação rescisória, dentre outras adiante analisadas.

No que tange especificamente aos procedimentos, enquanto para ERNANI FIDELIS DOS SANTOS[29], por exemplo, os estes podem ser classificados como absolutamente infungíveis, relativa-

29. Segundo o autor: "Os procedimentos podem ser fungíveis e infungíveis. Os infungíveis, por sua vez, podem ser absoluta ou relativamente infungíveis.

mente fungíveis e fungíveis, autores como JOEL DIAS FIGUEIRA JÚNIOR[30], LUIZ RODRIGUES WAMBIER, FLÁVIO RENATO CORREIA DE ALMEIDA e EDUARDO TALAMINI[31], dentre outros, defendem a existência de um princípio geral de infungibilidade junto aos procedimentos.

Em nossa opinião, no entanto, estando demonstrada a dúvida objetiva causada pela divergência doutrinária, pode haver fungibilidade entre os procedimentos, sejam ou não classificados como fungíveis (portanto ainda que classificados como infungíveis) pelo fato de eles serem meios processuais não aplicados concorrentemente.

As hipóteses de aproveitamento de um procedimento incorretamente escolhido podem levar à sua transformação noutro procedimento, com consequente conversão formal, ou à sua aceitação como meio também suficiente à tutela do direito pleiteado, neste caso sem a necessidade de conversões procedimentais, como coloca MILTON SANSEVERINO.[32] Para nós, há fungibilidade de meios tanto num caso como noutro.

A eventual dúvida objetiva na espécie é oriunda da existência de procedimentos classificados como naturalmente fungíveis, bem como de outros classificados como naturalmente infungíveis; é exatamente

---

São fungíveis os procedimentos que podem ser substituídos por outro, quando não acarretem prejuízo ao réu, quando não ofendam princípio de ordem pública, causa da especialidade procedimental e quando não posterguem ato essencial ao desenrolar do processo. O processo onde se pede proteção possessória segue procedimento especial, mas para efeitos exclusivos de se conceder liminar ao autor. A nunciação de obra nova (arts. 934 e seg) pode ser feita no procedimento comum, já que a especialização do rito só vem em benefício do autor, não ofende a ordem pública nem elimina ato essencial do processo. São exemplos claros de procedimentos fungíveis". Manual de Direito Processual Civil. São Paulo: Saraiva, 2006, p. 369.

30. Liminares nas Ações Possessórias. São Paulo: RT, 1995, p. 27.

31. De acordo com os autores: "O art. 295, V, refere-se ao fenômeno da infungibilidade dos procedimentos. De acordo com a sistemática do Código Processual Civil vigente, há procedimentos especiais e procedimentos comuns: os procedimentos comuns podem obedecer o rito ou ordinário ou sumário. O art. 295, V, alberga e aponta como motivo de indeferimento da petição inicial a infração ao princípio da infungibilidade de ritos. Prevê, no entanto, o mesmo dispositivo, uma forma de atenuar a regra, consistente na possibilidade de adaptação". Curso Avançado de Processo Civil. Vol. 1. 7ª ed. São Paulo: RT, 2005.

32. Procedimento sumaríssimo. São Paulo: RT, 1983, p. 198.

a dúvida acerca do caráter fungível de certos procedimentos, bem como acerca da aplicação da norma da fungibilidade a procedimentos classificados por parte da doutrina como infungíveis, que provoca a fungibilidade de meios.

Assim, a flexibilização formal – a respeito da qual a dúvida objetiva possibilita a fungibilidade de meios na espécie – trazida pelo aproveitamento formal de procedimentos fungíveis decorre, a nosso ver, de duas premissas: a) ausência de prejuízo ao réu, que não participou de sua escolha; b) ausência de prejuízo à tutela dos direitos, por questão de interesse público.

Certos procedimentos são tidos como infungíveis porque em tese não seria possível aproveitar os procedimentos comuns diversos daqueles especialmente previstos em lei para a tutela dos mesmos direitos. Neles a lei estipularia maneira própria e exclusiva para o atingimento dos fins almejados, não sendo jurídica nem faticamente possível alcançar, de outro modo, esses fins específicos visados sem que houvesse prejuízo às partes ou ao interesse público; interesse do próprio processo.[33]

Seriam exemplos de procedimentos infungíveis: o pedido de usucapião de terras particulares (Lei 13.465/17), o pedido de divisão e demarcação (art. 569 do CPC[34]); a ação de desapropriação (Dec. Lei 3.365/41); a ação discriminatória (Lei 6.383/76) e o Mandado de Segurança (Lei 12.016/09), dentre alguns outros, exatamente porque a respeito deles a lei dispôs de modo privativo, sendo difícil

---

33. Conforme ERNANI FIDELIS DOS SANTOS: "Absolutamente infungíveis são os procedimentos que não podem ser substituídos por outro em nenhuma hipótese. Tal ocorre quando a causa da especialidade é de ordem pública e quando há mister ato indispensável ao alcance das finalidades do processo.

A consignação em pagamento, exige procedimento especial fungível, porque, além da oportunidade que se dá ao réu de receber previamente, para o prosseguimento da ação mister se faz o depósito antecipado, como ato essencial do processo.

O procedimento para anulação e substituição de títulos ao portador (arts. 907 e segs.) é também insubstituível, porque há necessidade de justificação prévia, como medida de interesse público (art. 909)". Idem, p. 370.

34. Art. 569. Cabe: I - ao proprietário a ação de demarcação, para obrigar o seu confinante a estremar os respectivos prédios, fixando-se novos limites entre eles ou aviventando-se os já apagados; II - ao condômino a ação de divisão, para obrigar os demais consortes a estremar os quinhões.

tutelar os respectivos direitos por outro procedimento sem prejuízo às partes ou ao próprio processo.

Ressaltamos acreditar, no entanto, na possibilidade do aproveitamento de atos processuais pela aplicação da fungibilidade mesmo em caso de procedimentos absolutamente infungíveis, com ou sem a emenda da petição inicial e a consequente adaptação do procedimento, pelas vias da eliminação de alguns atos ou prática de novos atos.

Como dissemos, a fungibilidade de procedimentos se liga à fungibilidade de ações. Estando configurada dúvida objetiva causada por divergência doutrinária ou jurisprudencial no caso concreto, pode haver fungibilidade entre as ações e seus respectivos procedimentos, ainda que estes sejam classificados como infungíveis, pelo fato de eles serem meios processuais não aplicados concorrentemente que podem levar ao mesmo fim.

A nosso ver, afigura-se possível, por exemplo, a fungibilidade entre o rito do Mandado de Segurança e o procedimento comum nas situações em que o pedido mediato seja o mesmo – proporcionando o mesmo resultado de eficácia declaratória/mandamental – e que a dúvida objetiva resida apenas no eventual transcurso do prazo decadencial para a impetração do remédio constitucional.[35-36]

---

35. CONFLITO DE COMPETÊNCIA. TRANSFORMAÇÃO DE MANDADO DE SEGURANÇA EM AÇÃO ORDINÁRIA. - Não obstante pertencerem a procedimentos distintos, o mandado de segurança e a ação ordinária, em atenção aos princípios da instrumentalidade das formas, efetividade, economia e celeridade processual aliada à inexistência de prejuízo da parte contrária, tenho que a prefalada transformação deve ser validada. (TRF4, CC 2003.04.01.013415-4, TERCEIRA SEÇÃO, Relator TADAAQUI HIROSE, DJ 11/06/2003).

36. CONFLITO NEGATIVO DE COMPETÊNCIA. CONVERSÃO DO MANDADO DE SEGURANÇA EM PROCEDIMENTO COMUM. PROCESSO CONCLUSO PARA SENTENÇA. ESTABILIZAÇÃO DA DEMANDA. ART. 329 DO CPC. IMPOSSIBILIDADE. INAPLICABILIDADE DO PRINCÍPIO DA INSTRUMENTALIDADE DAS FORMAS NO CASO CONCRETO. Não obstante exista precedente desta Seção validando a transformação do mandado de segurança em ação ordinária, em atenção aos princípios da instrumentalidade das formas, efetividade, economia e celeridade processual (TRF4, CC 2003.04.01.013415-4, TERCEIRA SEÇÃO, Relator TADAAQUI HIROSE, DJ 11/06/2003), no caso específico dos autos, esses mesmos fundamentos não podem ser utilizados em manifesta contrariedade à segurança jurídica e à estabilidade da relação processual, de maneira a permitir que, fracassada a tese inicialmente intentada pela parte, possa ela inovar, quando já conclusos os autos para a sentença. (TRF4 5023829-43.2018.4.04.0000, TERCEIRA SEÇÃO, Relator CELSO KIPPER, juntado aos autos em 30/05/2019).

Também em razão da discussão a respeito da natureza Civil Pública da Ação Popular[37], bem como das diferenças e identidades entre tais ações, não vemos empecilho no aproveitamento entre os procedimentos – e consequentemente, entre as próprias ações – Popular e Civil Pública, quando a primeira tiver sido proposta pelo Ministério Público, desrespeitando regra estática de legitimidade (Lei 4.717/65, art. 1º), mas desde que se considere o mesmo pedido mediato, o mesmo objeto.

Em nossa opinião, nesse caso haveria apenas aproveitamento e não especificamente fungibilidade de meios, já que as diferenças entre os procedimentos de uma e outra são praticamente insignificantes – a maior diferença são seus legitimados[38] – e já que às estruturas processuais de legitimidade nós optamos, por questão de coerência, não aplicar o princípio da fungibilidade.

De qualquer forma, aproveitando-se os atos praticados, a petição inicial dessa Ação Popular não terá de ser indeferida pela ilegitimidade ativa do Ministério Público: não porque foi transformada em Ação Civil Pública, mas sim porque a sua natureza, de certo modo, é exatamente essa: civil pública[39].

Aceitamos o aproveitamento de meios, mas não nos afigura possível haver fungibilidade entre Ações Populares incorretamente propostas por membros do Ministério Público – não como cidadãos eleitores, mas sim como membros do *parquet* – e Ações Civis Públicas que possuam o mesmo objeto[40].

---

37. A esse respeito: ADA PELLEGRINI GRINOVER. Ação Civil Pública e Ação Popular: Aproximações e Diferenças. Processo Civil e Interesse Público. CARLOS ALBERTO DE SALLES (org). São Paulo: RT, 2003, p. 139.

38. AÇÃO CIVIL PÚBLICA. PATRIMÔNIO PÚBLICO. ATO ADMINISTRATIVO. INTERESSE DIFUSO. ADMISSIBILIDADE. LEGITIMIDADE DO MINISTÉRIO PÚBLICO. A Constituição Federal atribui titularidade ao Ministério Público para a defesa do patrimônio público em sede de ação civil pública e **a lei que a disciplina faz menção expressa à independência da ação de responsabilidade frente ao manejo da ação popular,** estendendo seu objeto a todo e qualquer interesse difuso juridicamente protegível. TJSC, Apelação cível 97.008332-7. Relator: Des. Silveira Lenzi. Data da Decisão: 30/09/1997. (grifo nosso).

39. Questão debatida na defesa pública de nossa tese de doutorado, por ocasião da arguição do prof. LUIZ MANOEL GOMES JÚNIOR, a respeito da aplicação do princípio da fungibilidade na espécie.

40. AGRAVO DE INSTRUMENTO - AÇÃO POPULAR - CONEXÃO - AÇÃO CIVIL PÚBLICA - CAUSAS DE PEDIR - ATO DE IMPROBIDADE PRATICADA POR EX-PREFEITO - SEMELHANÇA

Isso por que não encontramos divergência ou discussão doutrinária e jurisprudencial suficientes para justificar a existência de dúvida objetiva a respeito da não legitimidade do Ministério Público para a propositura da Ação Popular[41-42], pois ainda que este possa assumir a sua titularidade durante a titularidade do feito, não possui legitimidade para iniciá-la.

CONFIGURADA - PROVAS EM COMUM - DEMANDAS QUE SE ENCONTRAM EM FASES SEMELHANTES - AUSÊNCIA DE SENTENÇA - REUNIÃO QUE SE MOSTRA OPORTUNA - RECURSO PROVIDO Configurada a semelhança entre as causas de pedir da ação civil pública e ação popular, e encontrando-se na mesma fase processual, é conveniente a reunião das demandas para o aproveitamento das provas, a fim de oportunizar o julgamento simultâneo e evitar decisões conflitantes. (N.U 0042598-74.2009.8.11.0000, EVANDRO STÁBILE, PRIMEIRA CÂMARA DE DIREITO PÚBLICO E COLETIVO, Julgado em 11/05/2010, Publicado no DJE 28/05/2010).

41. AÇÃO POPULAR - PROCEDÊNCIA PARCIAL - LEI N. 4.717/65, ART. 19 - DUPLO GRAU DE JURISDIÇÃO OBRIGATÓRIO - DANO AO ERÁRIO - PESSOA JURÍDICA DE DIREITO PÚBLICO - IMPOSSIBILIDADE DE CONDENÇÃO - AGENTE PÚBLICO QUE AGIU EM OBEDIÊNCIA A SUPERIOR HIERÁRQUICO - APLICAÇÃO DAS SANÇÕES DA LEI N. 8.429/92 - IMPOSSIBILIDADE - AUSÊNCIA DE LEGITIMIDADE DO AUTOR DA AÇÃO POPULAR PARA DISCUTIR AS QUESTÕES SUBMETIDAS A ESSE DIPLOMA LEGAL - CONFIRMAÇÃO DA SENTENÇA EM REEXAME 1. No caso de dano ao patrimônio público, a pessoa jurídica não responde pela condenação, ainda que conteste a ação, uma vez que o valor fixado na sentença se destina precisamente a recompor o seu patrimônio (DI PIETRO, Maria Sylvia Zanella. Direito administrativo. 14 ed. São Paulo: Atlas, 2002. p. 661). 2. "Na ação popular o autor está autorizado a pleitear a anulação do ato ilegítimo e lesivo ao patrimônio público e o conseqüente ressarcimento do prejuízo causado ao erário (Lei 4.717/65, arts. 11 e 15), mas **não tem legitimidade para pleitear a aplicação das sanções previstas na Lei de Improbidade, que prevê, para tanto, o ajuizamento de ação civil pública pelo Ministério Público ou pela pessoa jurídica de direito público interessado** (Lei 8.429/92, art. 17, e CF, art. 129, III)" (TJSP, Lex-JTJ 266/171, Des. Paulo Travain). TJSC, Apelação Cível 2005.018103-7. Relator: Des. Luiz Cézar Medeiros. Data da Decisão: 30/08/2005. (grifo nosso).

42. APELAÇÃO CÍVEL. AÇÃO POPULAR. CARÊNCIA DE AÇÃO. AUSÊNCIA DE INTERESSE PROCESSUAL. **A ação popular, sabidamente, é uma garantia constitucional política, pela qual qualquer cidadão possui legitimidade para a manifestação direta da soberania popular. Ela se manifesta como uma garantia coletiva, na medida em que o autor popular é um legitimado para a defesa da coisa pública**, visando à tutela de interesses coletivos, não de interesse pessoal. Verifica-se, entrementes, que, in casu, os apelantes buscam a tutela de interesse individual, já que pleiteiam a restituição de valores pagos, bem como a nomeação dos candidatos aprovados. Neste diapasão, o instrumento processual escolhido pelos demandantes não se revela adequado, haja vista que não há compatibilidade objetiva entre aquilo que a ação popular visa tutelar e a pretensão deduzida em juízo. Improvimento da apelação. TJRJ Ap. n.º 2005.001.32745 - APELACAO CIVEL. DES. JOSE CARLOS PAES - Julgamento: 21/03/2006 - DECIMA QUARTA CAMARA CIVEL. (grifo nosso).

O estudo dos princípios ligados à formalidade processual nos mostrou que, se não existe verdadeira dúvida objetiva junto ao sistema jurídico, não há que se falar em fungibilidade de meios processuais no caso, mas sim mero aproveitamento de meios, gênero esse do qual a fungibilidade, como já explicitamos anteriormente, é espécie.

Não podemos, assim, confundir fungibilidade de meios processuais com o simples aproveitamento formal desses meios, cometendo o erro de identificarmos a fungibilidade ao mero aproveitamento: a fungibilidade é uma espécie de aproveitamento; é um aprimoramento que não pode ser confundido com a sua origem, pois para que haja apenas aproveitamento não é necessária sequer a existência de dois meios processuais.

Se assim o fizéssemos, desconsideraríamos: a) a importância das conquistas representadas pelas estruturas processuais estáticas (*v.g.* legitimidade, coisa julgada, competência, citação, às quais o aproveitamento formal pode ser aplicado pelo fato de não necessitar da dúvida objetiva nem da existência de dois meios processuais capazes de produzir o mesmo fim); b) o requisito historicamente construído pela doutrina e pela jurisprudência, representado pela aferição da dúvida objetiva em cada caso concreto.

Reconhecemos, portanto, a possibilidade de aproveitamento entre a Ação Popular indevidamente proposta pelo Ministério Público e a Ação Civil Pública, mediante o aproveitamento da petição inicial da ação popular, mas não concordamos se tratar de hipótese de fungibilidade de meios.

Já entre o procedimento comum e os procedimentos especiais, a aplicação da fungibilidade não terá o condão de prejudicar as partes ou a tutela dos direitos. Trata-se de procedimentos eminentemente fungíveis, em que o demandado normalmente não teria motivo para se opor à sua escolha em detrimento de um procedimento especial, e cuja fungibilidade, portanto, via de regra, não gera prejuízo ao réu, possibilitando, assim como ocorreria com o procedimento em tese tido como correto, o mesmo fim de tutela jurisdicional.

Além da capacidade de tutelar eficazmente os direitos envolvidos, para que ocorra a fungibilidade de procedimentos é necessário que o demandado não demonstre, na situação, de acordo com uma lógica causal – e não simplesmente normativa, atrelada à literalidade da lei – a possibilidade de vir a ser prejudicado por essa flexibilização procedimental.

O demandado precisa demonstrar que será prejudicado se não puder prestar diretamente as contas caso, por exemplo, numa ação de exigir contas, estas lhe sejam requeridas pelo procedimento comum e o juízo não aceite a sua apresentação por ocasião da contestação (CPC, art. 550 e segs.).

Acreditamos serem exemplos de procedimentos tidos como naturalmente fungíveis, mas que também podem provocar dúvida objetiva junto aos operadores do direito: a ação de exigir contas quando movida por aquele que requer sua prestação (CPC, art. 550 e segs.) e as ações possessórias e tutelas cautelares entre si.

Na ação de prestação de contas (CPC, art. 550 e segs.), quando estas são requeridas por aquele que requer a sua prestação, o demandado é citado para apresentá-las no prazo de quinze dias ou contestar o feito. Caso requerida a prestação mediante procedimento comum, o réu poderá impugná-lo, alegando possível prejuízo pelo fato de o procedimento especial possibilitar também a prestação de contas. Dar-se-á o aproveitamento do procedimento sem a necessidade de praticar ou eliminar atos processuais.

Da mesma maneira, não vemos empecilho ao reconhecimento da possibilidade de mover-se ação possessória de força nova pelo procedimento comum requerendo-se liminar de manutenção ou pela via da tutela de urgência, não havendo prejuízo para o réu ou para a efetiva tutela do direito material. Isso porque os requisitos para concessão dos efeitos da tutela de urgência (CPC, art. 300[43]), escolhida pelo autor, são mais intensos e difíceis de se verificarem nos casos concretos do que aqueles constantes do art. 560 do CPC[44],

43. São os requisitos legais do art. 300 do CPC: a) elementos que evidenciem a probabilidade do direito e o perigo de dano ou o risco ao resultado útil do processo, podendo o juiz, conforme o caso, exigir caução real ou fidejussória idônea para ressarcir os danos que a outra parte possa vir a sofrer; b) ausência de perigo de irreversibilidade dos efeitos da decisão.

44. São os requisitos legais do art. 560 do CPC: a) prova da posse anterior; b) prova da turbação, esbulho ou ameaça praticados pelo réu, bem como da respectiva data; c)

que são bastante objetivos e desvinculados da intensidade do dano para o demandante.

A escolha do autor pelo procedimento comum lhe retira a vantagem da presunção de urgência que o sistema possui nos casos em que a posse foi turbada ou esbulhada a menos de um ano e um dia (CPC, arts. 562[45] e 563[46]). No entanto, a utilização do procedimento ordinário não pode ser impossibilitada, seja para o aproveitamento de seus atos e conversão em procedimento especial, seja pela simples análise dos requisitos do art. 560[47] dentro do procedimento comum, seja pela análise dos requisitos do próprio art. 300 do CPC.

Quando afirmamos que apenas formalmente os requisitos legais são mais intensos e difíceis na antecipação genérica do procedimento comum, queremos dizer que a diferença entre os requisitos legais (CPC, arts. 300 e 560) pode até servir como fundamento formal à não concessão liminar da medida possessória, mas certamente não impedirá a sua concessão se o magistrado se convencer da necessidade da medida de urgência para a efetiva tutela da posse, mesmo sem a desconsideração ou a prática de novos atos processuais, ainda que o autor utilize o procedimento comum. Não é o procedimento que deve impedir a concessão de medida de urgência.

Também não vemos impossibilidade na concessão liminar da reintegração de posse pelo procedimento comum via antecipação genérica da tutela nas ações possessórias de força velha, quando o demandante conseguir demonstrar o perigo iminente de dano de difícil ou incerta reparação[48]. Seria o caso, por exemplo, do invasor

---

prova da perda da posse, na ação de reintegração, e prova da continuação da posse – embora turbada – na ação de manutenção.

45. Art. 562. Estando a petição inicial devidamente instruída, o juiz deferirá, sem ouvir o réu, a expedição do mandado liminar de manutenção ou de reintegração, caso contrário, determinará que o autor justifique previamente o alegado, citando-se o réu para comparecer à audiência que for designada.

46. Art. 563. Considerada suficiente a justificação, o juiz fará logo expedir mandado de manutenção ou de reintegração.

47. Art. 560. O possuidor tem direito a ser mantido na posse em caso de turbação e reintegrado em caso de esbulho.

48. AGRAVO DE INSTRUMENTO. COISAS E PROCESSUAL CIVIL. AÇÃO DE REINTEGRAÇÃO DE POSSE. ANTECIPAÇÃO DE TUTELA. - INTERLOCUTÓRIO POSITIVO NA ORIGEM. AÇÃO DE FORÇA VELHA. TUTELA DE URGÊNCIA. NATUREZA ANTECIPADA. REQUISITOS PRE-

de mais de ano e dia que, citado para se defender em ação de reintegração de posse, contesta o feito considerando a possibilidade de perda da ação e passando a dedicar-se incessantemente a depredar o bem cuja posse ainda detém.

Assim, a fungibilidade de procedimentos merece aceitação, vinculando-se, também, à fungibilidade entre as próprias ações. Nela, a dúvida objetivamente verificável não se encontra apenas na dificuldade de identificação do procedimento a ser utilizado, mas sim na existência da opção pelo procedimentos comum, ou seja, na divergência entre doutrina e jurisprudência, nos exemplos mencionados acima, sobre a existência de dois meios procedimentais para o mesmo fim.

5.5. FUNGIBILIDADE ENTRE AÇÃO RESCISÓRIA E AÇÃO ANULATÓRIA: A DÚVIDA ENTRE AÇÃO RESCISÓRIA E AÇÃO ANULATÓRIA

No que concerne aos meios de impugnação à coisa julgada material, a norma da fungibilidade pode ser aplicada a dúvidas objetivas ligadas à utilização de meios como a ação rescisória, a ação declaratória da inexistência do processo e a ação anulatória fundada no art. 966, §4º do CPC[49]. A escolha entre a ação rescisória e a ação anulatória é aquela que suscita dúvidas objetivas com maior frequência.

A ação rescisória tem o objetivo de desconstituir a coisa julgada material havida em processo inválido ou inexistente[50]. Fundamen-

ENCHIDOS. DEFERIMENTO. ACERTO. - Demonstrados, em sede de cognição sumária, os requisitos gerais necessários à concessão da tutela provisória de urgência de natureza antecipada (ação de força velha) - a) requerimento da parte; b) probabilidade do direito; c) reversibilidade do provimento; e d) perigo de dano ou risco ao resultado útil do processo -, cabível é o seu deferimento, sem prejuízo de compreensão diversa em sede de cognição exauriente. DECISÃO MANTIDA. RECURSO DESPROVIDO. (TJSC, Agravo de Instrumento n. 4012670-66.2017.8.24.0000, da Capital, rel. Des. Henry Petry Junior, Quinta Câmara de Direito Civil, j. 12-09-2017).

49. Art. 966. A decisão de mérito, transitada em julgado, pode ser rescindida quando: (...)§ 4º Os atos de disposição de direitos, praticados pelas partes ou por outros participantes do processo e homologados pelo juízo, bem como os atos homologatórios praticados no curso da execução, estão sujeitos à anulação, nos termos da lei.

50. Segundo JOSÉ EDVALDO ALBUQUERQUE DE LIMA, a ação rescisória é "uma ação autônoma impugnativa, que tem como finalidade desconstituir uma sentença ou acórdão

tando-se nas hipóteses taxativas constantes dos incisos do art. 966 do CPC[51], é proposta perante os tribunais cuja respectiva jurisdição foi responsável pela prolação da decisão que busca rescindir, respeitando o prazo de dois anos contados, em princípio[52], da data do seu trânsito em julgado (art. 975 do CPC[53]).

Em regra, a ação rescisória tem dois pedidos (CPC, art. 974[54]). Um pedido inicial, de natureza constitutiva negativa, que provoca um juízo de desconstituição da coisa julgada material, denominado *iudicium rescindens*[55], bem como um outro pedido, que depende do acolhimento do pedido inicial, nem sempre efetuado, e que objetiva provocar novo julgamento do mérito da decisão rescindida, denominado *iudicium rescisorium*[56], o qual pode resultar em acórdão de qualquer natureza.

---

de mérito, já com trânsito em julgado, em que não tenha ocorrido a decadência do prazo bienal insculpido no art. 498 do CPC". Ação Rescisória nos Tribunais. Rio de Janeiro: América Jurídica, 2004, p. 3.

51. Art. 966. A decisão de mérito, transitada em julgado, pode ser rescindida quando: I - se verificar que foi proferida por força de prevaricação, concussão ou corrupção do juiz; II - for proferida por juiz impedido ou por juízo absolutamente incompetente; III - resultar de dolo ou coação da parte vencedora em detrimento da parte vencida ou, ainda, de simulação ou colusão entre as partes, a fim de fraudar a lei; IV - ofender a coisa julgada; V - violar manifestamente norma jurídica; VI - for fundada em prova cuja falsidade tenha sido apurada em processo criminal ou venha a ser demonstrada na própria ação rescisória; VII - obtiver o autor, posteriormente ao trânsito em julgado, prova nova cuja existência ignorava ou de que não pôde fazer uso, capaz, por si só, de lhe assegurar pronunciamento favorável; VIII - for fundada em erro de fato verificável do exame dos autos.

52. Pois o prazo decadencial pode ser contado, segundo a jurisprudência do Superior Tribunal de Justiça, do trânsito em julgado da última decisão no processo, ou seja, da data da intimação acerca do desconhecimento do recurso interposto, ainda que a intimação sobre o desconhecimento ocorra mais de dois anos após o trânsito em julgado. Nesse sentido: O prazo decadencial da ação rescisória só se inicia quando não for cabível qualquer recurso do último pronunciamento judicial. (Súmula 401, CORTE ESPECIAL, julgado em 07/10/2009, DJe 13/10/2009)

53. Art. 975. O direito à rescisão se extingue em 2 (dois) anos contados do trânsito em julgado da última decisão proferida no processo.

54. Art. 974. Julgando procedente o pedido, o tribunal rescindirá a decisão, proferirá, se for o caso, novo julgamento e determinará a restituição do depósito a que se refere o inciso II do art. 968.

55. Juízo rescindendo, que, na nossa opinião, não se confunde com o pedido que o provoca.

56. Juízo rescisório, que acreditamos também não se confundir com o pedido sucessivo que o provoca.

Por sua vez, a ação anulatória de ato jurídico não visa desfazer a coisa julgada material, mas sim desconstituir determinados atos processuais praticados em atentado a dispositivo legal processual ou material, bem como anular sentenças judiciais homologatórias, tais como as proferidas em procedimentos de jurisdição voluntária, nas quais houve ofensa à lei (CPC, arts. 393, 966 § 4º e 657).

Embora ambas sejam medidas autônomas constitutivas negativas de impugnação às decisões judiciais, a ação anulatória, ao contrário da rescisória, não se preocupa especificamente com a sentença transitada em julgado materialmente, mas sim com os atos praticados em juízo, dependentes ou não de homologação; os atos processuais homologatórios que possuam caráter negocial.

A competência para julgar a ação anulatória de ato jurídico não é dos tribunais, como ocorre na ação rescisória, mas do juízo que praticou o ato processual ou que efetuou a homologação passível de anulação (CPC, art. 61[57]), sempre nos prazos regulados pela lei civil, não se aplicando o prazo de dois anos do art. 975 do CPC.

São exemplos de atos jurídicos desconstituíveis mediante ação anulatória: o reconhecimento da procedência do pedido, a renúncia e a transação, todos no curso do processo[58]; com o conteúdo do arts. 485 e 487 do CPC são exemplos: a sentença proferida em divórcio consensual, a sentença que homologa a partilha de bens e a sentença homologatória de remição, dentre outros.

Entretanto, entre as ações anulatória e rescisória há situações em que o sistema jurídico não consegue definir com clareza acerca do cabimento de um ou de outro meio processual, o que justifica o aproveitamento das formas processuais que a fungibilidade de meios possibilita.

É o que ocorre, por exemplo, nos casos em que a jurisprudência tem dificuldade em distinguir o dolo civil do dolo processual. Enquanto o dolo processual visa o engano do julgador, viciando a sentença que transitou em julgado e tendo o objetivo de obter

57. Art. 61. A ação acessória será proposta no juízo competente para a ação principal.

58. Após o trânsito em julgado da sentença de mérito, a medida cabível seria a ação rescisória (CPC, art. 966).

decisão favorável – desafiando ação rescisória – o dolo civil é aquele que engana a parte contrária, através de manobras que a fazem emitir declaração de vontade viciada – como é o caso dos defeitos do negócio jurídico (CC, art. 138 a 165) – e desafiando ação anulatória, desde que a sentença de mérito ainda não tenha transitado em julgado.

Em nossa opinião, tal dúvida objetiva se deve à inconstância da utilização, junto ao cotidiano forense, da interpretação sistemática que a melhor operabilidade do processo demanda nesta seara, dada a confusão, quanto às espécies de dolo, que a interpretação isolada dos arts. 966 §4 (anulatória) e 966, III (rescisória) do CPC acaba provocando, especialmente por que o legislador do CPC de 2015 teve o descuido topográfico de versar sobre a ação anulatória dentro do dispositivo que versa sobre a ação rescisória[59].

5.6. A FUNGIBILIDADE ENTRE OS RECURSOS

A fungibilidade recursal estava positivada como princípio do Direito Processual Civil brasileiro no CPC de 1939, que no art. 810 dispunha expressamente acerca da sua utilização. A previsão expressa da norma é sinal de que o próprio código admitia a obscuridade com que disciplinava os recursos e as espécies de decisões recorríveis, não desejando repassar às partes o prejuízo oriundo da sua falta de clareza.

Como requisitos para a aplicação da norma da fungibilidade junto aos recursos, o art. 810 demandava a ausência de erro grosseiro por parte do recorrente acerca do meio recursal utilizado, bem como a ausência de má-fé da parte beneficiada pela fungibilidade recursal.[60]

A ausência de erro grosseiro foi interpretada pela jurisprudência como sendo a existência de uma situação de dúvida que justificasse o equívoco da parte recorrente, evolução essa da qual resultou a ideia

59. Como admitiu LUIZ SÉRGIO DE SOUZA RIZZI em estudo que, há mais de duas décadas, já se preocupava com a questão. Ação Rescisória. São Paulo: RT, 1979, p. 161.

60. Dispunha o art. 810 do CPC de 1939: "Salvo a hipótese de má-fé ou erro grosseiro, a parte não será prejudicada pela interposição de um recurso por outro, devendo os autos ser enviados à Câmara, ou Turma, a que competir o julgamento."

hoje bastante difundida de que a fungibilidade se aplica às situações de dúvida objetivamente verificável junto ao sistema jurídico.[61]

Por usa vez, a ausência de má-fé do recorrente foi associada pela jurisprudência, ao longo do tempo, ao ideal de não utilização do princípio para o fim de admitir recurso intempestivamente interposto, de modo que o recurso utilizado necessitava ter sempre um prazo maior ou igual ao prazo do recurso tido como correto.

Por se tratarem de requisitos que demandavam a interpretação de conceitos vagos, quais sejam, a ausência de má-fé e de erro grosseiro, a norma da fungibilidade, dentro daquela sistemática processual, era realmente um princípio e não uma regra, sendo aplicada na maior medida possível, conforme a análise havida em cada caso concreto.

No entanto, no âmbito dos recursos a aplicação do princípio da fungibilidade normalmente significa a transformação de um recurso noutro, como, por exemplo, o recebimento de uma apelação convertida um agravo de instrumento, mas dificilmente a aceitação de um recurso incorreto como suficiente para a reanálise ou a anulação da decisão recorrida: exatamente o que estamos a defender.

A origem do princípio está nos direitos alemão[62] e português[63]. Em verdade, a regra do art. 810 do CPC de 1939 não possuía similar, e até hoje não possui regra idêntica em análise de direito comparado, como ensina TERESA ARRRUDA ALVIM WAMBIER[64], e como também permite concluir RENÉE DAVID.[65] A teoria alemã do recurso indiferente e o princípio do maior favor, assim como a regra do art. 687, 3, do CPC Português de 1967, são apenas as manifestações do princípio da instrumentalidade das formas que mais se aproximam da norma do art. 810 do nosso CPC de 1939.

---

61. Como afirmou ALCIDES DE MENDONÇA LIMA. Dicionário do Processo Civil Brasileiro. São Paulo: RT, 1986, p. 38.

62. Fundamento sobre o qual discorreu com propriedade OTHMAR JAUERNIG. Direito Processual Civil. 26ª ed. Trad. F. Silveira Ramos. Lisboa: Almedina, 2005, p. 205.

63. Consoante os arts. 688 do CPC Português de 1939 e 687, 3, do CPC Português de 1967, como explicita MANOEL OLIVEIRA DE LEAL HENRIQUES. Recursos em Processo Civil. Coimbra: Almedina, 1984.

64. Os Agravos no CPC Brasileiro. 4ª ed. São Paulo: RT, 2006, p. 171.

65. Os grandes sistemas do direito comparado. São Paulo: Martins Fontes, 2006, p. 367.

Segundo o princípio do maior favor, *grundsatz der meistbegunstigang*[66], oriundo da teoria do recurso indiferente, *sowohl-als--auch-theorie,* como informa NELSON NERY JÚNIOR,[67] o ônus das eventuais obscuridades do sistema jurídico acerca dos meios existentes para a impugnação das decisões judiciais em um mesmo processo não pode ser imputado às partes, gerando-lhes prejuízos.

É necessário que se dê mais importância à essência, ao conteúdo das decisões – e à sua consequente natureza intrínseca – do que à sua denominação extrínseca e formal. O erro do judiciário não pode prejudicar as partes. Se existe divergência acerca da interpretação da lei junto aos próprios tribunais, as partes também terão dificuldade em escolher a medida processual devida, havendo incongruência em não lhes reconhecer o direito à dúvida provocada pela falta de clareza do próprio sistema.[68]

Desta forma, mesmo na sistemática dos diplomas processuais de 1973 e de 2015, o princípio da fungibilidade recursal continuou a ser aplicado, pois tanto a riqueza quanto a peculiaridade das situações reais trouxeram a necessidade da sua utilização, ainda que o CPC de 2015 não o preveja expressamente para todos os recursos – ao contrário do CPC de 1939.

Vamos às dúvidas objetivas hoje existentes no âmbito recursal:

a) A Dúvida objetiva entre o cabimento do recurso de apelação ou agravo de instrumento

À primeira vista, a estrutura arquitetada pelo atual CPC induz clareza. Assim, das sentenças cabe recurso de apelação (CPC, art. 1.009[69]) e das decisões interlocutórias inseridas no rol do art. 1.015 cabe recurso de agravo de instrumento (CPC, art. 1.015)[70]: Trata-se

66. JAUERNIG. Othmar. Idem, p. 206.

67. Princípios fundamentais – Teoria geral dos recursos. 5ª ed. São Paulo: RT, 2000, p. 129.

68. WAMBIER, Teresa Arruda Alvim. Op cit., p. 173.

69. Art. 1.009. Da sentença cabe apelação.

70. Art. 1.015. Cabe agravo de instrumento contra as decisões interlocutórias que versarem sobre: I - tutelas provisórias; II - mérito do processo; III - rejeição da alegação de convenção de arbitragem; IV - incidente de desconsideração da personalidade jurídica; V - rejeição do pedido de gratuidade da justiça ou acolhimento do pedido de sua re-

do princípio da correspondência entre os provimentos jurisdicionais e os recursos que os atacam.

No entanto, existem situações, como no incidente de falsidade (art. 430 do CPC)[71-72-73], em que há dificuldade em identificar-se a natureza do provimento jurisdicional que pretendemos reformar ou anular através da via recursal, mesmo em se tratando de sentenças e decisões interlocutórias: provimentos cujo conceito, em princípio, não deveria provocar grande celeuma.

Não apenas a identificação das sentenças e das decisões interlocutórias pode trazer dificuldades aos operadores do direito, em algumas situações, mas também por que há questões de natureza pragmática que excepcionam o princípio da correspondência, fazendo com que o recurso cabível contra determinadas sentenças seja o agravo, o que enseja dúvida objetiva.

Ainda que a sentença, seja a decisão que resolve o mérito ou que declare a impossibilidade da sua resolução, persiste a dúvida a respeito da existência, ou não, de mais de um processo dentro de um mesmo procedimento. Assim, se o procedimento consiste nos atos formais através dos quais os processos se desenvolvem, a divergência está em responder se um procedimento pode, ou não, corresponder a mais de um processo.

---

vogação; VI - exibição ou posse de documento ou coisa; VII - exclusão de litisconsorte; VIII - rejeição do pedido de limitação do litisconsórcio; IX - admissão ou inadmissão de intervenção de terceiros X - concessão, modificação ou revogação do efeito suspensivo aos embargos à execução; XI - redistribuição do ônus da prova nos termos do art. 373, § 1º; XII - (VETADO); XIII - outros casos expressamente referidos em lei.

71. Art. 430. A falsidade deve ser suscitada na contestação, na réplica ou no prazo de 15 (quinze) dias, contado a partir da intimação da juntada do documento aos autos.

72. APELAÇÃO. INCIDENTE DE FALSIDADE DE ASSINATURA. REVELIA. PRESUNÇÃO RELATIVA DE VERACIDADE DOS FATOS. tratando-se, a revelia, de presunção relativa de veracidade e inexistindo nos autos qualquer indício de que a assinatura seja do apelado, deve a sentença ser mantida. (TJMG - Apelação Cível 1.0024.14.066558-9/001, Relator(a): Des.(a) Rogério Medeiros, 13ª CÂMARA CÍVEL, julgamento em 16/05/2019, publicação da súmula em 24/05/2019).

73. AGRAVO INTERNO - AGRAVO DE INSTRUMENTO - INCIDENTE DE FALSIDADE - DECISÃO QUE RECEBE O RECURSO APENAS NO EFEITO DEVOLUTIVO. - Ausentes os requisitos do parágrafo único, do art. 995, do CPC, impõe-se o recebimento do agravo de instrumento somente no efeito devolutivo. (TJMG - Agravo Interno Cv 1.0115.11.000682-8/002, Relator(a): Des.(a) Sérgio André da Fonseca Xavier, 18ª CÂMARA CÍVEL, julgamento em 02/04/2019, publicação da súmula em 04/04/2019).

De acordo com o pensamento de NELSON NERY JUNIOR[74], a cada processo pode corresponder mais de uma relação processual – havendo uma cumulação de lides com um mesmo procedimento – de modo que para se identificar a natureza do provimento jurisdicional, torna-se necessário verificar se o processo continuará ou não. Assim, se o feito termina, trata-se de uma sentença, desafiando apelação; se ele continua, a decisão é interlocutória, cabendo agravo.

Em contrapartida, TERESA ARRUDA ALVIM[75] defende a identificação da sentença pelo seu conteúdo, de forma que a cada processo corresponderia uma relação processual, sendo que a um único procedimento pode corresponder mais de um processo, como ocorre, por exemplo, nas ações de reconvenção, nas ações declaratórias incidentais e na oposição. Assim, a continuação do procedimento não modificaria a natureza da decisão proferida.

Em nosso entender, o segundo entendimento merece guarida. O desenvolvimento da teoria processual[76], aliado à amplitude com que o processo é pensando na perspectiva dos direitos fundamentais, impedem a sua mera identificação para com o procedimento, impossibilitando que a extinção do processo necessariamente se identifique com a extinção do procedimento.

Embora não haja processo sem procedimento, a abstração da relação jurídica processual não pode ser confundida com a forma procedimental, de maneira que o processo diz respeito a relações

---

74. Princípios fundamentais – Teoria geral dos recursos. 5ª ed. São Paulo: RT, 2000, p. 128.

75. Diz a autora: "Definimos sentença a partir do critério consistente *em seu conteúdo*. A nosso ver, é este o critério que distingue a sentença dos demais pronunciamentos judiciais, como já dissemos. Assim, a decisão que indefere liminarmente a é *sentença*, pelo critério do seu conteúdo, pois que o juiz proferirá decisão com fulcro necessariamente num dos incisos dos arts. 267 ou 269, ou, mais especificamente, arts. 276, I, IV, VI; 269, IV; 295, I a VI e parágrafo único, I a IV. Como dissemos, o legislador especificou quais conteúdos fazem com que se possa identificar um provimento judicial como sentença. Estes possíveis conteúdos estão previstos justamente nos incisos dos arts. 267, 269 e 295 do Código de Processo Civil. Destes Pronunciamentos judiciais, o recurso cabível é a apelação, segundo o art. 513. Esta é a regra.
Excepcionalmente, se recorre de sentenças por meio de agravo." Op. cit, p. 190.

76. Especialmente após a obra de OSKAR VON BULOW. La Teoria de las Excepciones Procesales y los Presupuestos Procesales. Trad. Santiago Sentis Melendo. Buenos Aires: EJEA, 1964.

jurídicas enquanto o procedimento vincula-se a questões formais exteriores ao conteúdo processual. Acreditamos que um procedimento pode ter mais de uma relação processual.

De qualquer maneira, a manutenção da existência de posições doutrinárias divergentes a respeito da identificação de uma determinada decisão como sendo uma sentença ou uma decisão interlocutória, consideradas as necessidades da prática forense, justifica a utilização do princípio da fungibilidade recursal, pela dúvida que é gerada a respeito do cabimento dos recursos de agravo ou de apelação.

a.1) A Dúvida objetiva entre agravo de instrumento e apelação com base no Tema Repetitivo 998 do STJ

A sistemática do Código de Processo Civil previa um rol de natureza taxativa de hipóteses para interposição de agravo de instrumento, sem possibilidade de sua interposição extensiva. Assim, as questões resolvidas na fase de conhecimento deveriam ser suscitadas em preliminar de apelação, eventualmente interposta contra a decisão final, ou nas contrarrazões (art. 1.009 § 1º do CPC[77]).

Contudo, o Tema Repetitivo 988 do STJ redefiniu a natureza do rol do art. 1.015 do CPC, verificando sua taxatividade mitigada e, por isso, admitindo a interposição de agravo de instrumento quando verificada a urgência decorrente da inutilidade do julgamento da questão no recurso de apelação.

Ocorre que conforme a modulação de efeitos do Tema Repetitivo, a preclusão somente operará quando um eventual agravo de instrumento interposto venha a ser admitido pelo respectivo Tribunal[78].

77. Art. 1.009 § 1º As questões resolvidas na fase de conhecimento, se a decisão a seu respeito não comportar agravo de instrumento, não são cobertas pela preclusão e devem ser suscitadas em preliminar de apelação, eventualmente interposta contra a decisão final, ou nas contrarrazões.

78. Embora não haja risco de as partes que confiaram na absoluta taxatividade serem surpreendidas pela tese jurídica firmada neste recurso especial repetitivo, pois somente haverá preclusão quando o recurso eventualmente interposto pela parte venha a ser admitido pelo Tribunal, modulam-se os efeitos da presente decisão, a fim de que a tese jurídica apenas seja aplicável às decisões interlocutórias proferidas após a publicação do presente acórdão." (STJ, Tema Repetitivo 988, Corte Especial, acórdão publicado no DJe de 19/12/2018)

Assim sendo, com base na urgência e com guarida em princípios, como o da economia processual, os Tribunais vêm admitindo agravo de instrumento em matérias que, segundo previsão originária do Código de Processo Civil, seriam matérias de preliminares de apelação.[79]

Embora a posição do STJ claramente vise a melhor tutela dos direitos envolvidos em circunstâncias de urgência não previstas no rol do art. 1015 do CPC de 2015, o fato é que a falta de clareza a respeito do cabimento do agravo de instrumento causa dúvida objetiva entre a possibilidade da sua imediata utilização e a utilização de recurso de apelação, ao final, para que se obtenha o rejulgamento da questão.

b) A ausência de dúvida objetiva entre o cabimento de embargos de declaração e agravo interno em face do art. 1.024, §3º, do CPC

Existe uma outra situação em que se tem afirmado que o princípio da fungibilidade merece ser aplicado. Trata-se da hipótese em que a parte possuiria dúvida entre a interposição de embargos de declaração, agravo interno ou agravo regimental contra a decisão singular proferida por relator.

Na sistemática do CPC de 2015, os embargos de declaração são o recurso cabível contra quaisquer decisões judiciais que padeçam de contradição, omissão, obscuridade (CPC, art. 1.022[80]) ou erro material.[81]

---

79. EMENTA: AGRAVO DE INSTRUMENTO - AÇÃO DE BUSCA E APREENSÃO - CONVERSÃO EM EXECUÇÃO -ARTIGO 1.015, DO CPC - ROL MITIGADO - URGÊNCIA - CELERIDADE - PRESTAÇÃO JURISDICIONAL - POSSIBILIDADE. 1. O Superior Tribunal de Justiça entendeu que o rol do artigo 1.015, do CPC apresenta taxatividade mitigada, admitindo interposição de agravo de instrumento quando for verificada urgência - REsp. 1.696.396 e REsp. 1.704.50. 2. O deferimento da modificação do procedimento encontra guarida nos princípios da instrumentalidade das formas e da economia processual, garantindo razoável duração do processo, nos termos do inciso LXXVIII, do artigo 5º, da Constituição Federal. 3. Recurso Provido. (TJMG - Agravo de Instrumento-Cv 1.0000.19.098018-5/001, Relator(a): Des.(a) Maria das Graças Rocha Santos (JD Convocada), 11ª CÂMARA CÍVEL, julgamento em 19/02/0020, publicação da súmula em 20/02/2020).

80. Art. 1.022. Cabem embargos de declaração contra qualquer decisão judicial para: I - esclarecer obscuridade ou eliminar contradição; II - suprir omissão de ponto ou questão

Trata-se de meio de impugnação que tem o objetivo de provocar a complementação da decisão embargada, melhorando-a e fazendo com que sejam dissipadas eventuais obscuridades, omissões ou contradições, não possuindo, em regra, caráter infringente ou modificador do julgado. Apenas excepcionalmente tem se atribuído efeito modificativo aos embargos de declaração, caso em que a ouvida da parte contrária se torna conveniente, como afirma TERESA ARRUDA ALVIM[82].

Os embargos podem ser admitidos também com o objetivo de esclarecer a atividade de prequestionamento das questões federais ou constitucionais suscitadas pelas partes durante o feito, questões essas que servem de fundamento ao conhecimento dos recursos especial ou extraordinário.

Entretanto, existem tribunais que entendem serem incabíveis os embargos de declaração interpostos sequer contra as decisões interlocutórias proferidas monocraticamente pelos relatores[83], o que provoca uma nova hipótese de dúvida objetiva, exatamente pelo fato de que as partes, nessas situações, enfrentariam a dificuldade de optar entre os embargos de declaração e os agravos internos ou regimentais.

Enquanto os embargos de declaração possuem o objetivo de esclarecer e retirar defeitos da decisão judicial embargada, os agravos internos e regimentais têm a finalidade de provocar um julgamento

---

sobre o qual devia se pronunciar o juiz de ofício ou a requerimento;III - corrigir erro material.

81. PROCESSUAL CIVIL. ADMINISTRATIVO. IMPROBIDADE ADMINISTRATIVA.EMBARGOS DECLARATÓRIOS NO AGRAVO INTERNO NO RECURSO ESPECIAL. OMISSÃO. EXISTÊNCIA. PERDA SUPERVENIENTE DE UMA DAS CONDIÇÕES DA AÇÃO (INTERESSE DA PARTE AUTORA). EXAME. IMPOSSIBILIDADE. AUSÊNCIA DE PREQUESTIONAMENTO. SÚMULAS 282/STF E 211/STJ. REEXAME DE MATÉRIA FÁTICA. IMPOSSIBILIDADE. SÚMULA 7/STJ. SUPRESSÃO DAS INSTÂNCIAS ORDINÁRIAS 1. De acordo com a norma prevista no art. 1022 do CPC/2015, são cabíveis embargos de declaração nas hipóteses de obscuridade, contradição, omissão ou para corrigir erro material da decisão recorrida.(EDcl no REsp 1494405/CE, Rel. Ministro BENEDITO GONÇALVES, Rel. p/ Acórdão Ministro SÉRGIO KUKINA, PRIMEIRA TURMA, julgado em 23/03/2020, DJe 26/03/2020).

82. Omissão Judicial e Embargos de Declaração. São Paulo: RT, 2005 p. 87.

83. Nesse sentido: TJRS, 13ª Câmara Cível, Embargos de Declaração 70.006.898.753, Relator Des. Marco Aurélio de Oliveira Canosa. j em 10.02.04.

colegiado a respeito do mérito das decisões dos relatores tomadas por delegação. Não se questiona serem meios diversos. O problema é que alguns tribunais entendem não serem cabíveis os embargos de declaração em face de decisões monocráticas.

Por conta disso, o art. 1.024, §3º, do CPC disciplinou regra segundo a qual o órgão julgador conhecerá dos embargos de declaração como agravo interno se entender ser este o recurso cabível, desde que determine previamente a intimação do recorrente para, no prazo de 5 (cinco) dias, complementar as razões recursais.[84]

Desta maneira, acreditamos que a antiga dúvida entre a utilização de uma ou de outra forma de impugnação às decisões dos relatores justificava, também, a incidência do princípio da fungibilidade entre os recursos de embargos de declaração, agravo interno ou agravo regimental.

Ocorre que a prática e a redação do art. 1.024, §3º, do CPC de 2015, por vezes, acabam por se aplicadas a hipóteses nas quais a circunstância não apresentava qualquer dúvida objetiva. Veja-se que esse entendimento por parte, especialmente do STJ – de que decisões monocráticas não podem ser objeto de embargos de declaração – não é coadunado por parte dos demais tribunais, nem recebe apoio do inciso XXXV do art. 5 da CF.

Dersa forma, o art. 1.024, §3º, do CPC de 2015 cria uma regra que força fungibilidade onde ela não precisaria existir se o STJ simplesmente respeitasse o papel constitucional dos embargos de declaração em face das decisões monocráticas[85]. Trata-se de uma triste regra de fungibilidade, portanto.

Não se trata da aplicação da fungibilidade como princípio e nem da detecção de uma hipótese de dúvida objetiva. Hoje, em

---

84. EMBARGOS DE DECLARAÇÃO CONVERTIDOS EM AGRAVO INTERNO. ART. 1.024, §3º, DO CPC. DIREITO TRIBUTÁRIO. EXECUÇÃO FISCAL. CARTA PRECATÓRIA. DISTRIBUIÇÃO PERANTE O JUÍZO DEPRECADO. ENCARGO DO EXEQUENTE. PRECEDENTES. - O órgão julgador conhecerá dos embargos de declaração como agravo interno se entender ser este o recurso cabível, desde que determine previamente a intimação do recorrente para, no prazo de 5 (cinco) dias, complementar as razões recursais. Inteligência do art. 1.024, §3º, do CPC. (Agravo, Nº 70080248610, Vigésima Segunda Câmara Cível, Tribunal de Justiça do RS, Relator: Marilene Bonzanini, Julgado em: 13-02-2019).

85. O que é lamentável, já que parte significativa dos Recursos Especiais recebe julgamento monocrático.

razão do art. 1.024, §3º, do CPC de 2015 não há mais que se falar em dúvida objetiva a respeito do tema.

Não se aplica tipicamente o princípio da fungibilidade, mas sim uma regra de mão única para conversão dos embargos de declaração em agravo interno, que, ao invés de ampliar as garantias de tutela dos direitos, termina por criar sério risco de limitar arbitrariamente o acesso à interposição de embargos de declaração em face de decisões monocráticas dos relatores.

c) A dúvida objetiva entre o cabimento dos recursos especial ou extraordinário

Os recursos de estrito direito – Recurso Especial e Recurso Extraordinário – possuem fundamentação vinculada, visando, em primeiro plano, a tutela do direito objetivo; apenas em segundo plano objetivam proteger os interesses das partes.

É por esse motivo que nesses recursos não se discutem, em princípio, questões de natureza fática, consoante estipula a Súmula 7 do STJ[86], a fim de que os Tribunais Superiores possam exercer seu papel paradigmático de interpretação da norma constitucional e infraconstitucional.

Julgando apenas matéria de direito, os recursos extraordinários – especial e extraordinário – proporcionam ao STJ e ao STF a oportunidade de uniformizar a jurisprudência nacional tendo fundamentação vinculada e exigindo o prequestionamento das questões federais e constitucionais alegadas pelo recorrente (CF, arts. 102, III e 105, III).

Exatamente por serem específicas as hipóteses de cabimento dos recursos especial e extraordinário, taxativamente previstas na Constituição Federal (CF, arts. 102, III e 105, III), interpor Recurso Especial no lugar de Recurso Extraordinário ou Extraordinário ao invés de Recurso Especial tem sido considerado erro grosseiro, tanto pela doutrina quanto pela jurisprudência[87], motivo pelo qual se tem

---

86. Conforme a Súmula 7 do STJ: "A pretensão de simples reexame de prova não enseja Recurso Especial".

87. PROCESSO CIVIL. RECURSO ESPECIAL INTERPOSTO EM LUGAR DE RECURSO EXTRAORDINÁRIO. PRINCÍPIO DA FUNGIBILIDADE RECURSAL. INAPLICABILIDADE.

negado, majoritariamente, a aplicação do princípio da fungibilidade entre os recursos de estrito direito.

A nosso ver, existem, entretanto, algumas situações em que pode haver dúvida objetiva quanto ao cabimento dos recursos especial e extraordinário, nas quais acreditamos ser possível a incidência do princípio da fungibilidade.

O primeiro caso em que vislumbramos a possibilidade de aplicação do princípio diz respeito às situações em que a mesma matéria de direito que é objeto dos recursos extraordinários (especial e extraordinário) constar tanto de dispositivo constitucional quanto de disposição legal infraconstitucional e não houver posicionamento pacífico do STJ e do STF a respeito da eventual prejudicialidade entre os recursos.

Trata-se de questões como a usucapião especial urbano – matéria cuja natureza tem dividido os tribunais superiores[88-89], estando pre-

---

1. A interposição de Recurso Especial em vez de Recurso Extraordinário constitui erro grosseiro, razão pela qual se afigura inviável proceder à aplicação do princípio da fungibilidade. Precedentes. 2. Agravo regimental não-provido. (STJ, 2ª Turma. Relator Ministro João Otávio de Noronha. Agravo Regimental no Agravo de Instrumento 2004/0150155-6. DJ 17.10.2005).

88. Nesse sentido: "AGRAVO INTERNO NO AGRAVO EM RECURSO ESPECIAL. AÇÃO DE USUCAPIÃO. EXTINÇÃO SEM JULGAMENTO DE MÉRITO. 1. VIOLAÇÃO DE DISPOSITIVO CONSTITUCIONAL. IMPOSSIBILIDADE DE ANÁLISE, SOB PENA DE USURPAÇÃO DA COMPETÊNCIA DO STF. 2. NEGATIVA DE PRESTAÇÃO JURISDICIONAL. ALEGAÇÃO GENÉRICA. FUNDAMENTAÇÃO DEFICIENTE. SÚMULA 284/STF. 3. JULGAMENTO ULTRA PETITA. AUSÊNCIA DE INDICAÇÃO DO DISPOSITIVO DE LEI SUPOSTAMENTE VIOLADO. SÚMULA N. 284 DO STF. 4. ALEGADA OFENSA DE ENUNCIADO DE SÚMULA. SÚMULA 518/STJ. 5. AUSÊNCIA DE IMPUGNAÇÃO DOS FUNDAMENTOS DO ACÓRDÃO RECORRIDO. SÚMULA 283/STF. 6. LITIGÂNCIA DE MÁ-FÉ. PECULIARIDADES DO CASO CONCRETO. FUNDAMENTAÇÃO ADEQUADA. REEXAME DE FATOS E PROVAS INVIÁVEL. SÚMULA 7/STJ. 7. AGRAVO IMPROVIDO. 1. É evidente a inadequação da via recursal eleita para alegação de ofensa a dispositivo constitucional, pois a matéria é de competência do STF. 2. Em relação à negativa de prestação jurisdicional, verifica-se que a parte ora recorrente se limitou a defender genericamente a ocorrência de violação do artigo 535 do CPC/1973, sem especificar concretamente sobre quais questões teria a Corte de origem incorrido nos vícios de omissão, contradição ou obscuridade, de maneira que se revela inadmissível o recurso especial no ponto, ante a deficiência em sua fundamentação, conforme jurisprudência consolidada na Súmula 284 do Supremo Tribunal Federal, aplicada analogicamente pelo STJ. 3. Quanto à alegação de julgamento extra petita, a falta de indicação do dispositivo legal que teria sido eventualmente violado faz incidir à hipótese o teor da Súmula n. 284 do STF, por analogia. (É inadmissível o recurso extraordinário, quando a deficiência na sua fundamentação não permitir a

vista tanto no art. 183 da CF[90] quanto no art. 1240 do CC[91] – e o direito adquirido, especialmente os atos jurídicos perfeitos, previstos tanto no art. 6º da Lei de Introdução ao Código Civil[92], quanto no inc. XXXVI do art. 5º da CF[93], a respeito dos quais também não

---

exata compreensão da controvérsia). (...) (AgInt no AREsp 1200579/SC, Rel. Ministro MARCO AURÉLIO BELLIZZE, TERCEIRA TURMA, julgado em 10/04/2018, DJe 18/04/2018)

89. Em sentido contrário, admitindo o Recurso Especial caso também seja interposto Recurso Extraordinário: PROCESSUAL CIVIL E ADMINISTRATIVO. ART. 535 DO CPC/1973. OFENSA. NÃO OCORRÊNCIA. USUCAPIÃO. TERRENO DE MARINHA. ACÓRDÃO COM FUNDAMENTOS CONSTITUCIONAL E INFRACONSTITUCIONAL. RECURSO EXTRAORDINÁRIO. AUSÊNCIA. REEXAME DAS PROVAS DOS AUTOS. IMPOSSIBILIDADE. (...) É inadmissível recurso especial quando o acórdão recorrido se assenta em fundamentos constitucional e infraconstitucional, qualquer deles suficiente, por si só, para mantê-lo, e a parte vencida não manifesta recurso extraordinário (Súmula 126 desta Corte). (AgInt no REsp 1594434/SC, Rel. Ministro GURGEL DE FARIA, PRIMEIRA TURMA, julgado em 15/03/2018, DJe 19/04/2018)

90. CF, art. 183: "Aquele que possuir como sua área urbana de até duzentos e cinqüenta metros quadrados, por cinco anos, ininterruptamente e sem oposição, utilizando-a para sua moradia ou de sua família, adquirir-lhe-á o domínio, desde que não seja proprietário de outro imóvel urbano ou rural.

§ 1º - O título de domínio e a concessão de uso serão conferidos ao homem ou à mulher, ou a ambos, independentemente do estado civil.

§ 2º - Este direito não será concedido ao mesmo possuidor mais de uma vez.

§ 3º - Os imóveis públicos não serão adquiridos por usucapião".

91. CC, art. 1.240: "Aquele que possuir como sua área urbana de até 250 (duzentos e cinqüenta) metros quadrados, por 5 (cinco) anos, ininterruptamente e sem oposição, utilizando-a para sua moradia ou de sua família, adquirir-lhe-á o domínio, desde que não seja proprietário de outro imóvel urbano ou rural.

§ 1º - O título de domínio e a concessão de uso serão conferidos ao homem ou à mulher, ou a ambos, independentemente do estado civil.

§ 2º - O direito previsto no parágrafo antecedente não será concedido ao mesmo possuidor mais de uma vez".

92. LICC, art. 6º: "A lei em vigor terá efeito imediato e geral, respeitados o ato jurídico perfeito, o direito adquirido e a coisa julgada.

§ 1º - Reputa-se ato jurídico perfeito o já consumado segundo a lei vigente ao tempo em que se efetuou.

§ 2º - Consideram-se adquiridos assim os direitos que o seu titular, ou alguém por ele, possa exercer, como aqueles cujo começo do exercício tenha termo pré-fixo, ou condição preestabelecida inalterável, a arbítrio de outrem.

§ 3º - Chama-se coisa julgada ou caso julgado a decisão judicial de que já não caiba mais recurso".

93. CF, art. 5º: "Todos são iguais perante a lei, sem distinção de qualquer natureza, garantindo-se aos brasileiros e aos estrangeiros residentes no País a inviolabilidade do direito à vida, à liberdade, à igualdade, à segurança e à propriedade, nos termos seguintes:

existe uniformização do entendimento do STF e do STJ quanto à sua natureza constitucional ou infraconstitucional.[94-95]

A divergência jurisprudencial dos tribunais superiores a respeito da natureza constitucional ou infraconstitucional das referidas questões impede que as regras de prejudicialidade entre os recursos especial e extraordinário (CPC, art. 1.031) possam ser devidamente aplicadas à espécie, não sendo lógica[96] a interposição de ambos os recursos, por se tratar de fundamentos substancialmente idênticos, mas apenas previstos em textos legais de naturezas distintas.

Dessa maneira, também não se deve aplicar ao caso a súmula 126 do STJ[97], por não haverem dois, mas apenas um fundamento legal aos recursos, pois nessas situações os fundamentos constitucional e infraconstitucional possuem o mesmo conteúdo, não havendo posicionamento uniforme a respeito da sua natureza.

Mais especificamente a respeito do direito adquirido, por exemplo, tem-se duas posições. O Ministro MOREIRA ALVES, do Supremo Tribunal Federal, entendeu, no julgamento de Recurso Extraordinário sobre a correção monetária de planos econômicos junto ao Fundo de Garantia por Tempo de Serviço, que o art. 6º da Lei de Introdução ao Código Civil apenas esclarece conceitos constantes da Constituição Federal, sendo, o direito adquirido, matéria de natureza constitucional.[98]

Por sua vez, o Ministro CELSO DE MELLO, afirmou, contrariamente, que apenas a proteção aos direitos adquiridos possui

(...) XXXVI – a lei não prejudicará o direito adquirido, o ato jurídico perfeito e a coisa julgada".

94. Entendendo ser matéria infraconstitucional: Agravo Regimental no Agravo de Instrumento 135.632-4/RS, Relator Ministro Celso de Mello, DJ de 03.09.99; Agravo Regimental no Recurso Extraordinário 325.632/DF, Relator Ministro Carlos Velloso, DJ de 22.11.02.

95. Entendendo ser matéria constitucional: No STF – RE 226.855/RS, Relator Ministro Moreira Alves, RTJ 174/916.

96. Embora mais segura para a proteção indireta ao direito das partes.

97. De acordo com a súmula 126 do STJ: "É inadmissível Recurso Especial quando o acórdão recorrido assenta em fundamentos constitucional e infraconstitucional, qualquer deles suficiente, por si só, para mantê-lo, e a parte vencida não manifesta Recurso Extraordinário".

98. RE 226.855/RS. RTJ 174/916.

caráter constitucional, apenas a sua tutela, de forma que a sua efetiva regulamentação advém da legislação infraconstitucional, não se tratando de matéria constitucional.[99]

Trata-se de matéria sobre a qual também divergem os ministros do Superior Tribunal de Justiça.[100] Muito embora pensemos que os atos jurídicos perfeitos possuam natureza constitucional, por acreditarmos que o legislador ordinário apenas estabelece os lindes das situações jurídicas estabilizadas, a existência de divergência jurisprudencial ainda gera dúvidas objetivas a respeito do recurso de estrito direito a ser interposto. Por esse motivo, justifica a aplicação do princípio da fungibilidade, mesmo sem haver conversão de recursos, mormente enquanto o STF e o STJ não passarem a decidir uniformemente a respeito das questões mencionadas.

Ainda que os acórdãos recorridos estejam fundados apenas no art. 6º da Lei de Introdução às Normas do Direito Brasileiro, ou apenas no inc. XXXVI do art. 5º da Constituição Federal, os recursos especial e extraordinário deverão ser admitidos, independente de conversão, para que se promova previsibilidade e efetividade; para que não se negue acesso à justiça.

Outra situação em que pode haver dúvida objetiva a respeito da utilização dos recursos especial ou extraordinário deriva das divergências jurisprudenciais a respeito da interpretação das hipóteses de cabimento dos recursos especial e extraordinário previstas nos arts. 105, III e 102, III da CF, respectivamente.

O segundo caso em que vislumbramos a existência de dúvida objetiva, diz respeito à natureza constitucional ou infraconstitucional das situações enquadráveis na alínea "d"do inc. III do art. 102 da Constituição Federal, trazida pela Emenda Constitucional 45[101], a respeito do cabimento do Recurso Extraordinário.

---

99. AR no AI 135.632-4/RS. DJ de 03.09.99.

100. Entendendo ser matéria infraconstitucional junto ao STJ: REsp 140.116/SP, Relator Ministro José Arnaldo da Fonseca. DJ de 24.08.98. No sentido contrário, entendendo ser matéria constitucional: REsp 33.533/PR, Relator Ministro Eduardo Ribeiro, DJ de 31.03.93.

101. CF, art. 102, III, "d" – "Compete ao Supremo Tribunal Federal, precipuamente, a guarda da constituição, cabendo-lhe: (...) julgar mediante Recurso Extraordinário, as causas

Cremos que a decisão que julga ser válida a lei local contestada em face de lei federal pode ser vista tanto sob o aspecto das disposições constitucionais sobre competência legislativa (CF, art. 24), quanto sob o viés do eventual conflito (incompatibilidade) entre as leis local e federal.

Um exemplo seria uma decisão que contrariasse o art. 1.007 do CPC ao não exigir preparo recursal com fundamento em lei estadual sobre custas processuais (CF, art. 24, IV), matéria essa sobre a qual os estados podem legislar em concorrência com a União, mas desde que respeitem as normas gerais por esta fixadas. Neste caso haveria contrariedade, mas não negativa de vigência à lei federal; seria matéria, em tese, de Recurso Especial e não de Recurso Extraordinário, por não se referir, a problemática, ao desrespeito de competências legislativas.

Na primeira situação, competência legislativa é matéria constitucional, desafiando Recurso Extraordinário; na segunda hipótese, a compatibilidade entre as leis local e federal, que não desrespeitam regras constitucionais de competência legislativa, possui natureza federal, merecendo a interposição de Recurso Especial ainda que a interpretação literal da alínea "d" do inc. III do art. 102 da Constituição Federal conduza a uma conclusão genérica e diversa.

O cabimento de Recurso Especial nas situações de contrariedade entre as leis local e federal era, inclusive, explicitamente previsto na antiga alínea "b"do inc. III do art. 105 da Constituição Federal, modificada pela Emenda Constitucional 45.[102] Ocorre que a jurisprudência tendeu, paulatinamente, a afirmar que a análise da contestação da lei local em face da lei federal teria sempre natureza constitucional, por ligar-se à competência das pessoas jurídico

---

decididas em única ou última instância, quando a decisão recorrida: (...) d) julgar válida lei local contestada em face de lei federal."

102. Conforme a antiga redação da CF, art. 105, III, "b" – "Compete ao Superior Tribunal de Justiça: (...) III – julgar em Recurso Especial, as causas decididas em única ou última instância, pelos Tribunais Regionais Federais ou pelos Tribunais dos Estados, do Distrito Federal e Territórios, quando a decisão recorrida: (...) b) julgar válida lei ou ato de governo local contestado em face de lei federal".

políticas[103]. Trata-se do argumento que prevaleceu e influenciou o texto constitucional por ocasião da modificação trazida pela Emenda Constitucional 45.

De qualquer maneira, no que concerne à interpretação da nova alínea "d" do inc. III do art. 102 da Constituição Federal, existe mais de um caminho plausível. LUIZ RODRIGUES WAMBIER, TERESA ARRUDA ALVIM e JOSÉ MIGUEL GARCIA MEDINA[104] explicitam as duas possibilidades de interpretação do texto legal que entendem haver: a) a de contrariedade entre as leis federal e local oposta à hipótese do conflito de competências constitucionais, desafiando recursos especial e extraordinário, respectivamente; b) a de que toda decisão que julga válida a contestação de lei local em face de lei federal constitui questão constitucional, delas cabendo Recurso Extraordinário.

Deste modo, os recursos especial e extraordinário merecem ser conhecidos nas referidas situações independentemente da conversão de um recurso em outro, até porque a fundamentação vinculada e as distintas competências do STF e do STJ para julgamento de cada recurso tornariam bastante árdua a sua consecução.

É nesse sentido que pensamos a aplicação do princípio da fungibilidade, não necessariamente vinculando a sua utilização à

---

103. Como no Recurso Extraordinário 155.831-7/SP, Relatora Ministra Ellen Northfleet, DJ de 13.03.03. No mesmo sentido, passou a decidir também o STJ: Resp 142.597/RS, Relator Ministro José Delgado, DJ de 20.10.97).

104. Nesse sentido, exemplificam e concluem os autores: "Em palestra proferida recentemente, a Ministra ELIANA CALMON mencionou o caso em que lei estadual dispensa o pagamento de custas, contrariando o disposto no art. 511 do CPC. Considerando que não se discutia a *validade* de lei estadual – uma vez que esta pode legislar sobre custas dos serviços forenses, cf. art. 24 IV da Constituição – a questão girava em torno da aplicação do art. 511 do CPC. Neste caso a questão é meramente *federal,* e deve ser julgada pelo STJ, pois não se contesta a validade de lei local.

O dispositivo constitucional ora comentado pode sugerir outra interpretação: a de que seria sempre cabível Recurso Extraordinário, se conflitassem lei local e lei federal, mesmo que não se discutisse sobre a validade da lei local. Bastaria, assim, que a lei federal fosse colocada em confronto com uma lei local para que se estivesse diante de *questão constitucional*, e não de *questão federal*. A prevalecer esta orientação, contudo, o Supremo Tribunal Federal se tornaria, também, órgão competente para definir a *inteligência*, isto é, o *modo de interpretação da lei federal*, o que diminuiria o âmbito da função do Superior Tribunal de Justiça no direito brasileiro". Breves Comentários à Nova Sistemática Processual Civil 2. São Paulo: RT, 2006, p. 58.

conversão de meios processuais, mas sim analisando a conveniência ou não da respectiva conversão. A fungibilidade de meios necessita ser vista e aplicada na perspectiva da razoabilidade entre os direitos fundamentais à efetividade e à segurança através do processo; necessita ser vista por uma lógica coerente de custo e benefício, de relação entre os meios e os fins do processo.

Dentro desse universo, não acreditamos que a *conversibilidade* seja, como já disse TERESA ARRUDA ALVIM[105], um pré-requisito à aplicação do princípio da fungibilidade, pois cremos na possibilidade de admitirem-se os recursos especial e extraordinário, no caso em tela, da forma como foram interpostos haja vista tratarem, as situações de dúvida objetiva analisadas, dos mesmos conteúdos de direito, sejam estes considerados questão constitucional ou não.

---

105. Elucida a autora: "É necessário que se compreenda a dimensão do erro que se está afirmando quando se afirma que neste ou naquele caso, o princípio da fungibilidade não poderia incidir porque (embora presentes os pressupostos de sua incidência) seria concretamente impossível proceder-se à conversão de um meio no outro, por razões ligadas a competência ou de ordem procedimental.

As figuras e os institutos do processo são frutos de convenções. Há um acordo na comunidade jurídica a respeito do que seja processo (uma relação jurídica trilateral que se estabelece entre autor, juiz e réu), sobre o que seja a preclusão ou a coisa julgada. São figuras "inventadas".

Dentre estas convenções, existem aquelas que são <u>meras convenções</u>, cuja existência é necessária para tornar o sistema operativo e funcional. Existem outras, todavia que, embora sejam convenções, traduzem conquistas, avanços da civilização, a que, portanto, deve se dar prioridade, em caso de se ter que escolher. Eu diria que estas convenções traduzem uma maior compreensão a respeito da adoção de valores que proporcionam ao ser humano uma vida melhor.

Exemplo do primeiro caso, são as regras de competência. São convenções imprescindíveis, mas de valor meramente instrumental. Exemplo do segundo caso, são as regras atinentes à citação, que indubitavelmente são reflexo de uma visão político-jurídica do Estado democrático de Direito.

Significa atribuir equivocadamente valor diferenciado àquelas regras (meras convenções de função instrumental) em detrimento deste tipo de regra (este último de que tratei: regras em que se consubstanciam em conquistas do homem), afirmar-se, por exemplo, que não se pode aplicar o princípio da fungibilidade entre Mandado de Segurança e reclamação, porque, pura e simplesmente, *não haveria como converter uma medida na outra!*". O Óbvio que não se vê: A Nova Forma do Princípio da Fungibilidade. Revista de Processo n.º 137, p. 135 e 136.

d) Dúvida entre Agravo de Instrumento e Apelação para a impugnação da decisão que julga a primeira fase da Ação de Exigir Contas;

O procedimento da ação de exigir contas tem cabimento para aqueles que estiverem administrando certos bens ou interesses de outrem, possuindo, destarte, obrigação em prestar contas da sua gestão, seja de forma forçada ou voluntariamente. Referida ação é fracionada em duas fases, quais sejam: 1ª fase, consistente na verificação do direito em ver as contas prestadas e 2ª fase, esta atribuída à apresentação das contas em si.

Não se estará diante de dois processos distintos, tramitando simultaneamente nos mesmos autos. O processo, em verdade, é único, embora dividido em duas fases. Há o ajuizamento de uma única demanda, contendo um só mérito.

No entanto, em que pese a supressão do termo "sentença" ao se tratar do encerramento da primeira fase, ainda pairam dúvidas a respeito de qual seria o recurso cabível frente ao decisum que determina ou não a prestação de contas: Agravo de Instrumento ou Apelação?

Tendo, porém, a nova lei adotado o encerramento da primeira fase por meio de decisão, o recurso contra este será o agravo de instrumento, já que embora não encerrando a atividade cognitiva do processo, teria sido julgado parte do mérito da causa, qual seja, a relativa ao direito de exigir contas (art. 1.015, II). O recurso manejável, porém, não acarretará paralisação do processo em primeiro grau, nem sequer será processado nos autos da causa, mas em atuação apartada, formada diretamente no tribunal *ad quem*.

Em que pese o novo sentido impingido pelo Código de Processo Civil de 2015 à decisão que define a primeira fase da ação, ainda se colhem dos tribunais pátrios decisões que recebem Recurso de Apelação[106] e outras que recebem a impugnação por meio de Agravo

---

106. APELAÇÃO CÍVEL. AÇÃO DE PRESTAÇÃO DE CONTAS PRIMEIRA FASE. SENTENÇA DE PROCEDÊNCIA INSURGÊNCIA DOS RÉUS. TESE DE QUE JÁ HOUVE JUSTIFICAÇÃO AO MANDANTE QUANTO ÀS CONTAS RELATIVAS À GESTÃO. DESCABIMENTO. MENSAGENS ELETRÔNICAS JUNTADAS AOS AUTOS QUE, POR SI SÓS, NÃO POSSUEM O CONDÃO DE COMPROVAR QUE AS CONTAS FORAM EFETIVAMENTE APRESENTADAS. INTELIGÊNCIA

de Instrumento[107], o que gera dúvida objetiva a cria a possibilidade de aplicação do princípio da fungibilidade à espécie.

e) **Dúvida entre agravo de instrumento, recurso em sentido estrito, apelação e habeas corpus contra a concessão, revisão ou substituição das medidas protetivas previstas na Lei nº 11.340/06 (Lei Maria da Penha);**

A Lei Maria da Penha é omissa no tocante ao recurso a ser interposto contra a decisão que concede, revisa ou substitui medidas protetivas. Nos seus arts. 13 e 14 estabelece competências cível e criminal, bem como a possibilidade de aplicação das normas dos Códigos de Processo Penal e de Processo Civil, na redação trazida pelo art. 2º da Lei 13.894/19.

Deste modo, existe significativa divergência a respeito do meio de impugnação de concessão, revisão ou substituição das medidas

---

DO ART. 668 DO CÓDIGO CIVIL. LEGITIMIDADE DOS HERDEIROS PARA EXIGIR AS CONTAS DE TODO O PERÍODO DO MANDATO. I -"Esta Corte já decidiu que o dever de prestar contas não se transmite aos herdeiros do mandatário, devido ao caráter personalíssimo do contrato de mandato. Essa orientação, porém, não pode ser estendida à hipótese de morte do mandante, porque as circunstâncias que impedem a transmissibilidade do dever de prestar contas aos herdeiros do mandatários não se verificam na hipótese inversa, relativa ao direito de os herdeiros do mandante exigirem a prestação de contas do mandatário. Legitimidade dos herdeiros do mandante para ajuizaram ação de prestação de contas em desfavor do mandatário do de cujus" (SUPERIOR TRIBUNAL DE JUSTIÇA, Resp n. 1122589/MG, rel. Min. Paulo Sanseverino).

107. DIREITO COMERCIAL E PROCESSUAL CIVIL - AGRAVO DE INSTRUMENTO - AÇÃO DE EXIGIR CONTAS – CONTRATO DE ABERTURA DE CONTA CORRENTE - PRIMEIRA FASE - DEVER DE PRESTAR CONTAS - IRRESIGNAÇÃO DA INSTITUIÇÃO BANCÁRIA - A) CABIMENTO DO AGRAVO DE INSTRUMENTO - B) PRELIMINAR: INÉPCIA DA PETIÇÃO INICIAL POR FALTA DE INTERESSE DE AGIR POR FORMULAR PEDIDO GENÉRICO - INOVAÇÃO RECURSAL - C) MÉRITO: LIMITAÇÃO DAS CONTAS AOS LANÇAMENTOS IMPUTADOS - AMPLIAÇÃO DO PRAZO PARA PRESTAÇÃO DE CONTAS - AUSÊNCIA DE INTERESSE RECURSAL - INTERPRETAÇÃO DE TODOS OS ELEMENTOS DO DECISUM - MINORAÇÃO DOS HONORÁRIOS ADVOCATÍCIOS - PERCENTUAL ADEQUADO A CAUSA - FIXAÇÃO DE HONORÁRIOS RECURSAIS – DECISÃO MANTIDA - RECURSO CONHECIDO EM PARTE E DESPROVIDO. A decisão que encerra a primeira fase da prestação de contas possui natureza jurídica de decisão interlocutória e passível de impugnação por agravo de instrumento. Pedido genérico não alegado no Juízo a quo, caracteriza inovação recursal, o que impede sua análise pelo Tribunal ad quem. A decisão deve ser interpretada com todos os seus elementos, incorrendo em ausência de interesse recursal quando da leitura é possível inferir o período que se destina a ação de exigir contas. (TRIBUNAL DE JUSTIÇA DE SANTA CATARINA. Agravo de Instrumento n. 4019940-44.2017.8.24.0000, de Cunha Porã. Rel. Des. Monteiro Rocha, Quinta Câmara de Direito Comercial, j. 26-09-2019).

protetivas previstas naquele diploma legal. A dúvida objetiva existe entre agravo de instrumento, recurso em sentido estrito, apelação e *habeas corpus*.

A própria jurisprudência reconhece a divergência doutrinária acerca do tema.[108]

Por sua vez, o Enunciado 21 do FONAVID atribui a competência aos Tribunais de Justiça para apreciar os recursos contra as decisões proferidas pelos Juizados de Violência Doméstica contra a Mulher.

Consultando a jurisprudência dos nosso Tribunais, observa-se que já foi aceito recurso em sentido estrito[109], apelação[110], *habeas corpus* e até agravo de instrumento[111].

O Tribunal de Justiça do Paraná, entretanto, não conheceu o agravo de instrumento interposto por advogado contra decisão que, diante do descumprimento reiterado das medidas protetivas, aplicou multa pecuniária em benefício da agravada.[112]

---

108. AGRAVO REGIMENTAL NO AGRAVO EM RECURSO ESPECIAL. MEDIDAS PROTETIVAS DE URGÊNCIA. CONTROVÉRSIA NA DOUTRINA E NA JURISPRUDÊNCIA ACERCA DO RECURSO CABÍVEL. APLICAÇÃO DO PRINCÍPIO DA FUNGIBILIDADE QUE SE IMPÕE. RECURSO DESPROVIDO. 1. De acordo com o art. 579 do Código de Processo Penal, "salvo a hipótese de má-fé, a parte não será prejudicada pela interposição de um recurso por outro". 2. "É consabido a divergência doutrinária em relação ao recurso cabível em face do deferimento de medidas protetivas constantes na Lei Maria da Penha, razão pela qual deve ser aplicado o princípio da fungibilidade, entendimento este assente nesta Corte Superior" (REsp n. 1.704.310/AM, Rel. Ministro JOEL ILAN PACIORNIK, DJ 29/11/2017). 3. Agravo regimental a que se nega provimento.

109. BRASIL. Tribunal de Justiça de Santa Catarina. Recurso em Sentido Estrito n. 0000206-87.2018.8.24.0018, de Chapecó. Quinta Câmara Criminal. Relator Desembargador Antônio Zoldan da Veiga. Julgado em 27-06-2019. Acesso em 10 out 2019.

110. BRASIL. Tribunal de Justiça de São Paulo. Apelação Criminal 0005573-91.2015.8.26.0002. 12ª Câmara de Direito Criminal. Julgado em 31/07/2019. Acesso em 10 out 2019.

111. BRASIL. Tribunal de Justiça do Rio Grande do Sul. Petição, Nº 70082017484, de Santa Maria. Primeira Câmara Criminal. Relator Manuel José Martinez Lucas. Julgado em: 24-07-2019. Acesso em 10 out 2019.

112. [...] o presente recurso não pode ser aqui conhecido, uma vez que não está previsto no Código de Processo Penal, sendo que o princípio da taxatividade dos recursos exige que a sua admissibilidade **esteja** subordinada à expressa previsão normativa, não se olvidando que o agravo de instrumento é uma manifestação recursal própria e exclusiva do processo civil. Neste sentido: "Os recursos dependem de previsão legal, de modo que o rol dos recursos e as hipóteses de cabimento configuram um elenco taxativo. Isso porque, na tentativa de equilibrar as garantias do valor justiça e do valor certeza, não

Logo, há sim, risco de dano para as partes, havendo dúvida[113] objetiva[114] na espécie.[115] Assim, para a aplicação do princípio da

---

se pode admitir que a via recursal permaneça infinitamente aberta, o que sacrificaria o princípio da segurança jurídica: a possibilidade de revisão das decisões judiciárias há de ser prevista em lei". (GRINOVER, GOMES FILHO e SCARANCE FERNANDES in Recursos no Processo Penal, 4ª ed., SP: RT, 2005, p. 38).

Ademais, observe-se que, não obstante exista o princípio da fungibilidade recursal, ele não se aplica no caso em análise, afinal, trata-se de erro grosseiro, que impede o seu conhecimento, pois o agravo de instrumento é um recurso de natureza cível, interposto contra decisões interlocutórias, diante de situações que demonstrem a possibilidade e/ou iminência de lesão grave e de difícil reparação, bem como nos casos de inadmissão da apelação, entre outras especificidades do âmbito do processo civil. O Superior Tribunal de Justiça assim se posicionou acerca do assunto: "É firme a compreensão deste Superior Tribunal de Justiça, no sentido de que a indicação expressa, no Estatuto Processual Penal quanto ao recurso cabível na espécie, afasta a aplicação do princípio da fungibilidade recursal, diante da constatação do erro grosseiro". (STJ, 5ª T., HC 172.515/MG, Rel. Min. LAURITA VAZ, 29/03/2012).

Por tais fundamentos, não conheço o recurso, extinguindo o procedimento recursal, sem resolução de mérito, nos termos do art. 200, XXIV, do Regimento Interno do Tribunal de Justiça do Estado do Paraná. (grifou-se)

113. PETIÇÃO DE AGRAVO DE INSTRUMENTO CONHECIDA COMO APELAÇÃO. VIOLÊNCIA DOMÉSTICA. *MEDIDAS PROTETIVAS* DE URGÊNCIA. ALIMENTOS PROVISIONAIS. REVOGAÇÃO. DECISÃO MANTIDA. Conhecimento. Petição de agravo de instrumento conhecida como apelação, frente ao princípio da *fungibilidade* dos *recursos*, em razão do caráter terminativo da decisão, bem como da ausência de previsibilidade, na Lei n.º 11.340/06, quanto ao *recurso cabível*. Julgados da Câmara. Mérito. A fixação de alimentos provisionais como *medida protetiva* de urgência é *medida* excepcionalíssima, destinada à proteção da mulher vítima de violência doméstica, não substituindo a necessidade de discussão do tema na Vara da Família. Decisão recorrida suficientemente fundamentada, a qual mencionou expressamente que ⊠não se está a dizer que a vítima não tem direito a receber auxílio financeiro do ex-companheiro, o que deve ser discutido, em sendo o caso, na Vara de Família. O que se quer dizer, sim, é que não se vislumbra a necessidade e a urgência essenciais para que esse auxílio seja imposto sumariamente como *medida protetiva*. Essas *medidas*, como o próprio nome indica, destinam-se a situações urgentes, não servindo como substitutivas da ação civil adequada para postular alimentos que a mulher entende ter direito⊠. Impositiva a manutenção da bem lançada decisão proferida na origem. PETIÇÃO CONHECIDA COMO APELAÇÃO. *RECURSO* DESPROVIDO.

114. AGRAVO DE INSTRUMENTO. DECISÃO EM AÇÃO DE MEDIDAS PROTETIVAS DE URGÊNCIA. INTERLOCUTÓRIA RECORRIDA QUE NEGA PEDIDO DA REQUERENTE DE BLOQUEIO DE VALORES NAS CONTAS DO REQUERIDO PARA FINS DE EFETIVAÇÃO DO CUMPRIMENTO DA MULTA IMPOSTA PELO JUÍZO, DIANTE DA INCOMPETÊNCIA DO JUÍZO PARA DECIDIR SOBRE QUESTÕES DE NATUREZA CIVIL. PEDIDO DE JUSTIÇA GRATUITA. BENEFÍCIO JÁ CONCEDIDO EM PRIMEIRO GRAU. REQUERENTE ATENDIDA PELA DEFENSORIA PÚBLICA. HIPOSSUFICIÊNCIA VERIFICADA. ADEMAIS, AUTOS ELETRÔNICOS QUE DISPENSAM O PAGAMENTO DO PREPARO. ISENÇÃO CONCEDIDA NESTE SEGUNDO GRAU DE JURISDIÇÃO. MÉRITO. AGRAVANTE QUE PRETENDE NOVA FIXAÇÃO DE MUL-

fungibilidade à espécie, é essencial recorrer sempre de acordo com o meio de impugnação de menor prazo, bem como efetuar pedidos subsidiários, tais como o recebimento de agravo de instrumento interposto em apenas cinco dias como recurso em sentido estrito, caso assim o Tribunal entenda.

f) Dúvida entre Agravo de Instrumento e Apelação quanto ao recurso cabível em face de decisão final em habilitação de crédito em inventário;

Nas habilitações de crédito propostas à luz do Código de 1973, já havia histórica divergência jurisprudencial no Superior Tribunal

---

TA POR REITERADO DESCUMPRIMENTO DAS MEDIDAS APLICADAS E BLOQUEIO DOS VALORE VIA BACEN JUD. NÃO ACOLHIMENTO. MULTA APLICADA PELO JUIZADO DA VIOLÊNCIA DOMÉSTICA CONTRA A MULHER, DE ACORDO COM O DISPOSTO NO ART. 22, §4º, DA LEI 11.340/2006. DISPOSITIVO QUE DETERMINA A IMPOSIÇÃO DE MULTA COM OBSERVÂNCIA DOS ARTIGOS 536, §1º E 537, §1º, AMBOS DO CPC/2015. BLOQUEIO DE VALORES NAS CONTAS DO REQUERIDO QUE É MEDIDA EMINENTEMENTE DE NATUREZA CIVIL NÃO SE COADUNANDO COM OS DITAMES DA LEI PROTECIONISTA DA MULHER. ADEMAIS, REITERADO DESCUMPRIMENTO DAS MEDIDAS QUE É PASSÍVEL DE DECRETAÇÃO DA PRISÃO PREVENTIVA DO REQUERIDO (ART. 313, INC. III, DO CPP) PARA SUA EFETIVAÇÃO. MANUTENÇÃO DA DECISÃO RECORRIDA. RECURSO CONHECIDO E DESPROVIDO.

115. RECURSO EM SENTIDO ESTRITO - INDEFERIMENTO DE FIXAÇÃO DE MEDIDAS PROTETIVAS - INSURGÊNCIA DA REQUERENTE. LEI MARIA DA PENHA - DECISÃO DE INDEFERIMENTO DE MEDIDA PROTETIVA DE URGÊNCIA - DÚVIDA QUANTO AO REMÉDIO PROCESSUAL CABÍVEL - PRINCÍPIO DA FUNGIBILIDADE - RECURSO CONHECIDO. "Sem se firmar um posicionamento definitivo acerca do recurso cabível em casos de indeferimento das medidas cautelares de urgência previstas na Lei n. 11.340/06 - matéria alvo de manifesta divergência doutrinária -, mas considerando, no caso, que se fosse qualquer uma das possíveis hipóteses, isto é, **agravo de** instrumento, recurso em sentido estrito ou apelação, o reclamo estaria tempestivo, a insurgência recursal deve ser conhecida, forte no primado da fungibilidade, e sob pena de, se assim não se fizer, tornar a decisão vergastada irrecorrível" (TJSC, Des. Paulo Roberto Sartorato). MEDIDA PROTETIVA DE URGÊNCIA - FUMUS COMISSI DELICTI - PALAVRA DA VÍTIMA E DE INFORMANTE - RENÚNCIA AO DIREITO DE REPRESENTAÇÃO - MEDIDA AUTÔNOMA - PORÉM, DÚVIDA QUANTO AO PERICULUM LIBERTATIS - DECISÃO MANTIDA POR FUNDAMENTO DIVERSO. Embora as medidas protetivas de urgência possam ser deferidas independentemente da existência de processo cível ou criminal, a renúncia ao direito de representação pela vítima posteriormente à interposição do recurso gera dúvidas quanto à necessidade da imposição da medida restritiva. RECURSO CONHECIDO E DESPROVIDO.

de Justiça com relação ao recurso cabível em face de decisão final em habilitação de crédito em inventário.[116]

Reconhecendo-se a controvérsia na jurisprudência, sobrevieram decisões naquela Corte Superior pela aplicação do princípio da fungibilidade nessas hipóteses, admitindo-se assim, à luz da

116. RECURSO ESPECIAL - HABILITAÇÃO DE CRÉDITO EM INVENTÁRIO - PEDIDO DEFERIDO, COM DETERMINAÇÃO DE RESERVA DE BENS SUFICIENTES A SALDAR O DÉBITO DO ESPÓLIO PERANTE O CREDOR HABILITANTE - MANEJO DE AGRAVO DE INSTRUMENTO - NÃO CONHECIMENTO PELO TRIBUNAL DE ORIGEM, POR REPUTAR CABÍVEL APELAÇÃO - DECISÃO DE NATUREZA INTERLOCUTÓRIA - RECONHECIMENTO - CONTROVÉRSIA NA DOUTRINA E NA JURISPRUDÊNCIA - VERIFICACÃO - RECURSO ESPECIAL PROVIDO.

Pedido de habilitação de crédito em inventário deferido pelo magistrado de piso, para determinar a reserva de bens suficientes a fazer frente ao débito do espólio perante o credor habilitante. Decisum, que ensejou o manejo de agravo de instrumento pelo espólio.

Agravo de instrumento não conhecido pelo Tribunal de origem, por reputar cabível recurso de apelação, não se afigurando possível aplicar, à espécie, o princípio da fungibilidade recursal ante a verificação de erro grosseiro.

1. O agravo de instrumento é o recurso adequado para impugnar decisão que aprecia pedido de habilitação de crédito no inventário, pois o provimento judicial atacado, embora processado em apenso aos autos principais, tem natureza de decisão interlocutória, uma vez que não encerra o processo de inventário. Não obstante, mesmo que o ora recorrente tivesse intentado recurso de apelação, o conhecimento da insurgência seria de rigor, em observância ao princípio da fungibilidade recursal, a considerar a existência de dúvida objetiva no âmbito da doutrina, assim como da jurisprudência (identificada, ao menos, em dois precedentes desta Corte de Justiça).

2. Negativa de prestação jurisdicional. Inexistência. A fundamentação adotada pelo Tribunal de origem para o deslinde da controvérsia é clara e suficiente, revelando-se desnecessário ao magistrado rebater cada um dos argumentos declinados pela parte.

3. Decisão judicial sobre a habilitação de crédito no inventário.

Provimento jurisdicional que não encerra o procedimento perante o Juízo de Direito, mas mantém o processo de inventário em curso, relegando eventual discussão sobre o crédito para as vias ordinárias ou determinado a separação de bens para o pagamento da dívida em momento posterior.

4. A mera autuação em apenso do pedido não tem o condão de desnaturar a essência da decisão proferida, pois a forma de processamento do pleito se refere à disciplina da marcha processual, a fim de se alcançar a boa prestação jurisdicional, sem tumultos processuais ou sem dilações indevidas.

5. O agravo de instrumento é o recurso adequado para impugnar decisão que aprecia pedido de habilitação de crédito no inventário, pois o provimento judicial atacado, embora processado em apenso aos autos principais, tem natureza de decisão interlocutória, uma vez que não encerra o processo de inventário.

6. Recurso especial provido, para afastar o óbice apresentado pelo Tribunal de origem e determinar que este prossiga no julgamento do agravo de instrumento como bem entender de direito. (STJ, REsp 1107400/SP, Rel. Ministro MARCO BUZZI, QUARTA TURMA, julgado em 10/09/2013).

instrumentalidade, tanto a interposição de agravo de instrumento quanto de apelação cível em face da decisão final prolatada em ação de habilitação de crédito.[117]

Ressalta-se que mesmo a superveniência da nova codificação não foi suficiente para superar a divergência outrora havida, remanescendo, portanto, dúvida razoável acerca da questão.

É que, à luz do debate travado na vigência da codificação anterior, a questão remontava à interpretação do art. 1.017 (a tratar do pedido de habilitação de crédito) no tocante ao caráter interlocutório ou não da decisão que decidia o pleito.

A discussão que existia, à época, "*na doutrina e jurisprudência é quanto à natureza do provimento jurisdicional que indefere a habilitação do credor nos autos de inventário, sustentando-se ora, que se trata de decisão interlocutória, impugnável por agravo de instrumento, ora, que se trata de sentença, atacável por recurso de apelação*" (REsp 1107400/SP, de Rel. Ministro Marco Buzzi, julgado em 10/09/2013).

---

117. AGRAVO REGIMENTAL NO AGRAVO EM RECURSO ESPECIAL. HABILITAÇÃO DE CRÉDITO EM INVENTÁRIO. RECURSO CABÍVEL. CONTROVÉRSIA NA DOUTRINA E NA JURISPRUDÊNCIA. APLICAÇÃO DO PRINCÍPIO DA FUNGIBILIDADE. VIOLAÇÃO DO ART. 535 DO CPC. INOCORRÊNCIA. REQUISITOS DA NOTA PROMISSÓRIA. AUSÊNCIA DE PREQUESTIONAMENTO. CONTRATO DE MÚTUO. PRESCRIÇÃO. PRAZO QUINQUENAL. AGRAVO REGIMENTAL DESPROVIDO. (STJ, AgRg no AREsp 423.778/PR, Rel. Ministro PAULO DE TARSO SANSEVERINO, TERCEIRA TURMA, julgado em 06/10/2015).

PROCESSUAL CIVIL. AGRAVO INTERNO NO AGRAVO REGIMENTAL NOS EMBARGOS DE DECLARAÇÃO NO RECURSO ESPECIAL. AUSÊNCIA DE INDICAÇÃO DO DISPOSITIVO LEGAL. SÚMULA N. 284 DO STF. FALTA DE PREQUESTIONAMENTO. SÚMULA N. 211 DO STJ. INCIDENTE DE RESERVA DE BENS. INVENTÁRIO. RECURSO CABÍVEL. PRINCÍPIO DA FUNGIBILIDADE. DECISÃO MANTIDA.

1. O conhecimento do recurso especial exige a indicação dos dispositivos legais supostamente violados. Ausente tal requisito, incide a Súmula n. 284/STF.

2. Ausente o exame da matéria pelo Tribunal de origem, mesmo diante da oposição de embargos declaratórios, inviável o recurso especial, por falta de prequestionamento (Súmula n. 211/STJ).

3. Admite-se a aplicação da fungibilidade recursal "na hipótese em que exista dúvida objetiva, fundada em divergência doutrinária ou mesmo jurisprudencial acerca do recurso a ser manejado em face da decisão judicial a qual se pretende impugnar" (AgRg no AREsp 336.945/SC, Rel. Ministro RAUL ARAÚJO, QUARTA TURMA, julgado em 02/10/2014, DJe 23/10/2014).

4. Agravo interno a que se nega provimento. (STJ, AgInt no AgRg nos EDcl no REsp 1512522/SP, Rel. Ministro ANTONIO CARLOS FERREIRA, QUARTA TURMA, julgado em 14/06/2016, DJe 20/06/2016).

Da leitura da normativa antecedente e da atual, denota-se que não houve significativa mudança na redação do dispositivo, razão pela qual é possível afirmar que o CPC de 2015, neste ponto, não contribuiu para a elucidação da controvérsia. Em pesquisa junto aos Tribunais, tampouco parece que a questão restou solucionada em decisões recentes.[118-119] Por esse motivo, a divergência é tal que a jurisprudência reconhece explicitamente a aplicabilidade da fungibilidade como princípio à espécie.[120]

---

118. AGRAVO INTERNO. Habilitação de crédito em inventário. Sentença de improcedência. Não conhecimento do recurso de agravo de instrumento por inadequação da via eleita. Interposição de agravo de instrumento que configura erro grosseiro. Inaplicabilidade do princípio da fungibilidade recursal. Inteligência do artigo 203, parágrafo 1º, do CPC. Ausência de novas razões a ensejar a reforma da decisão. Recurso a que se nega provimento, com aplicação de multa (TJSP, Agravo Interno Cível 2077177-45.2019.8.26.0000; Rel. Des. José Rubens Queiroz Gomes, 7ª Câmara de Direito Privado, Data do Julgamento: 11/07/2019; Data de Registro: 11/07/2019.

119. APELAÇÃO – DECISÃO QUE JULGA PEDIDO DE HABILITAÇÃO DE CRÉDITO EM INVENTÁRIO – CABIMENTO DO RECURSO DE AGRAVO DE INSTRUMENTO E NÃO DE APELAÇÃO – DISSENSO SOBRE O TEMA QUE AUTORIZA A FUNGIBILIDADE RECURSAL – DISCORDÂNCIA DOS HERDEIROS A RESPEITO DO CRÉDITO EM HABILITAÇÃO – REMESSA ÀS VIAS ORDINÁRIAS - Dívida cobrada por associação ligada à prestação de serviços médico-hospitalares em favor do falecido, nos autos do inventário – Impugnação oferecida pelo espólio, no sentido de prévia quitação e de ausência de demonstração dos serviços supostamente prestados – Conflito que extrapola os limites do procedimento – Previsão legal de que a discordância dos herdeiros remete a questão às vias ordinárias – Art. 643, caput, do CPC – Decisão reformada - CONHECERAM DO RECURSO COMO AGRAVO DE INSTRUMENTO E LHE DERAM PROVIMENTO (TJSP, Apelação Cível 1002627-43.2017.8.26.0396, Rel. Des. Alexandre Coelho, 8ª Câmara de Direito Privado, Data do Julgamento: 30/07/2019; Data de Registro: 30/07/2019, grifou-se).

120. APELAÇÃO CÍVEL. SUCESSÕES. INCIDENTE DE HABILITAÇÃO DE CRÉDITO EM INVENTÁRIO. RECURSO CABÍVEL: AGRAVO DE INSTRUMENTO. CONTROVÉRSIA DOUTRINÁRIA E JURISPRUDENCIAL. APLICAÇÃO DO PRINCÍPIO DA FUNGIBILIDADE. PEDIDO DE ARBITRAMENTO DE HONORÁRIOS ADVOCATÍCIOS DE PROCURADOR CONSTITUÍDO POR ANTERIOR INVENTARIANTE, POR SUA ATUAÇÃO NO INVENTÁRIO E DEMAIS PROCESSOS. DESCABIMENTO. 1. A decisão final proferida em incidente de *habilitação* de *crédito* em *inventário* tem natureza de interlocutória, pois apenas resolve questão incidental, não extinguindo o feito principal (art. 642, § 1º, do CPC). Logo, desafia agravo de instrumento, e não apelação. Entretanto, havendo notória controvérsia quanto ao recurso cabível, reconhecida inclusive pelo STJ, conhece-se do recurso de apelação interposto como agravo de instrumento, com amparo no princípio da *fungibilidade* recursal. 2. Embora seja inegável que, no bojo do *inventário*, foi entabulado e homologado acordo que prevê, de forma expressa, que deverão ser quitados todos os passivos do espólio, aí incluído o pagamento dos honorários advocatícios contratuais e de sucumbência devidos aos procuradores contratados pela anterior inventariante, para defender o espólio nas causas em que atuaram, o procedimento de *habilitação* de *crédito* não

Logo, nessas hipóteses, diante da divergência jurisprudencial,

---

se presta para fins de arbitrar o valor de honorários de sucumbência, pleiteados com fundamento no art. 85, § 2º, do CPC. O incidente de *habilitação* de *crédito* em *inventário* não comporta cognição exauriente acerca do *crédito* que se pretende *habilitar*, tratando-se meramente de um proceder facultativo e simplificado, de caráter célere e menos oneroso para todos, quando o *crédito* levado à *habilitação* - de valor já líquido e certo - é reconhecido pelos herdeiros, o que não é o caso. Ademais, no julgamento do agravo de instrumento n. 70061387643, foi deliberado que somente depois da ultimação do *inventário* seria possível deliberar acerca da responsabilidade pelo pagamento dos honorários advocatícios contratuais do advogado constituído pela então inventariante, descabendo a fixação de verba honorária de natureza sucumbencial, como requer o apelante. CONHECENDO DA APELAÇÃO COMO AGRAVO DE INSTRUMENTO, NEGARAM PROVIMENTO. UNÂNIME (TJRS, Apelação Cível 70080589773, Rel. Des. Luiz Felipe Brasil Santos, Oitava Câmara Cível, Julgado em: 26-09-2019).

APELAÇÃO - INCIDENTE DE HABILITAÇÃO DE CRÉDITO EM INVENTÁRIO - NATUREZA INTERLOCUTÓRIA - PROVIMENTO AUTOINTITULADO COMO SENTENÇA - IRRADIAÇÃO DA EXPECTATIVA DE ACERTO NA INTERPOSIÇÃO DA APELAÇÃO - PRINCÍPIO DA FUNGIBILIDADE RECURSAL - CONHECIMENTO "IN CASU" DO RECLAMO - REMESSA DO PLEITO ÀS VIAS ORDINÁRIAS - DISCORDÂNCIA DOS HERDEIROS E AUSÊNCIA DE PROVA EFICAZ DA DÍVIDA - ARGUIÇÃO DE NULIDADE DA PROLATAÇÃO EM FUNÇÃO DA AUSÊNCIA DE PRÉVIA OPORTUNIDADE DE SANAÇÃO DO VÍCIO - DEFINIÇÃO JURISDICIONAL QUE NÃO SE CONFUNDE COM A EXTINÇÃO DO INCIDENTE SEM JULGAMENTO DE MÉRITO - DESNECESSIDADE DE PRÉVIA INTIMAÇÃO - PROLATAÇÃO MANTIDA - RECURSO NÃO PROVIDO.
- A natureza interlocutória da decisão que julga o incidente de habilitação de crédito em inventário atrai o agravo de instrumento como a via recursal adequada ao manejo da correspondente irresignação.

- Autointitulado o "decisum" como sentença, remanesce irradiada da prolatação a expectativa de acerto no manejo da apelação, devendo, destarte, ser "in casu" conhecido o reclamo com base na aplicação do princípio da fungibilidade.

- Haja vista que a remessa às vias ordinárias do pleito de habilitação se deu com base na discordância dos herdeiros e na ausência de prova eficaz da dívida, deixa de ser constatada a alegada extinção sem julgamento de mérito por vício processual e, consequentemente, a necessidade de prévia intimação, na forma do artigo 321, do CPC.

- Recurso não provido (TJMG, Apelação Cível 1.0000.19.010185-5/001, Rel. Des. Corrêa Junior, 6ª CÂMARA CÍVEL, julgamento em 02/04/2019).

APELAÇÃO CÍVEL. INCIDENTE DE HABILITAÇÃO DE CRÉDITO. INVENTÁRIO. DECISÃO INTERLOCUTÓRIA. RECURSO CABÍVEL. AGRAVO DE INSTRUMENTO. EXISTÊNCIA DE CONTROVÉRSIAS QUANTO À NATUREZA DA DECISÃO. APLICAÇÃO DO PRINCÍPIO DA FUNGIBILIDADE. ERRO GROSSEIRO. INEXISTÊNCIA. HABILITAÇÃO DE CRÉDITO. HOMOLOGAÇÃO. RESERVA DE BENS. POSSIBILIDADE. RECURSO CONHECIDO E PROVIDO.

1. Em razão da existência de fundada dúvida sobre qual é o recurso não se pode entender como adequado a atacar determinada decisão, erro grosseiro a interposição de recurso de apelação no caso dos autos, devendo-se conhecer tanto do agravo como da apelação cível.

2. Sendo o crédito exigível, líquido e certo, e homologada a habilitação do crédito, deve ser determinada a reserva do valor da dívida em dinheiro, ou, em sua falta, de bens suficientes para o pagamento do crédito da parte autora, nos termos do §2° do art. 642 do CPC.

deve ser prestigiada a possibilidade de aplicação do princípio da fungibilidade recursal, possibilitando o desenvolvimento e a celeridade processual para a efetiva prestação jurisdicional.

g) Dúvida entre recurso de apelação e recurso de agravo de instrumento contra a decisão que julga a exceção de suspeição;

A divergência que gera a dúvida objetiva no presente caso se deu entre julgados dos Tribunais de Justiça de Santa Catarina e de Minas Gerais, em oposição ao entendimento do Superior Tribunal de Justiça.

No TJMG e no TJSC há entendimento de que não cabe agravo de instrumento contra decisão que julga exceção de suspeição, cabendo apenas apelação, ao final.[121] Por outro lado, no STJ decidiu-se que o referido recurso é cabível para essa finalidade.

---

3. É facultado ao credor habilitar-se nos autos de inventário para satisfazer o seu crédito ou dar continuidade ao cumprimento de sentença nos autos de ação monitória.

4. Recurso conhecido e provido (TJPR - 11ª C.Cível - 0027951-23.2015.8.16.0001 - Curitiba - Rel.: Desembargador Fábio Haick Dalla Vecchia - J. 22.11.2018).

121. AGRAVO DE INSTRUMENTO. PROCESSUAL CIVIL. AÇÃO DE COBRANÇA DE SEGURO. PROVA PERICIAL DEFERIDA. PERITO NOMEADO. SUSPEIÇÃO DO PROFISSIONAL. INCIDENTE INSTAURADO. DECISÃO QUE NÃO ACOLHEU A SUSPEIÇÃO DO PERITO.

INSURGÊNCIA AUTORAL. EXCEÇÃO DE SUSPEIÇÃO. MATÉRIA NÃO PREVISTA NO ROL DO ARTIGO 1.015 DO CÓDIGO DE PROCESSO CIVIL. NÃO CABIMENTO DE AGRAVO DE INSTRUMENTO. POSSIBILIDADE DE MITIGAÇÃO DO ROL TAXATIVO. JULGAMENTO DOS RECURSOS ESPECIAIS N. 1.696.396 E N. 1.704.520. AFASTAMENTO. AUSÊNCIA DE URGÊNCIA DECORRENTE DA POSTERGAÇÃO DA ANÁLISE DA QUESTÃO EM SEDE DE EVENTUAL RECURSO DE APELAÇÃO.

RECURSO NÃO CONHECIDO. (TJSC, Agravo de Instrumento n. 4025113-78.2019.8.24.0000, de Blumenau, rel. Des. Jairo Fernandes Gonçalves, Quinta Câmara de Direito Civil, j. 08-10-2019).

AGRAVO DE INSTRUMENTO. AÇÃO DE RESCISÃO DE CONTRATO CUMULADA COM INDENIZAÇÃO POR DANOS MORAIS. SUSPEIÇÃO DO PERITO E DEFERIMENTO DE LIMINAR PARA RETIRADA DOS MÓVEIS DA RESIDÊNCIA. RECURSO DO RÉU. EXCEÇÃO DE SUSPEIÇÃO. ROL TAXATIVO NO ART. 1.015 DO CPC. DESCABIMENTO DA INTERPOSIÇÃO DE AGRAVO DE INSTRUMENTO. DECISÃO QUE COMPORTA PROCEDIMENTO PRÓPRIO, NOS AUTOS DAQUELE FEITO. RECURSO NÃO CONHECIDO NO PONTO.

As matérias não previstas nas hipótese elencadas no art. 1.015 do Código de Processo Civil, não podem ser impugnadas por meio de agravo de instrumento. Assim, inexistindo previsão legal para impugnar a decisão de rejeição de suspeição do perito, o recurso não deve ser conhecido, sobretudo quando o instituto prevê procedimento próprio a ser manejado nos autos daquela demanda.

Deste modo, o Superior Tribunal de Justiça, diversamente, afirma ser cabível o recurso de agravo de instrumento exatamente na mesma hipótese, qual seja a de decisão que julga exceção de suspeição.[122]

Dessa forma, verifica-se que, embora inicialmente a intenção do Código de Processo Civil de 2015 fosse a de reduzir o cabi-

---

[...] RECURSO CONHECIDO EM PARTE E NESTA FRAÇÃO PROVIDO (TJSC, Agravo de Instrumento n. 4007445-65.2017.8.24.0000, rel. Des. João Batista Góes Ulysséa, Segunda Câmara de Direito Civil, julgado em 4-4-2019).

AGRAVO DE INSTRUMENTO - DECISÃO QUE INDEFERE PEDIDO DE DECLARAÇÃO DE SUSPEIÇÃO DO PERITO, ESCLARECIMENTOS E SUA OITIVA EM AUDIÊNCIA - AUSÊNCIA DE PREVISÃO LEGAL - ART. 1.015 DO CPC/15 - ROL TAXATIVO - RECURSO NÃO CONHECIDO.

- O novo Código de Processo Civil apresenta rol taxativo das hipóteses de cabimento da interposição de agravo de instrumento, as quais estão elencadas no art. 1.015 do CPC.

- Inexistindo previsão de cabimento contra decisão que declarou encerrada a instrução processual, indeferindo pedido de declaração de nulidade da perícia, suspeição do perito e oitiva do perito em audiência, não há como ser conhecido o recurso. (TJMG - Agravo de Instrumento 1.0024.10.183648-4/003, Relator(a): Des.(a) Valdez Leite Machado, 14ª CÂMARA CÍVEL, julgamento em 24/01/2019, publicação da súmula em 25/01/2019).

122. RECURSO ESPECIAL. PROCESSUAL CIVIL. APLICAÇÃO IMEDIATA DAS NORMAS PROCESSUAIS. TEMPUS REGIT ACTUM. RECURSO CABÍVEL. ENUNCIADO ADMINISTRATIVO N. 1 DO STJ. EXCEÇÃO DE INCOMPETÊNCIA COM FUNDAMENTO NO CPC/1973. DECISÃO SOB A ÉGIDE DO CPC/2015. AGRAVO DE INSTRUMENTO NÃO CONHECIDO PELA CORTE DE ORIGEM. DIREITO PROCESSUAL ADQUIRIDO.

RECURSO CABÍVEL. NORMA PROCESSUAL DE REGÊNCIA. MARCO DE DEFINIÇÃO.

PUBLICAÇÃO DA DECISÃO INTERLOCUTÓRIA. RECURSO CABÍVEL. AGRAVO DE INSTRUMENTO. INTERPRETAÇÃO ANALÓGICA OU EXTENSIVA DO INCISO III DO ART. 1.015 DO CPC/2015.

[...] 3. No presente caso, os recorrentes opuseram exceção de incompetência com fundamento no Código revogado, tendo o incidente sido resolvido, de forma contrária à pretensão dos autores, já sob a égide do novo Código de Processo Civil, em seguida interposto agravo de instrumento não conhecido pelo Tribunal a quo.

4. A publicação da decisão interlocutória que dirimir a exceptio será o marco de definição da norma processual de regência do recurso a ser interposto, evitando-se, assim, qualquer tipo de tumulto processual.

5. Apesar de não previsto expressamente no rol do art. 1.015 do CPC/2015, a decisão interlocutória relacionada à definição de competência continua desafiando recurso de agravo de instrumento, por uma interpretação analógica ou extensiva da norma contida no inciso III do art. 1.015 do CPC/2015, já que ambas possuem a mesma ratio -, qual seja, afastar o juízo incompetente para a causa, permitindo que o juízo natural e adequado julgue a demanda.

6. Recurso Especial provido. (STJ, REsp 1679909/RS, Rel. Ministro LUIS FELIPE SALOMÃO, QUARTA TURMA, julgado em 14/11/2017, DJe 01/02/2018).

mento do recurso de agravo de instrumento, as situações analisadas mostraram o fenômeno da ampliação interpretativa das hipóteses de cabimento deste recurso.

A divergência verificada – entre os Tribunais de Justiça e o STJ – bem demonstra a necessidade de uniformização dos entendimentos jurisprudenciais, sob pena de ofensa ao princípio constitucional da segurança jurídica, bem como, neste momento da evolução da jurisprudência, a conveniência da aplicação à espécie, do princípio da fungibilidade.

CAPÍTULO 6

AS DEMAIS HIPÓTESES DE DÚVIDA OBJETIVA POSITIVA E AS HIPÓTESES DE DÚVIDA OBJETIVA NEGATIVA

6.1. CONSIDERAÇÕES INTRODUTÓRIAS

Neste capítulo, analisaremos outras hipóteses atuais e relevantes de dúvida objetiva positiva, a dúvida objetiva propriamente dita. Depois, trataremos da fungibilidade entre meios coercitivos como demonstração da congruência entre o pedido mediato e o respectivo provimento judicial na execução indireta de fazer e de dar.

Ao final, analisaremos as hipóteses de dúvida objetiva negativa: as dúvidas causadas pelas inovações na legislação processual, bem como as respectivas questões de direito processual intertemporal; as situações de "leading case" processual e algumas hipóteses de decisões a que se atribuem designações que, na realidade, dizem respeito a outras decisões.

6.2. FUNGIBILIDADE ENTRE EMBARGOS DE TERCEIRO FUNDADOS NA POSSE E OPOSIÇÃO FUNDADA NA POSSE: DÚVIDA OBJETIVA CAUSADA PELO FATO DE A OPOSIÇÃO TER SE TRANSFORMADO EM UMA AÇÃO E AMBAS AS AÇÕES SEREM FUNDADAS NA POSSE DO TERCEIRO

O procedimento especial de embargos de terceiro, quando preventivo, visa declarar o direito à não constrição de determinados bens ou direitos ou processo de conhecimento ou de execução. Quando repressivos, os embargos de terceiro visam a desconstituição de constrição já efetuada sobre bens ou sobre direitos, em processo de conhecimento ou de execução.

Por sua vez, a ação de oposição visa declarar em favor do seu autor a titularidade de um direito sobre o qual o autor e o réu de outra demanda anterior, os quais se tornam réus da ação de oposição, já estão litigando.

No CPC de 1973 a oposição constituía uma forma de intervenção de terceiros, mas na sistemática do CPC de 2015 ela se transformou em uma ação autônoma, proposta por um terceiro em face das partes originárias, visando ter reconhecido para si exatamente o mesmo direito que as partes estão a disputar.

Assim, em princípio as ações de embargos de terceiro e de oposição são distintas e possuem objetivos distintos. Entretanto, na sistemática do CPC de 2015, quando ambas estão a se fundar no direito de posse desse terceiro em face daquilo que está sendo discutido noutra ação, a escolha dos embargos ou da oposição como meio adequado tem dividido a jurisprudência brasileira nestes primeiros anos de vigência do CPC.

Desse modo, a dúvida objetiva que justifica a aplicação do princípio da fungibilidade na hipótese é causada pelo fato de a oposição ter se transformado em uma ação e ambas as ações serem fundadas na posse do terceiro.

Desta forma, para a finalidade de proteger a posse do terceiro em ação da qual ele, portanto, não é parte, em face da divergência, torna-se importante reconhecer a hipótese de aplicação do princípio da fungibilidade, seja como aproveitamento, sejam como conversão, a fim de que tanto em um caso quanto no outro o direito material – a posse do terceiro – possa ser tutelada.

6.3. FUNGIBILIDADE ENTRE OS PROCEDIMENTOS DE MEDIDA CAUTELAR ANTECEDENTE E PRODUÇÃO ANTECIPADA DE PROVAS PARA REQUERER A EXIBIÇÃO ANTECEDENTE DE DOCUMENTOS

A exibição incidental veio regulada nos artigos 396 a 404 no capítulo do CPC que trata das provas. Quanto a ela, não parece haver maiores dificuldades. No entanto, não há previsão expressa quanto ao procedimento ou técnica a ser adotada para exibição em caráter antecedente.

Isso porque o CPC de 2015 extinguiu as ações cautelares autônomas e, por conseguinte, o procedimento previsto nos artigos 844 e 845 do CPC 73, qual seja, a medida cautelar de exibição, não havendo mais previsão para a cautelar de exibição no formato antecedente.

O tema é controverso. Por isso, acredita-se que, no caso da exibição de documentos em caráter antecedente, é possível a aplicação da fungibilidade enquanto regra expressamente prevista no artigo 305, para a dúvida entre o emprego da tutela provisória satisfativa ou a cautelar quando se fizer uso do procedimento comum, mas também, da fungibilidade enquanto princípio, para quando houver incerteza quanto a aplicação da produção antecipada de provas.

Poder-se-ia afirmar que a exibição de documentos em caráter antecedente pode ser requerida através do procedimento comum, analisando-se a liminar como pedido de antecipação da tutela, tendo em vista o caráter satisfativo da exibição.

No entanto, já se entendeu também que o ajuizamento de ação autônoma pelo procedimento comum, teria o mesmo objetivo que a extinta ação cautelar de exibição de documentos e, portanto, seria incabível.[1]

Há ainda quem entenda cabível a utilização da técnica cautelar em caráter antecedente, inovação prevista nos artigos 305 a 310 do CPC 2015, que pressupões a existência de duas fases processuais. Na primeira, debatem-se as questões atinentes à tutela provisória. Na segunda, discute-se o mérito da pretensão principal. Efetivada

1. AÇÃO DE OBRIGAÇÃO DE FAZER -EXIBIÇÃO DE DOCUMENTO – Sentença que julgou procedente a ação – Pretensão da ré de reforma da r. sentença. ADMISSIBILIDADE: Em que pese a autora ter dado à ação o nome de obrigação de fazer, verifica-se dos autos que na realidade trata-se de ação cautelar de exibição de documento. A ação proposta é inadequada e não mais prevista em lei, inexistindo, portanto os pressupostos processuais para o seu prosseguimento válido, previstos no art. 485, VI do novo CPC. Sentença reformada. RECURSO PROVIDO. (TJSP, Apelação n. 1041857-60.2016.8.26.0224, 37ª Câmara de Direito Privado, Rel. Des. Israel Góes dos Anjos, j. 7.11.2017).

a cautelar, o pedido principal tem que ser formulado pelo autor no prazo de 30 dias.[2]

Posicionamento adotado com mais frequência é o que entende que a produção antecipada de provas, prevista nos artigos 381 a 383 do CPC de 2015, é a forma mais acertada para requerer a exibição de documentos em caráter antecedente, quando não há urgência.

Diante da ampliação das hipóteses de cabimento da produção antecipada (CPC, art. 381), parte da jurisprudência vem decidindo pela utilização da medida para a exibição de documentos antecedente.[3] Esse foi o entendimento manifestado no enunciado 129 do Conselho da Justiça Federal (2018) que afirma que: "É admitida a exibição de documentos como objeto de produção antecipada de prova, nos termos do art. 381 do CPC".

Deve-se lembrar, da mesma forma, que a exigência do prévio requerimento administrativo dos documentos, fixada pelo Superior

---

2. RECURSO DE APELAÇÃO EM TUTELA CAUTELAR ANTECEDENTE. ADMINISTRATIVO. EXIBIÇÃO DE DOCUMENTOS. O particular demonstrou que não conseguiu a exibição extrajudicial dos documentos com informações relacionadas ao envio de notificação de multa. Exibição que se faz necessária. Sentença de improcedência reformada. Recurso provido (TJSP; Apelação Cível 1007338-53.2017.8.26.0344; Relator (a): Marcelo Berthe; Órgão Julgador: 5ª Câmara de Direito Público; Foro de Marília - Vara da Fazenda Pública; Data do Julgamento: 10/10/2018; Data de Registro: 10/10/2018.

   Apelação – Exibição de documentos envolvendo contrato de participação financeira e "radiografia" da TELEFÔNICA – Indeferimento da petição inicial – Inconformismo – Rejeição da preliminar de não conhecimento do recurso - Demanda proposta como "tutela cautelar antecedente de exibição de documentos", entendendo o juízo que se tratou de tentativa de substituir procedimento já extinto pelo NCPC - Caso em que o propósito da parte autora é o de ter acesso aos documentos necessários para a prova da existência do direito - Cabimento da providência – Inadmissibilidade da extinção [...](TJSP, Apelação n. 1006794-12.2016.8.26.0664; Órgão Julgador: 4ª Câmara de Direito Privado; Foro de Votuporanga - 1ª Vara Cível; Relator (a): Enio Zuliani, 04/02/2019).

3. PRODUÇÃO ANTECIPADA DE PROVAS. EXIBIÇÃO DE DOCUMENTOS. DETERMINAÇÃO DE EMENDA DA INICIAL PARA SEGUIR O PROCEDIMENTO DA TUTELA CAUTELAR REQUERIDA EM CARÁTER ANTECEDENTE. DESOBEDIÊNCIA. SENTENÇA DE INDEFERIMENTO. APELO DO AUTOR. INTERESSE E ADEQUAÇÃO VERIFICADOS. DESNECESSIDADE DE PROPOSITURA DA DEMANDA PRINCIPAL PARA OBTER A EXIBIÇÃO. RECURSO PROVIDO. "O novo Código de Processo Civil extinguiu o procedimento das cautelares, por isso em havendo necessidade de exibição de documentos, sem que haja processo principal, a pretensão deve mesmo ser deduzida por meio de produção antecipada de provas, regulada pelos arts. 381 e seguintes do NCPC" (AI n. 4027978-45.2017.8.24.0000, de Blumenau, rel. Des. Janice Goulart Garcia Ubialli, Quarta Câmara de Direito Comercial, j. 5-2-2019). (TJSC, Apelação Cível n. 0902378-79.2016.8.24.0039, de Lages, rel. Des. Paulo Henrique Moritz Martins da Silva, Primeira Câmara de Direito Público, j. 16-07-2019).

Tribunal de Justiça no Recurso Especial Repetitivo n. 1.349.453/MS para as extintas ações cautelares de exibição, permanece para as produções antecipadas de prova.[4]

Embora não o tenha feito de forma expressa, há julgado, inclusive, que aproveitou o meio processual escolhida na hipótese, ainda que acreditasse que a medida acertada deveria ser outra.[5]

---

4. APELAÇÃO CÍVEL. PRODUÇÃO ANTECIPADA DE PROVAS PARA EXIBIÇÃO DE DOCUMENTOS. SENTENÇA DE PARCIAL PROCEDÊNCIA. RECURSO DO BANCO RÉU. PRELIMINAR. FALTA DE INTERESSE PROCESSUAL. REQUERIMENTO ADMINISTRATIVO REALIZADO EM PRAZO EXÍGUO DE 7 (SETE) DIAS ENTRE A ENTREGA DA NOTIFICAÇÃO E A DATA DO AJUIZAMENTO DESTA AÇÃO. AUSÊNCIA DE PREENCHIMENTOS DOS REQUISITOS NECESSÁRIOS A EXIBIÇÃO DE DOCUMENTOS. CARÊNCIA DA AÇÃO. ENTENDIMENTO DESTA E. CÂMARA. TESE BASEADA EM RECURSO REPETITIVO Nº 1349453/MS. PRELIMINAR ACOLHIDA. PREJUDICADA A ANÁLISE DAS DEMAIS TESES. SENTENÇA REFORMADA. EXTINÇÃO DO FEITO, SEM RESOLUÇÃO DE MÉRITO (ARTIGO 485, INCISO VI, DO CPC). INVERSÃO DO ÔNUS SUCUMBENCIAL. O STJ fixou, conforme julgado no Recurso Especial Repetitivo de Controvérsia n. 1.349.453/MS, a seguinte tese: "A propositura de ação cautelar de exibição de documentos bancários (cópias e segunda via de documentos) é cabível como medida preparatória a fim de instruir a ação principal, bastando a demonstração da existência de relação jurídica entre as partes, a comprovação de prévio pedido à instituição financeira não atendido em prazo razoável, e o pagamento do custo do serviço conforme previsão contratual e normatização da autoridade monetária" (STJ, REsp n. 1.349.453/MS, Segunda Seção, rel. Min. Luiz Felipe Salomão, DJe de 2-2-2015). Recurso conhecido e provido. (TJSC, Apelação Cível n. 0302649-49.2018.8.24.0175, de Meleiro, rel. Des. Guilherme Nunes Born, Primeira Câmara de Direito Comercial, j. 29-08-2019).

5. APELAÇÃO CÍVEL. PEDIDO DE TUTELA CAUTELAR EM CARÁTER ANTECEDENTE. TOGADO A QUO QUE ACOLHE A PRETENSÃO VERTIDA NA EXORDIAL. INSURGÊNCIA DO REQUERIDO. DIREITO INTERTEMPORAL. DECISÃO PUBLICADA EM CARTÓRIO EM 9-8-17. APLICAÇÃO DOS ENUNCIADOS ADMINISTRATIVOS N. 2, 3 E 7 DO STJ. INCIDÊNCIA DO CÓDIGO DE PROCESSO CIVIL DE 2015. PROCESSUAL CIVIL. DECISÃO QUE DEFERE A TUTELA CAUTELAR ANTECEDENTE. ATO QUE DESAFIA AGRAVO DE INSTRUMENTO, NOS TERMOS DO ART. 1.015, INCISO I, DO CPC. CONHECIMENTO DO RECURSO DE APELAÇÃO COMO MEDIDA EXCEPCIONAL. MAGISTRADO A QUO QUE INDUZIU O RECORRENTE EM ERRO AO PROLATAR DECISUM REVESTIDO DAS FORMALIDADES PRÓPRIAS DA SENTENÇA. APLICAÇÃO DA FUNGIBILIDADE RECURSAL EM OBSERVÂNCIA AOS PRINCÍPIOS DA INSTRUMENTALIDADE E DO APROVEITAMENTO DOS ATOS PROCESSUAIS. IMPERATIVO RECEBIMENTO DO RECURSO COMO AGRAVO DE INSTRUMENTO. VERBERADA AUSÊNCIA DE INTERESSE DE AGIR EM RAZÃO DA INADEQUAÇÃO DA VIA PROCESSUAL ELEITA. INACOLHIMENTO. AUTOR QUE CUMPRE OS REQUISITOS NECESSÁRIOS PARA O REQUERIMENTO DA TUTELA CAUTELAR ANTECEDENTE, ESCULPIDOS NO ART. 305 DO CPC/2015, QUAIS SEJAM (A) A INDICAÇÃO DA PRETENSÃO PRINCIPAL E SEU FUNDAMENTO, BEM COMO (B) A EXPOSIÇÃO DO FUMUS BONI IURIS E (C) DO PERIGO DE DANO OU O RISCO AO RESULTADO ÚTIL DO PROCESSO. PREVISÃO DA AÇÃO DE PRODUÇÃO ANTECIPADA DE PROVAS QUE NÃO OBSTA A PREDILEÇÃO DO AUTOR AO PROCEDIMENTO EM DESTAQUE. VERIFICADA AUSÊNCIA INTERESSE PROCESSUAL EM

Previstos os requisitos legais, a Câmara entendeu que não se poderia responsabilizar a parte não fez uso da via correta para obter a documentação, ainda que o demandante pudesse ter optado pela produção antecipada de provas para obter os mesmos documentos.[6]

Não tendo a lei definido expressamente um único caminho possível para a exibição de documentos em caráter antecedente, não há se falar em erro; se há dois ou mais meios para o mesmo fim no âmbito do processo, não é razoável transferir à parte o ônus da obscuridade do sistema.

6.4. A DISCUSSÃO ENTRE AGRAVO INTERNO E MANDADO DE SEGURANÇA PARA A IMPUGNAÇÃO DAS LIMINA-

---

CAUTELAR DE EXIBIÇÃO DE DOCUMENTO BANCÁRIO. POSIÇÃO DO SUPERIOR TRIBUNAL DE JUSTIÇA NO RESP N. 1.349.453/MS, EM JULGAMENTO DE CARÁTER REPETITIVO, NO SENTIDO DE CONDICIONAR A PROPOSITURA DA DEMANDA CAUTELAR EXIBITÓRIA À DEMONSTRAÇÃO DA EXISTÊNCIA DE RELAÇÃO JURÍDICA ENTRE AS PARTES, À COMPROVAÇÃO DE PRÉVIO PEDIDO À INSTITUIÇÃO FINANCEIRA NÃO ATENDIDO EM PRAZO RAZOÁVEL, E AO PAGAMENTO DO CUSTO DO SERVIÇO. CASO CONCRETO. DEMANDANTE QUE NÃO LOGROU ÊXITO EM POSITIVAR QUE FORMULOU SOLICITAÇÃO ADMINISTRATIVA AO BANCO PARA OBTER A DOCUMENTAÇÃO PRETENDIDA. PRETENSÃO RESISTIDA NÃO CONFIGURADA. AUSÊNCIA DE INTERESSE DE AGIR PATENTEADO. SENTENÇA REFORMADA. EXTINÇÃO DO FEITO, NOS TERMOS DO ART. 485, INCISO VI, DO CPC/2015. ÔNUS DE SUCUMBÊNCIA. RESPONSABILIDADE INTEGRALMENTE ATRIBUÍDA AO AUTOR, NOS TERMOS DOS ARTS. 82, § 3º E 85, AMBOS DO CÓDIGO FUX. VERBA ADVOCATÍCIA. FIXAÇÃO CONFORME OS DITAMES DOS §§ 2º E 8º DO ART. 85 DO NOVO CÂNONE PROCESSUAL CIVIL. IMPERATIVA SUSPENSÃO DA EXIGIBILIDADE DAS CUSTAS PROCESSUAS E ESTIPÊNDIO ADVOCATÍCIO. DEMANDANTE QUE LITIGA SOB O PÁLIO DA JUSTIÇA GRATUITA. INTELIGÊNCIA DO ART. 98, § 3º, DO CPC/2015 E DA LEI 1.060/50. HONORÁRIOS SUCUMBENCIAIS RECURSAIS. INTELIGÊNCIA DO ART. 85, §§ 1º E 11, DO CÓDIGO FUX. POSSIBILIDADE DE FIXAÇÃO DE OFÍCIO EM RAZÃO DA EXISTÊNCIA DE CONDENAÇÃO AO PAGAMENTO DA VERBA PROFISSIONAL NA ORIGEM. ENTENDIMENTO SEDIMENTADO PELA "CORTE DA CIDADANIA". REBELDIA PROVIDA EM PARTE. (TJSC, Apelação Cível n. 0302730-40.2016.8.24.0022, de Curitibanos, rel. Des. José Carlos Carstens Köhler, Quarta Câmara de Direito Comercial, j. 30-01-2018).

6. Como se vê, a peça inaugural está de acordo com os balizamentos do art. 305 do CPC/2015, de maneira que não se pode reputar que o Demandante utilizou de via inadequada para obter a documentação bancária. De mais a mais, ainda que o Requerente pudesse ter optado pela ação de produção antecipada de provas, não há óbice ao acolhimento da predileção pelo procedimento da tutela requerida em caráter antecedente quando verificada as condições necessárias. Dessarte, tendo vista que a via eleita se mostra adequada, não há se falar em ausência de interesse de agir. (TJSC, Ap. Cível n. 0302730-40.2016.8.24.0022, de Curitibanos, rel. Des. José C. C. Köhler – corpo do acórdão).). Quarta Câmara de Direito Comercial, j. 30-01-2018).

RES EM AGRAVO DE INSTRUMENTO NO PERÍODO DA PANDEMIA CAUSADA PELO COVID-19: A AUSÊNCIA DE DÚVIDA OBJETIVA ENTRE AGRAVO INTERNO E MANDADO DE SEGURANÇA PARA A IMPUGNAÇÃO DAS LIMINARES EM AGRAVO DE INSTRUMENTO

A dúvida objetiva entre o cabimento de agravo interno e Mandado de Segurança para a impugnação das liminares em Agravo de Instrumento decorre da polêmica que envolve a recorribilidade das decisões proferidas pelo relator, especialmente nas liminares em agravo de instrumento, após o advento da pandemia do COVID-19.

A decisão monocrática liminar proferida em agravos de instrumento possui como recurso cabível o agravo interno, a teor do art. 1021 do CPC de 2015. Em princípio, seria erro grosseiro utilizar o Mandado de Segurança para impugná-la.

Entretanto, após o advento da pandemia do COVID-19, algumas decisões passaram a admitir o Mandado de Segurança para impugná-la pelo fato de o relator do agravo interno ser o mesmo que decidiu a liminar do agravo de instrumento, e por que o rito do Mandado de Segurança é mais célere. O objetivo foi o de justificar um novo entendimento para um momento excepcional.

Dessa forma, muito embora todo o sistema jurídico precise identificar as mudanças apenas temporárias e diferenciá-las dos efeitos mais longevos eventualmente decorrentes da pandemia do COVID-19, parece-nos que a aceitação do Mandado de Segurança para a impugnação de uma decisão em face da qual o sistema já prevê um recurso (CPC, art. 1021) não merece e não irá prosperar, motivo pelo qual não há que se falar em dúvida objetiva nem em aplicação do princípio da fungibilidade na espécie.

6.5. FUNGIBILIDADE ENTRE IMPUGNAÇÃO DO DEVEDOR, EMBARGOS È EXECUÇÃO EXTRAJUDICIAL E EMBARGOS DE TERCEIRO COMO MEIOS DE DEFESA DOS BENS DO CÔNJUGE OU COMPANHEIRO DO EXECUTADO

Segundo o princípio da responsabilidade patrimonial do devedor, exceto quanto aos bens impenhoráveis, o executado responde com todo o seu patrimônio, tanto presente quanto futuro, para com o cumprimento das obrigações assumidas (CPC, art. 789).

No entanto, o cônjuge ou companheiro do executado, seja na execução por título extrajudicial, seja no cumprimento da sentença judicial, necessitam ser intimados, sob pena de nulidade dos demais atos praticados no processo, quando a penhora recair sobre bens imóveis (CPC, art. 842).

O objetivo é compatibilizar a norma processual com a norma material, que exige a autorização do cônjuge na alienação voluntária de bens imóveis (CC, art. 1.647), autorização essa que só não é exigida no regime de separação absoluta de bens (CC, art. 1.687) e no regime de comunhão final nos bens aquestos, desde que estes sejam particulares e haja cláusula específica no acordo antenupcial (CC, art. 1656).

Sendo esse o escopo da lei, pensamos que o sistema admite que o cônjuge ou companheiro do executado, mesmo nas exceções em que não existe necessidade de autorização (CC, arts. 1687 e 1656), poderá ser intimado sem ter titularidade de direitos sobre os bens imóveis penhorados, caso em que não se tornará parte do processo de execução; nada é pedido por ele ou em face dele no feito executivo.

Cremos, portanto, que o cônjuge deverá ser considerado como parte do processo de execução apenas se constar como obrigado no título executivo. Nesse sentido, inclusive, VICENTE GRECO FILHO[7] e PAULO HENRIQUE DOS SANTOS LUCON[8] afirmam que o cônjuge figura, na realidade, como um terceiro juridicamente interessado no processo de execução, sendo cientificado da penhora para que possa remir bens ou, via de regra, oferecer embargos de terceiro.

A esse respeito, parte significativa da doutrina e da jurisprudência entende, em sentido contrário, que o cônjuge – tendo ou não titularidade sobre os bens imóveis penhorados – uma vez intimado da respectiva penhora, se torna parte do processo de execução,

7. Direito Processual Civil Brasileiro. São Paulo: Saraiva, 2003, p. 77.

8. Embargos à execução. São Paulo: Saraiva, 1996, p. 246.

formando litisconsórcio necessário, por determinação legal (CPC, arts. 114 e 842) junto ao seu consorte devedor.

Autores como ARAKEN DE ASSIS[9] e SANDRO GILBERT MARTINS[10], por exemplo, ao explicitarem a legitimidade do cônjuge para a propositura da ação de embargos à execução (hoje apenas na execução por título extrajudicial[11], já que no cumprimento da sentença, tudo leva a crer que o cônjuge poderá dar causa ao incidente da impugnação, a teor dos arts. 525 do CPC), classificam-no como parte no processo de execução.

Aliás, a consequência direta da qualificação do cônjuge intimado da penhora de bem imóvel, seja como parte do processo executivo ou como terceiro juridicamente interessado, está exatamente na sua legitimidade para opor embargos à execução extrajudicial ou impugnação do devedor ao cumprimento da sentença, bem como para propor embargos de terceiro (CPC, arts. 674 e segs.). Daí a dúvida objetiva na hipótese, dúvida essa que deriva da rigidez interpretativa de determinados operadores do direito.

Seguindo um raciocínio hermético, ainda que coerente segundo a literalidade da lei, caso entendêssemos que o cônjuge é parte do processo de execução, deveríamos reconhecer a sua legitimidade apenas para embargá-la. No entanto, entendendo que o cônjuge não é parte da execução, mas sim um terceiro juridicamente interessado no feito executivo, após intimado da penhora, deveríamos reconhecer a sua legitimidade apenas para propor a ação de embargos de terceiro ou remir bens.

Hoje, tanto a doutrina[12] quanto a jurisprudência (STJ, súmula 134[13]), ao interpretarem o sistema na perspectiva dos direitos fun-

---

9. Manual do Processo de Execução. São Paulo: RT, 1998, p. 716.

10. A Defesa do Executado por Meio de Ações Autônomas: Defesa heterotópica. 2ª ed. São Paulo: RT, 2005, p. 322.

11. Dizemos extrajudicial em razão da lei 11.232/05, que extinguiu a ação de execução judicial autônoma, bem como os embargos à execução em sede de execução de título judicial (CPC, art. 475, I e segs.).

12. Como é o caso dos supracitados ARAKEN DE ASSIS, SANDRO GILBERT MARTINS e VICENTE GRECO FILHO.

13. Diz a Súmula 134 do STJ: "Embora intimado da penhora em imóvel do casal, o cônjuge do executado pode opor embargos de terceiro para defesa de sua meação".

damentais e da distinção entre meios e fins processuais, admitem a dupla legitimidade do cônjuge, independentemente da efetiva intimação da penhora de bens imóveis, para a utilização tanto dos embargos de terceiro quanto dos embargos à execução: meios processuais que podem servir ao mesmo fim.

Assim, embora diferenciando as causas de pedir dos embargos de terceiro (a constrição judicial de bens) e dos embargos à execução (defeitos da execução e assuntos afins), doutrina e jurisprudência têm aceitado a utilização, pelo cônjuge, tanto dos embargos de terceiro quanto dos embargos à execução/impugnação ao cumprimento da sentença, de modo que uma legitimidade não exclua a outra.

De qualquer forma, as opiniões divergentes a respeito da posição do cônjuge no processo de execução, ainda que se analisem as diferentes causas de pedir, o regime de bens do casal e a titularidade dos bens penhorados como próprios ou pertencentes à meação, demonstram estarmos diante de dúvida objetiva que desafia a aplicação do princípio da fungibilidade.

Cabe ressaltar, ainda, que a aplicação do princípio da fungibilidade merece compreender também os companheiros, estendendo-se a estes[14], a união estável também constitui entidade familiar (CF, art. 226), tendo recebido do art. 1.725 do Código Civil, inclusive, o regime patrimonial da comunhão parcial de bens.

Logo, acreditamos, a despeito do texto legal, que também os companheiros poderão ser intimados da penhora de bens imóveis (CPC, art. 842), tendo legitimidade tanto para a propositura dos embargos de terceiro quanto para a ação de embargos à execução/impugnação ao cumprimento da sentença.

Desta maneira, para que o cônjuge ou o companheiro possam defender bens penhorados, sejam próprios ou de meação, sejam quais forem os regimes matrimoniais e as causas de pedir das petições iniciais, existe dúvida objetiva entre o cabimento de embargos à execução/impugnação ao cumprimento da sentença e embargos de terceiro, merecendo a aplicação do princípio da fungibilidade.

---

14. A Proteção Constitucional das Uniões de Pessoas do Mesmo Sexo. Curitiba: Juruá, 2006, p. 45.

6.6. FUNGIBILIDADE ENTRE OS MEIOS DE DEPÓSITO PARA SUSPENSÃO DA EXIGIBILIDADE DO CRÉDITO TRIBUTÁRIO OU IMPEDIMENTO DA SUA CONSTITUIÇÃO: DÚVIDA ENTRE PROCESSO ADMINISTRATIVO, ANTECIPAÇÃO DA TUTELA, MEDIDA CAUTELAR INOMINADA OU LIMINAR EM MANDADO DE SEGURANÇA

O crédito tributário pode ter impedida a sua constituição ou suspensa a sua exigibilidade. Uma vez constituído o crédito através do lançamento tributário e formalizada a respectiva inscrição em dívida ativa, a fazenda pública busca forçar o contribuinte a satisfazê-lo, exigindo o seu pagamento através do processo executivo fiscal (Lei 6.830/80).

Entretanto, dentre outras formas previstas taxativamente em lei, a exigibilidade do crédito tributário pode ser suspensa, conforme o art. 151, II, do Código Tributário Nacional – CTN, pelo depósito do seu montante integral em dinheiro (STJ, súmula 112[15]), incluindo os juros legais, para que se impeça a sua inscrição em dívida ativa ou a sua cobrança, quando já constituído.

Já a suspensão do crédito tributário antes da sua constituição na realidade não é uma suspensão – já que este ainda não era exigível – mas a mera limitação de um procedimento que culmina na sua constituição e inscrição em dívida ativa, procedimento esse que ainda não terá chegado ao final: o chamado "impedimento", na nomenclatura utilizada por HUGO DE BRITO MACHADO[16].

15. Diz a Súmula 112 do STJ: "O depósito somente suspende a exigibilidade do crédito tributário se for integral e em dinheiro".

16. Segundo o autor: "Tem havido muita controvérsia em torno do procedimento adequado para a feitura do depósito. Há quem entenda que o interessado deve propor ação cautelar inominada. O Tribunal Federal de Recursos decidiu ser desnecessária a ação cautelar, podendo o depósito ser feito nos autos da ação principal (AI n.º 54533.RS, Rel. Ministro Eduardo Ribeiro, DJU de 17.10.88, p. 26.672). Decidiu, outrossim, que, por se tratar de cautelar desnecessária, excluem-se os ônus da sucumbência imputados à União Federal (AC n.º 119.534-DF, Rel. Min. Carlos Mário Velloso, DJU de 11.10.88 p. 25.966).

Parece-nos inexistir interesse processual para a propositura da ação cautelar, posto que não há resistência à pretensão de depositar. Quem eventualmente tem oposto tal resistência é o próprio Poder Judiciário, por intermédio de juízes exageradamente formalistas, que sempre encontram argumentos para criar problemas, em vez de

Hoje, a suspensão da exigibilidade do crédito tributário através da realização do depósito de seu montante integral pode se dar mediante medida antecipatória da tutela jurisdicional, medida liminar em Mandado de Segurança, medida cautelar inominada, como defende SANDRO GILBERT MARTINS[17], ou mesmo através de depósito meramente administrativo.

É importante frisar, entretanto, que as liminares nas ações de Mandado de Segurança, nas ações declaratórias de inexigibilidade do crédito tributário, bem como nas medidas cautelares inominadas das mais variadas, têm o condão de suspender a exigibilidade do crédito tributário independentemente da realização simultânea do depósito do seu montante integral.

Deste modo, por si só, a realização do depósito tem o poder de suspender a exigibilidade do crédito tributário, mas não é obrigatória para que a referida suspensão se dê através da concessão de medidas liminares. O depósito do montante integral da dívida, inclusive com os juros devidos, terá a sua titularidade transferida para a fazenda pública apenas após o trânsito em julgado de decisão judicial a ela favorável, sendo suficiente ao desiderato da suspensão.

Ocorre que ao longo do tempo o acerto dos meios para a realização do depósito suspensivo da exigibilidade do crédito tributário foi bastante discutido. Inicialmente, entendia-se ser essencial a propositura de medida cautelar inominada para esse fim. A proteção cautelar, de fundo inclusive constitucional, justificava ser este o meio mais correto à sua realização.

Mais tarde, no entanto, a jurisprudência passou a aceitar que o depósito integral fosse realizado também junto à ação principal na qual se estivesse impugnando o crédito tributário – especialmente através de antecipação de tutela em ações declaratórias e constitutivas (anulatórias) ou liminares em mandados de segurança – podendo

---

soluções. "Já em edições anteriores temos afirmado que o depósito pode ser feito independentemente de autorização judicial". Curso de Direito Tributário. 18ª ed. São Paulo: Malheiros, 2000, p. 142.

17. Op. cit. p. 227.

acontecer tanto antes quando depois da prolação da respectiva sentença[18].

Após, a paulatina redução da formalidade processual passou a fazer com que doutrina e jurisprudência passassem a também aceitar que o depósito integral, não mais para a suspensão do crédito, mas com o objetivo de impedir a sua constituição – bloqueando inclusive eventuais acréscimos como juros e multas – pudesse ser realizado através de procedimento administrativo junto à própria fazenda pública, sem a necessidade de interferência judicial[19].

Atualmente todos esses meios são capazes de atingir o mesmo fim, qual seja a suspensão do crédito tributário ou do procedimento necessário à sua constituição. Ocorre que o operador do direito pode ter, compreensivelmente, em função da riqueza do sistema, dúvidas objetivas a respeito de qual desses meios deve ser utilizado nas situações concretas.

A significativa diferença entre meios que servem à mesma finalidade provoca, novamente, o aparecimento de posicionamentos divergentes colhidos junto à doutrina e jurisprudência, os quais justificam a aplicação do princípio da fungibilidade entre o depósito efetuado mediante processo administrativo, através de medida antecipatória da tutela jurisdicional, mediante medida liminar em Mandado de Segurança ou através de medida cautelar inominada.

6.7. A FUNGIBILIDADE ENTRE MEIOS COERCITIVOS COMO DEMONSTRAÇÃO DA CONGRUÊNCIA ENTRE O PEDIDO MEDIATO E O PROVIMENTO JUDICIAL RESPECTIVO NAS EXECUÇÕES INDIRETAS

Até agora, preocupamo-nos em explicitar as principais situações de dúvida objetiva positivamente verificáveis junto ao nosso sistema

18. Nesse sentido: STJ – Recurso Especial – Resp 419.855/SP. Relator Ministro Franciulli Netto.

19. Para tanto, dispõe o art. 11 da Lei 9.289/96: "Os depósitos de pedras e metais preciosos e de quantias em dinheiro e a amortização ou liquidação de dívida ativa serão recolhidos, sob responsabilidade da parte, diretamente na Caixa Econômica Federal, ou, na sua inexistência no local, em outro banco oficial, os quais manterão guias próprias para tal finalidade. § 1° Os depósitos efetuados em dinheiro observarão as mesmas regras das cadernetas de poupança, no que se refere à remuneração básica e ao prazo. § 2° O levantamento dos depósitos a que se refere este artigo dependerá de alvará ou de ofício do Juiz".

jurídico. Ocorre que a fungibilidade entre os meios processuais também pode ser pensada sem que a dúvida objetiva lhe sirva de requisito, bastando, para tanto, que a própria lei a reconheça expressamente, como ocorre, por exemplo, entre as medidas cautelares (CPC, art. 297) e entre as ações possessórias (CPC, art. 554).

Existe outra hipótese de aplicação do princípio da fungibilidade em que não há duvida objetiva a ser verificada, por expressa disposição legal. Trata-se dos meios coercitivos (aplicados por decisão mandamental) ou subrogatórios (aplicados mediante decisão executiva *lato sensu*), utilizados para que se atinja resultado equivalente ao do adimplemento, tanto na execução direta quanto na execução indireta das obrigações de fazer e de dar (CPC, arts. 139, IV, 297, 536, §1º).

Dentro da temática dos meios para a execução das prestações fato (dar e fazer), interessa-nos, no entanto, utilizar a distinção entre meios e fins processuais para confrontar uma afirmação da doutrina com a qual sempre nos intrigamos: a de que a execução das obrigações de fazer excepciona o princípio da congruência entre o pedido e o provimento jurisdicional dele decorrente[20].

Ora, se o pedido se refere ao fim, qual seja o cumprimento da obrigação, e esse fim é atingido por meio diverso daquele requerido ou mesmo determinado de ofício pelo julgador, a congruência com o pedido mediato foi aquilo que mais se respeitou. O pedido fim é o pedido mediato, enquanto o pedido meio é o pedido imediato; o pedido imediato é que se tornou flexível, ou até desnecessário nessas situações, mas nunca o pedido mediato.

Logo, não vemos, na execução das obrigações de fazer e de dar, exceção alguma ao princípio da congruência entre pedido e sentença. Por se aplicar apenas entre meios processuais, preferimos considerar, deste modo, o princípio da fungibilidade como fundamento justificador das disposições constantes dos art. 139, IV e 297 do CPC.

Nos itens a seguir, decidimos analisar a fungibilidade de meios apenas no que concerne à execução indireta das obrigações de dar

20. É o que afirma LUIZ GUILHERME MARINONI, defendendo que "os artigos 461 do CPC e 84 do CDC são exceções ao princípio de que a sentença deve ficar adstrita ao pedido". Tutela Inibitória. São Paulo: RT, 1998, p. 120.

e de fazer, efetuada através de decisões de natureza mandamental – já suficientes para demonstrar nosso pensamento – deixando de comentar especificamente a execução direta das referidas obrigações, realizada através de provimentos subrogatórios, dadas a riqueza e a amplitude dos meios subrogatórios existentes, aos quais se aplicam as mesmas considerações.

Ao final, exemplificaremos dúvidas objetivas com as quais temos visto os operadores do direito se depararem, especialmente na execução indireta de dar e de fazer, mas após o advento do CPC de 2015, também nas obrigações de pagar (CPC, arts. 139, IV) lembrando desde já, no entanto, que a flexibilização expressa de meios processuais realizada pelos arts. 139, IV e 297 do CPC torna desnecessário, a nosso ver, o requisito da dúvida objetiva sem, contudo, eliminar a sua existência. Assim, embora sem a necessidade desse requisito objetivo, não deixa de haver fungibilidade de meios na espécie.

a. O conceito e a importância do adimplemento de fazer e de dar

Obrigação de fazer é a prestação cujo objeto consiste em realizar ou deixar de realizar determinados atos jurídicos de natureza comissiva ou omissiva, física ou intelectual, que, uma vez praticados no mundo dos fatos, repercutem na esfera do direito.[21] A obrigação de fazer concretiza-se através da confecção de um ou mais atos determinados, que podem ser materiais ou eminentemente formais, e que indicam o seu cumprimento. (CC, arts. 247 a 251).

Para melhor delinear a estrutura das obrigações de fazer, interessa compará-las às obrigações de dar, consoante os arts. 233 a 246 do Código Civil. Denominam-se obrigações de dar, aquelas

21. Segundo CAIO MÁRIO DA SILVA PEREIRA: "É obrigação de fazer aquela que tem por objeto o podar das árvores de um pomar, de realização singela e execução material, por um esforço físico. Mas é também obrigação de fazer a promessa de contratar cuja prestação não consiste apenas em apor a firma em um instrumento; seu objeto é a realização de um negócio jurídico, a conclusão de um contrato, em toda a sua complexidade, e com todos os seus efeitos." *Instituições de Direito Civil*, vol. 2. Rio de Janeiro: Forense, 1996, p. 58.

cuja prestação se resume à entrega de determinada coisa ou coisas, sejam móveis ou imóveis, certas ou incertas.[22]

A chave para diferenciá-las está no fato de que a obrigação de dar pode ou não resultar de uma obrigação de fazer, como ensina CARLYLE POPP.[23] Caso a obrigação de dar seja consequência da obrigação de fazer, tratar-se-á de uma obrigação de fazer. Caso o ato de dar não tenha sido posterior a um fazer, mas constitua-se pura e simplesmente na entrega de determinada coisa, a obrigação será de dar.

Mais do que conceituar obrigações de fazer e de dar, a realidade que as envolve preocupa-se com o seu descumprimento (o que não significa que o seu respeito seja mais importante do que o respeito às obrigações de pagar).

Em caso de inadimplemento obrigacional, toda uma cadeia de pessoas acaba sendo afetada. A inadimplência gera insegurança jurídica e econômica, e especialmente quando a obrigação é de fato – de dar ou de fazer – e infungível, não podendo ser prestada por outra pessoa senão o próprio devedor, a importância dos meios de coerção cresce para, através da execução indireta, convencer o obrigado a adimplir.

O reconhecimento das diferenças e da importância do cumprimento das obrigações de fazer e de dar fez com que o sistema processual passasse a tratar a sua execução de modo diferenciado (CPC, arts. 497 e 536). A multiplicação das empresas prestadoras de serviços levou a um enorme crescimento desse setor, de forma que as prestações de fato ganharam muito espaço, dado o fenômeno da terceirização da economia.

---

22. Conforme CARLYLE POPP: "A obrigação de dar é aquela em que o devedor se compromete a entregar uma coisa móvel ou imóvel ao credor quer para constituir novo direito, quer para restituir a mesma coisa ao seu titular." Execução de Obrigação de Fazer. Curitiba: Juruá, 1996, p.156.

23. De acordo com o autor: "O dar ou entregar é ou não conseqüência do fazer. Assim, se o devedor tem de dar ou entregar alguma coisa, não tendo, porém, de fazê-la previamente, a obrigação é de dar; todavia, se, primeiramente, tem ele de confeccionar a coisa para depois entregá-la, tendo de realizar algum ato, do qual será mero corolário o de dar, tecnicamente a obrigação é de fazer." Op. cit. p. 155.

É sabido que o descumprimento das obrigações causa danos à sociedade, e por isso deve ser enfrentado usando de todos os meios que se demonstrem eficazes e viáveis, conforme o contexto[24]. Daí a ideia de que a tutela jurisdicional necessita ser, muitas vezes, preventiva, sendo prestada da forma mais próxima possível àquela que aconteceria se obrigação vier a ser ou tivesse sido cumprida normalmente: as chamadas tutelas inibitória e específica, respectivamente, a que se referem estudos de RICARDO LUIS LORENZETTI[25] e FLÁVIO LUIZ YARSHELL[26], dentre outros.

Assim, feitas essas considerações iniciais sobre os conceitos e a importância, inclusive social, do adimplemento das obrigações de fazer, de não fazer e de dar – muito embora não vejamos maior importância no seu respeito do que nas obrigações de pagar – passemos à análise dos meios coercitivos existentes pra o seu cumprimento, e após o advento do CPC de 2015, também para o cumprimento das obrigações de pagar (CPC, art. 139, IV), identificando a fungibilidade entre esses meios processuais de coerção ao adimplemento voluntário nessas obrigações.

b. Os meios coercitivos

Os principais meios coercitivos são: a multa cominatória (CPC, arts. 297, 498 e 537), as medidas executivas atípicas (CPC, art. 139, IV); a prisão civil do devedor inadimplente de alimentos (CPC, arts. 528, §1º a 9; Lei 5.478/68, art. 19) e a prisão civil daquele que atenta contra a dignidade da jurisdição civil (CPC, art. 536, §1º),

24. Segundo LUIZ GUILHERME MARINONI: "Não podemos esquecer que a revolução tecnológica engendrou uma *acentuada deslocação dos setores primário e secundário para o setor terciário*, o que levou à multiplicação dos conflitos envolvendo prestações de fato. Essa nova realidade, principalmente quando às obrigações de fazer são de caráter infungível, deixa às claras a impotência da tutela de condenação e a necessidade de pensarmos em novas alternativas de tutela jurisdicional.

Uma evolução adequada do sistema de distribuição de justiça equivaleria à predisposição de procedimentos adequados à tutela dos novos direitos Efetividade do Processo e Tutela de Urgência. Porto Alegre: Sérgio Fabris, 1993, p. 07.

25. Fundamentos de Direito Privado. Trad. Vera Maria Jacob Fradera. São Paulo: RT, 1998, p. 338.

26. Tutela Jurisdicional Específica nas Obrigações de Declaração de Vontade. São Paulo: Malheiros, 1993, p. 33.

prisão essa que autores como ANDREA PROTO PISANI[27], na Itália, e LUIZ GUILHERME MARINONI[28], chegaram a defender como prisão penal por desobediência (CP, art. 330), mas que no Brasil não ganhou importância operativa, mormente por se tratar de crime de menor potencial ofensivo (Lei, 9.099/95, art. 3º)[29].

b.1. Multa cominatória e medidas executivas atípicas

A multa cominatória é um eficaz meio coercitivo usado para "convencer" o devedor da obrigação de fazer a prestá-la. Como o próprio nome indica, a multa comina o devedor a pagar, periodicamente, importância pecuniária fixada pelo juízo, visando coagi-lo a adimplir a obrigação que contraiu. A multa cominatória, ou *astreinte,* tem natureza essencialmente coercitiva, agindo sobre a vontade do devedor, através de seu *bolso.*[30]

A multa cominatória originou-se das chamadas *astreintes*, de criação jurisprudencial do Direito Francês no século XIX. No ordenamento legal anglo-saxão, a medida mais próxima das *astreintes* é a chamada *injuction*[31], aplicada nas hipóteses de desrespeito à autoridade judicial, denominadas de *contempt of court*[32].

As *astreites* são caracterizadas pelo exagero propositado da importância cobrada do devedor inadimplente, e pela inexistência de limites temporais para a sua incidência, não limitando a quantia

27. L'attuazione dei provvedimenti di condanna. Foro Italiano, 1988, p. 121.

28. Op. cit. p. 214.

29. Na Itália, ANDREA PROTO PISANI defendeu a utilização da prisão penal como meio coercitivo civil sugerindo a reconceituação da sentença condenatória. A ideia não foi aplicada pela jurisprudência, provavelmente pela detecção de que as sentenças condenatórias não são ordens como o são as sentenças mandamentais, até então não reconhecidas naquele sistema processual. Op. cit. p. 121.

30. Conceitua FERNANDO NORONHA: "A multa cominatória é praticamente uma pena privada, porque sendo embora imposta pela justiça pública, reverte em proveito do credor. Na sua base está a idéia de que é preciso assegurar a eficácia das decisões judiciais, forçando os devedores a cumprí-las. Sempre que seja possível o cumprimento de uma obrigação e tal dependa apenas da vontade do devedor, não se deve hesitar em recorrer a este meio de dobrá-lo, em especial quando não haja outro meio eficaz de forçá-lo a realizar a prestação". Direito das Obrigações. São Paulo: Saraiva, 2003, p. 166.

31. Injunção.

32. Desrespeito, atentado à corte.

equivalente à multa nem o tempo de cumprimento da pena, como ocorre no regime misto Alemão, que, em contrapartida, prevê, ainda, a ameaça de prisão penal pelo descumprimento da obrigação.[33]

A imposição da multa deve ser feita em importância elevada para que seja capaz de influenciar o devedor, fazendo-o acreditar ser mais interessante cumprir a obrigação do que pagar a pena pecuniária. Para tanto, a lei usa a sensibilidade do juiz como instrumento limitador da importância da multa, até para que não ocorra enriquecimento ilícito por parte do credor.

A multa cominatória constitui técnica coercitiva das mais eficientes, tratando-se de instrumento indispensável. Conforme a espécie de obrigação e as características pessoais do devedor inadimplente, seu poder de influência sobre a vontade do réu pode ser maior do que o temor da restrição à liberdade gerado pelo instituto da prisão.

Além da multa cominatória, o CPC de 2015 ainda prevê como importantes meios de coerção as denominadas medidas coercitivas atípicas (CPC, art. 139, IV).

Trata-se de medidas diversas da garantia e da expropriação patrimonial clássicas, e que são impostas ao devedor com o objetivo de convencê-lo a cumprir a obrigação, mesmo que se trate de obrigação de pagar. São exemplos bastante populares de medidas executivas atípicas, tanto a suspensão da eficácia de Carteira Nacional de Habilitação quanto a retenção de Passaporte[34].

Ainda que se discuta se aplicação das medidas executivas atípicas pode ser efetuada apenas de forma subsidiária aos meios típicos de execução, o fato é que o mesmo fim almejado pelo feito executivo acaba por ser proporcionado por diferentes meios processuais, para os quais o sistema explicitamente prevê significativa liberdade formal (CPC, art. 139, IV).

b.2. Prisão civil por inadimplemento de dívida alimentícia

Outro meio de coerção usado na execução indireta das obrigações de fazer é a prisão de natureza civil, que não possui o cunho de

33. Como explicita ARAKEN DE ASSIS. Op. cit. p. 108.

34. BORGES, Marcus Vinicius Moter. Medidas Executivas Atípicas. São Paulo, RT, 2019.

castigo, mas sim o de medida processual, e que age sobre a vontade do devedor, convencendo-o a realizar o adimplemento.

A prisão civil pode ocorrer em razão do inadimplemento de dívida alimentícia, consoante o artigo 19 da Lei 5.478/68, situação essa incorporada pelo artigo 5º, inc. LXVII, da Constituição Federal de 1988.[35]

A prisão civil por inadimplemento de dívida alimentícia, assim como a do depositário infiel, é uma medida excepcional que deve ser tomada apenas quando não houver outra forma de coagir-se o devedor a pagar débito de tamanha importância.

Portanto, em se tratando de crédito de natureza alimentícia, cuja obrigação correspondente não é a de fazer, mas sim a de pagar, o uso da prisão civil é justificável, pois a liberdade do devedor é apenas temporariamente ameaçada em detrimento da supressão das necessidades básicas de subsistência do credor. Por isso mesmo, o limite máximo de duração da prisão civil por falta de pagamento de dívida alimentícia é de apenas sessenta dias (Lei 5.478/68, art. 19 e segs.), visando convencer o devedor a realizar o adimplemento.

O crédito alimentício tem preferência sobre todos os demais. Não há como se discutir a prevalência do crédito trabalhista, previdenciário ou tributário sobre o crédito alimentar, já que esses créditos são considerados superiores aos demais exatamente por também terem esse caráter[36]. Entretanto, a aplicação de qualquer medida coercitiva não pode se distanciar da realidade do devedor. Será sempre necessário condicionar a aplicação da prisão do devedor de dívida alimentícia às suas possibilidades de pagamento, pois não há como coagir-se aquele que não tem como prestar o que deve[37].

35. Dispõem os textos legais: "Lei n.º 5.478/68, Art. 19 - O juiz, para instrução da causa ou na execução da sentença ou do acordo, poderá tomar todas as providências necessárias para seu esclarecimento ou para o cumprimento do julgado ou do acordo, inclusive a decretação de prisão do devedor até 60 (sessenta) dias. CF/1988 - Art. 5º, LXVII - Não haverá prisão civil por dívida, salvo a do responsável pelo inadimplemento voluntário e inescusável de obrigação alimentícia e a do depositário infiel."

36. YUSSEF SAID CAHALI. Dos alimentos. São Paulo: RT, 1997, p. 94.

37. Segundo EDUARDO TALAMINI: "Em qualquer hipótese, a aplicabilidade da prisão estará condicionada à concreta possibilidade de pagamento pelo devedor: a coerção pessoal pressupõe inadimplemento voluntário e inescusável. A insolvência do devedor de in-

Embora o devedor verdadeiramente impossibilitado de pagar não deixe de estar obrigado a tanto, não poderá ter sua prisão civil decretada, pois não havendo maneiras para coagi-lo, o dispositivo em análise acaba perdendo o seu objeto. Nesses casos, pouco importa buscar-se a coexistência de diferentes instrumentos de coerção, pois não há vontade a ser influenciada.

O que interessa, por hora, é apenas explicitar a possibilidade de prisão do devedor inadimplente de dívida alimentícia no direito pátrio, como mais uma das formas de coerção na execução indireta das obrigações, ainda que não sejam obrigações de fazer ou de dar, quando mais interessariam ao estudo.

b.3. A prisão penal por desobediência

O crime de desobediência previsto no artigo 330 do Código Penal – CP tem a Administração Pública como objeto de tutela, no que se refere ao cumprimento de determinações de funcionários públicos[38]. É crime comum, podendo ser praticado por qualquer indivíduo, ainda que seja funcionário público, mas desde que a desobediência à determinação não esteja ligada à sua função, caso em que haveria outro crime, o de prevaricação, consoante o artigo 319 do CP.

Acreditamos existir reflexo coercitivo civil gerado pelo fato de o crime de desobediência ser infração de natureza permanente. Trata-se de delito permanente porque o ato de desobediência à ordem de funcionário público prolonga-se no tempo, não se complementando num só momento, como ocorre nos crimes de caráter instantâneo, como, por exemplo, o homicídio, em que a morte da vítima acontece num instante exato e delimitável. Caso o agente cumpra a ordem de forma válida, ainda que posteriormente à prisão, deixa de haver desobediência.

A grande consequência da caracterização da infração do artigo 330 do CP, como crime permanente é a de que, enquanto não

denização com caráter alimentar, por exemplo, não atingirá a obrigação, mas impedirá a adoção da medida constritiva." Prisão Civil e Penal e Execução Indireta. São Paulo: RT, 1998, p. 156.

38. CP, Art.330 - Desobedecer a ordem legal de funcionário público: Pena: Detenção, de 15 (quinze) dias a 6 (seis) meses, e multa.

cessarem os efeitos da permanência, haverá situação de flagrância. O crime permanente é o que está sendo cometido durante todo o tempo necessário à sua consumação, pelo que se trata de uma hipótese típica de flagrância, conforme atesta o artigo 303 do Código de Processo Penal – CPP[39]. Enquanto não cumprir a ordem emanada do funcionário público, que pode muito bem ser um Juiz de Direito, o desobediente continua praticando o crime, havendo a continuidade da situação de flagrância. Desde que pego em flagrante, o réu pode ser conduzido à autoridade competente – que é o juizado especial criminal – não apenas pelas autoridades policiais, mas por qualquer pessoa, mesmo sem mandado, consoante o art. 301 do CPP[40-41].

Pode ocorrer, ainda, a prisão penal pelo delito do artigo 330 do CP, decorrente de condenação ocorrida após o decurso de todo o procedimento criminal usual. Entretanto, por se tratar de crime de menor potencial ofensivo e, considerando-se a tendência de buscar-se a aplicação de penas alternativas à restrição de liberdade, trata-se de hipótese muito pouco provável.

De qualquer forma, havendo desrespeito às ordens – essencialmente mandamentais – proferidas com fundamento no art. 297 do CPC, pode haver uma prisão penal que repercute na esfera processual civil. Tal prisão não foi idealizada como um meio de coerção processual civil; apenas suas consequências podem refletir na órbita civil. Aliás, diferentemente do que em tese ocorreria no Brasil em caso de condenação transitada em julgado, nos países em que o instituto da prisão é mais utilizado como meio de coerção na execução indireta civil, sua duração limita-se ao momento em

39. CPP, Art. 303 - Nas infrações permanentes, entende-se o agente em flagrante delito enquanto não cessar a permanência.

40. CPP, Art. 301 - Qualquer do povo poderá e as autoridades policiais e seus agentes deverão prender quem quer que seja encontrado em flagrante delito.

41. Segundo JULIO FABRINI MIRABETE: "Assim, a possibilidade de se prender alguém em flagrante delito é um sistema de autodefesa da sociedade, derivada da necessidade social de fazer cessar a prática criminosa e a perturbação da ordem, tendo também o sentido de salutar providência acautelatória da prova da materialidade do fato e da respectiva autoria". Código de Processo Penal Interpretado. São Paulo: Atlas, 1997, p. 383.

que o devedor decidir cumprir a ordem judicial ou obrigação a que estava adstrito.[42]

A prisão em flagrante e a possibilidade de prisão por decisão definitiva, que pode ser de até seis meses de duração (CP, art. 330), não são o mesmo que aquela prisão penal que educa mais para o crime do que para o trabalho honesto, e cujas penas alternativas visam evitar, mormente pelas diferenças entre seus efeitos e suas clientelas.

Não haveria poder de coerção no instituto da prisão se as pessoas o encarassem como algo sem maiores significados morais. A prisão em flagrante daquele que ainda não cumpriu a ordem judicial a que está obrigado, ainda que se dê apenas através da condução até o juizado especial criminal (Leis 9.099/95 e 10.259/01), nos quais a assunção do compromisso de comparecer à audiência inicial impede a prisão em flagrante, já contém, a nosso ver, os elementos necessários para influir na vontade do agente zeloso, levando-o a realizar a prestação.

Essa forma indireta de coação pode levar o réu ao adimplemento voluntário, principalmente nos casos de indivíduos que necessitem zelar por sua imagem pública, como profissionais cuja função esteja calcada em sua credibilidade e boa fama, artistas famosos, pessoas amplamente conhecidas no ramo de atividade que desenvolvem e assim por diante. Aos olhos da sociedade, a prisão é um fato menosprezante, depreciador, pejorativo. Por isso entende-se que o significado moral da prisão é o que mais pode influenciar determinados devedores a realizar o adimplemento voluntário.

b.4. A prisão civil por ato atentatório à dignidade da jurisdição

Existe, ainda, um último meio de coerção ao devedor de obrigação de dar, de fazer (nesse caso não se aplicando à obrigação de pagar), fundamentadas ou não no art.139, IV do CPC, e que constitui ato de má-fé processual qualificado como atentatório à dignidade da jurisdição.

---

42. Na opinião de EDUARDO TALAMINI: "A perspectiva de cometer crime e ser punido serve para induzir o réu ao pronto cumprimento do comando judicial. Reflexamente, portanto, a sanção penal pode funcionar como meio de coerção processual civil. (...) Daí a importância, para o processo civil, de sua adoção nas áreas em que as sanções civis sejam insuficientes." Op. Cit. p. 159.

Ao contrário da prisão penal por desobediência, a prisão seria decretada pelo próprio magistrado do juízo cível, como entende, por exemplo, SÉRGIO CRUZ ARENHART[43], a fim de garantir o respeito e o cumprimento de suas próprias decisões suscetíveis de atentado pelas partes; suscetíveis de *contempt of court.*[44]

Desse modo, tal prisão estaria fundada na liberdade que a redação do art. 139, IV concede ao magistrado para utilizar os meios necessários a fim de que o resultado final seja equivalente ao do adimplemento. Ao exemplificar os meios que o juiz poderá manejar para a consecução resultado pretendido, o texto legal utiliza a expressão "tais como", o que retira o caráter taxativo do rol elencado pelo dispositivo.

Logo, por servir como um dos meios de coerção ao devedor inadimplente, a prisão civil teria fundamento legal nesse inciso IV do art. 139 do CPC. A questão a ser enfrentada, então, passa a ser a sua constitucionalidade, considerados os direitos fundamentais à liberdade e à dignidade da pessoa humana, bem como o fato de que a nossa Constituição Federal proíbe a prisão civil por dívidas, como também faz o Pacto de San José da Costa Rica, também denominado Convenção Americana de Direitos Humanos, de 1969.

Neste ponto, acreditamos ser constitucional a prisão civil como meio de coerção processual, especialmente quando a obrigação for de dar ou de fazer, pelo fato de ela não constituir uma prisão civil por dívida, não sendo oriunda do descumprimento à obrigação em si, do seu inadimplemento, mas sim decorrente do eventual desrespeito a uma determinação judicial, esteja ou não, essa ordem, fundada no art. 297 do CPC. Trata-se de um ato atentatório à dignidade da jurisdição (CPC, art. 77, § 2º): um verdadeiro *civil contempt of court.*

A efetividade e o respeito às decisões jurisdicionais são direitos fundamentais que se opõem, nessas situações, à liberdade do devedor inadimplente de obrigação de fazer, de modo que a divergência entre os estudiosos que admitem ou não a prisão civil como meio coercitivo tende a estar na ponderação desses direitos fundamentais. Para

43. Tutela Inibitória da Vida Privada. São Paulo: RT, 2000, p. 130.

44. Atentado à Jurisdição. (tradução nossa).

nós, deste modo, a tempestividade e o respeito à jurisdição, como corolários da sua efetividade, são os valores e direitos fundamentais que possibilitam a garantia de todos os demais, merecendo prevalecer; se os credores não forem respeitados, que o judiciário seja.

c. Dúvida objetiva entre as prisões oriundas do desrespeito a decisões judiciais e a multa cominatória, em se tratando de devedores detentores de grandes fortunas e/ou imagem a zelar

Os meios coercitivos de execução indireta e as possibilidades criadas para a obtenção da tutela da obrigação exatamente como deveria ter sido prestada, a chamada tutela específica, aprimoraram-se significativamente. Hoje, tem-se aceitado que o magistrado determine de ofício o meio coercitivo a ser utilizado, na busca pela efetividade da jurisdição, quando a parte não o requerer ou requerer medida diversa (CPC, art. 139, IV e 297).

Entretanto, há outro aspecto que julgamos ser importante, servindo de fundamento a essa mesma atitude do magistrado, qual seja o fato de que o pedido de multa cominatória, bem como de prisão civil ou penal do devedor, se refere a meios coercitivos, e como o próprio nome indica, diz respeito a meios, e não a fins. Apenas justificamos, é essencial esclarecer, através da distinção entre meios e fins, uma regra de fungibilidade entre meios que já existe naturalmente.

Aliás, não há problema na eventual aplicação conjunta, portanto simultânea, de meios coercitivos nas execuções – multa cominatória e prisão civil, por exemplo – desde que sejam todos úteis no caso concreto, o que torna desnecessária a própria lógica da fungibilidade nessas situações.

Certos devedores detêm pujança econômica de tal magnitude que a utilização do meio coercitivo constituído pela multa cominatória pode se tornar inócua em relação a eles. É o típico caso, por exemplo, do artista famoso que desrespeita o contrato a que se obrigou livremente.

Nessas situações, o operador do direito compreensivelmente terá dúvida objetiva em requerer a execução indireta por antecipação de tutela (CPC, art. 294) através de multa cominatória ou prisão oriunda do descumprimento da decisão judicial, seja civil ou penal, já que essas ainda não são amplamente aceitas no cotidiano forense, mas podem ser úteis de acordo com as nuances do caso.

Especialmente se o obrigado for pessoa conhecida do grande público, que se preocupe em zelar por sua imagem e boa fama, tanto a prisão civil decorrente de ato que atenta contra a dignidade da jurisdição (art. 77, § 2º), quanto a prisão penal pelo crime de desobediência do art. 330 do CP, podem constituir meios coercitivos tão ou mais persuasivos sobre a vontade desse devedor do que a multa cominatória, embora pouco aplicados.

Por conseguinte, a dúvida objetiva que enseja a aplicação do princípio da fungibilidade de meios nessa situação reside na maior utilidade que as prisões penal e civil podem ter sobre a vontade do devedor, considerando tratar-se de meios que não são amplamente aceitos, especialmente pela doutrina[45].

Enfim, como a concessão de uma medida coercitiva por outra já era possível por expressa autorização legal, o que mais nos interessa não é dissecar dúvidas objetivas. Interessa-nos reconhecer que elas já podem existir, ou virem a existir no futuro, e que o fato de constituírem meios e não fins processuais é fundamento válido e esclarecedor da possibilidade de sua concessão tanto de oficio quanto de modo amplamente fungível, por haver expressa autorização legal (CPC, art.139, IV), a exemplo do que ocorre com as medidas cautelares e as ações possessórias (CPC, arts. 297 e 554).

Não estamos apenas a respeitar o princípio da congruência e defender a flexibilização da escolha dos meios coercitivos, até porque não pensamos que a tutela das obrigações de fazer e dar seria menos importante do que as demais (só não as consideramos mais importantes); estamos, também, a compreender o universo da execução indireta das obrigações de fazer e de dar pela perspectiva

---

45. É a opinião de DONALDO ARMELIN, por exemplo, para quem além de inconstitucional, a prisão civil seria operativamente inviável, como já ocorria com a prisão penal. Conferência proferida no Congresso Nacional de Direito Processual Civil, organizado pelo extinto Instituto de Ciências Jurídicas - INCIJUR, em Joinville, no ano de 2001.

de que as medidas coercitivas a elas aplicáveis, constituem meios e não fins processuais.

Desta maneira, na execução das obrigações de fazer e de dar, a possibilidade expressamente prevista no ordenamento, de o advogado e o próprio juiz optarem entre os meios processuais (CPC, art. 139, IV), corresponde, equivale à fungibilidade desses meios, no sentido de o juiz dever considerar e admitir tanto um quanto outro meio coercitivo, independentemente da verificação de dúvidas objetivas. Pode haver dúvidas, mas independente da sua existência, haverá fungibilidade em razão da expressa previsão legal.

6.8. HIPÓTESES DE DÚVIDA OBJETIVA NEGATIVA

6.8.1. As dúvidas objetivas negativas causadas por alterações na legislação processual

O aumento da complexidade processual trazido pelas alterações na legislação processual provoca dúvidas objetivas junto aos operadores do direito, sejam questionamentos referentes às modificações das normas em si mesmas, sejam dúvidas referentes ao momento em que as novas normas passam a incidir junto aos feitos.

Acreditamos serem dúvidas objetivas de caráter negativo pelo fato de estas não terem sido criadas por divergências doutrinárias ou jurisprudenciais amadurecidas ou consolidadas, mas sim, por novidades inseridas junto ao texto legal, as quais simplesmente não se sabe como serão efetivamente interpretadas e aplicadas pelo sistema jurídico.

Mesmo que diversos autores tenham publicado obras a respeito das inovações legislativas, não há dúvida de que esses estudos retratam apenas as suas primeiras impressões a respeito dessas modificações legislativas, e que, portanto, não são suficientes para criar dúvidas objetivas junto aos operadores do direito, senão para esclarecê-las.

As dúvidas objetivas positivas são oriundas da interpretação que o sistema jurídico realiza sobre determinado dispositivo legal, necessitando de tempo e aplicação desse dispositivo pela realidade forense para que possam se estabelecer. A divergência entre autores que expressam suas impressões iniciais é frágil: primeiro porque estes poderão mais facilmente mudar de entendimento; segundo porque a jurisprudência poderá ou não as reconhecer, situação em que, aí sim, tornar-se-á uma dúvida positiva.

Ainda assim, a ausência de posições da doutrina e da jurisprudência cria uma dúvida que não é subjetiva, mas sim perfeitamente identificável de forma objetiva junto às fontes não legisladas do direito.

Inúmeras são as dúvidas objetivas trazidas pelas modificações junto às normas processuais. O CPC de 2015 trouxe inovações que desde um primeiro momento indicaram dúvidas negativas, em diversos pontos. Uma delas foi, por exemplo, a respeito da extensão das hipóteses de cabimento do recurso de agravo de instrumento (CPC, art. 1.015[46]).

Veja-se: em março de 2016 ainda não havia decisões dos tribunais locais e do STJ a respeito do rol do art. 1015. Não se sabia como ele seria interpretado. Nos anos seguintes essa dúvida foi sendo respondida pela jurisprudência, mas a certeza quanto ao cabimento do recurso era mais frágil quando da entrada em vigor do novo diploma processual.

Hoje, essas mesmas dúvidas, que antes de a jurisprudência começar a se manifestar a respeito, tinham, a nosso ver, caráter negativo, tornaram-se questões de divergência perante os nossos tribunais adquirindo positividade, por adentrarem ao sistema jurídico, até que por ele mesmo, de uma forma ou de outra, sejam resolvidas.

Desta maneira, enquanto as modificações continuarem junto à legislação processual – e, ao que tudo indica, sempre o farão – no interregno necessário para que a jurisprudência ganhe forma e a

---

46. Dispõe o art. 1.015 do CPC: "Cabe agravo de instrumento contra as decisões interlocutórias que versarem sobre: I – tutelas provisórias; II – mérito do processo; III – rejeição da alegação de convenção de arbitragem; IV – incidente de desconsideração da personalidade jurídica; V – rejeição do pedido de gratuidade da justiça ou acolhimento do pedido de sua revogação; VI – exibição ou posse de documento ou coisa; VII – exclusão de litisconsorte; VIII – rejeição do pedido de limitação do litisconsórcio; IX – admissão ou inadmissão de intervenção de terceiros; X – concessão, modificação ou revogação do efeito suspensivo aos embargos à execução; XI – redistribuição do ônus da prova nos termos do art. 373, § 1º; XII – (VETADO); XIII – outros casos expressamente referidos em lei".

doutrina amadureça os seus efetivos posicionamentos, a parte estará refém de dúvidas objetivas negativas em caso de não aplicação do princípio da fungibilidade.

6.8.1.1. As inovações processuais e a fungibilidade no âmbito do direito processual intertemporal

As dúvidas objetivas referentes ao direito processual no tempo também surgem como negativas, podendo positivar-se conforme o sistema jurídico não as dirima.

Em princípio, as normas são aplicadas aos atos processuais que ocorrem durante a sua vigência. Ocorre, no entanto, que a sucessão de leis ao longo do tempo induz períodos de transição entre a vigência de uma e outra norma. Responder aos questionamentos a respeito de qual norma deve ser aplicada nesses períodos de transição é tarefa do *superdireito* processual; das normas a respeito das quais as demais normas processuais se aplicam.

O art. 6º da LINDB e o art. 5º da CF, XXXVI, a respeito dos direitos adquiridos, dos atos jurídicos perfeitos e da coisa julgada, disciplinam as regras gerais do direito intertemporal junto às normas materiais, muito embora a coisa julgada, por exemplo, conste dos ditos textos legais e seja tema de direito intertemporal eminentemente processual.

No âmbito do processo, entretanto, o parâmetro representado pela coisa julgada se revela insuficiente para esclarecer quais são os atos já – ou não mais – submetidos a determinada lei nova.

Mesmo a regra específica do art. 14 do CPC[47], pela qual a lei processual nova se aplica às demandas em curso, necessita ter o seu alcance e aplicação detidamente analisados, para que se esclareça a partir de qual momento, dentro das mais variadas demandas, as novas disposições legais serão aplicadas.

47. Dispõe o art. 14 do CPC: "A norma processual não retroagirá e será aplicável imediatamente aos processos em curso, respeitados os atos processuais praticados e as situações jurídicas consolidadas sob a vigência da norma revogada.".

Por não se tratar de desiderato simples, a divergência tornou-se bastante significativa entre as posições doutrinárias e jurisprudenciais a respeito do direito processual intertemporal, não contemplando a fungibilidade de entendimentos a respeito da concepção intertemporal a ser aplicada, mas fundamentando a fungibilidade entre os meios processuais novos e antigos nos processos em curso.

Muito embora o direito intertemporal seja pensado junto a cada uma das novas disposições conforme a aplicação imediata da norma puder ser realizada, acreditamos existirem três traços gerais doutrinários e jurisprudenciais de maior vulto, as quais dividem a opinião dos especialistas a respeito da concepção processual intertemporal a ser aplicada mediante a interpretação do art. 14 do CPC.

A primeira corrente tem como premissa o isolamento dos atos processuais, entendendo que a nova lei, ao entrar em vigor, se aplica ao próximo ato processual a ser praticado nos feitos em curso.

Tal concepção enfatiza o ato processual, visto separadamente dentro do contexto processual, de modo que a nova norma respeite os efeitos jurídicos do ato processual já consumado. Trata-se do entendimento majoritário a respeito do sentido do art. 14 do CPC[48],

---

48. Por exemplo: "PROCESSUAL CIVIL. APELAÇÃO. REEXAME NECESSÁRIO. APLICAÇÃO DO CÓDIGO DE PROCESSO CIVIL DE 1973. RECURSO ESPECIAL PROVIDO.1. Cuida-se, na origem, de Execução Fiscal movida contra a parte recorrida em que houve reconhecimento da prescrição intercorrente, com a extinção do feito. 2. O Tribunal a quo não conheceu da remessa necessária e assim consignou (fl. 146, e-STJ): "Ora, apesar de a sentença ter sido prolatada e publicada sob a égide do Código de Processo Civil de 1973, a análise do reexame necessário por esta Corte deu-se na vigência do novo CPC, cujo limite para dispensa do duplo grau obrigatório de jurisdição é de 500 (quinhentos) salários mínimos para os Estados. In casu, trata-se de execução fiscal movida em 1998 referente a débito inscrito em dívida ativa no valor de R$ 19.5654, 18, cuja quantia, depois de corrigida, atualmente representaria cerca de R$ 80.000,00, ou seja, muito distante do patamar estabelecido na citada legislação, razão pela qual o reexame necessário não merece ser conhecido".3. Conforme anotado pelo próprio acórdão recorrido, a sentença foi prolatada na vigência do Código de Processo Civil de 1973, razão pela qual os requisitos do reexame necessário devem seguir a regra da referida lei, conforme compreensão firmada no Enunciado administrativo nº 2 do STJ: "Aos recursos interpostos com fundamento no CPC/1973 (relativos a decisões publicadas até 17 de março de 2016) devem ser exigidos os requisitos de admissibilidade na forma nele prevista, com as interpretações dadas, até então, pela jurisprudência do Superior Tribunal de Justiça". No mesmo sentido: REsp 1.689.664/RN, Rel. Ministro Herman Benjamin, Segunda Turma, DJe 16/10/2017. 4. Recurso Especial provido, com a determinação de remessa dos autos ao Tribunal de origem para a apreciação dos requisitos do reexame

ao qual se filiam, embora com determinadas restrições, TERESA ARRUDA ALVIM, LUIZ RODRIGUES WAMBIER e JOSÉ MIGUEL GARCIA MEDINA[49], bem como CÁSSIO SCARPINELLA BUENO[50], dentre outros.

O segundo entendimento, em busca de maior segurança e previsibilidade, defende, em linhas gerais, que a entrada em vigor da nova lei só passe a surtir efeito a partir da fase processual posterior àquela em que o feito se encontrava no momento em que terminou a *vacatio legis* dos novos dispositivos legais.

Assim, a nova lei atingiria apenas as fases processuais, posteriores à sua entrada em vigor. Consideram-se autonomamente as fases processuais postulatória, julgamento conforme o estado do processo, instrutória e decisória. As fases do processo já iniciadas seriam disciplinadas pela lei anterior, sendo certo que as fases subsequentes deveriam obediência à lei nova, como defende ATHOS GUSMÃO CARNEIRO[51], dentre outros.

Uma terceira corrente de estudiosos, como, por exemplo, ERNANI FIDÉLIS DOS SANTOS[52], defende, em linhas gerais, que

---

necessário à luz do Código de Processo Civil de 1973. (REsp 1811497/PB, Rel. Ministro HERMAN BENJAMIN, SEGUNDA TURMA, julgado em 25/06/2019, DJe 01/07/2019).

49. Os autores utilizam o critério dos atos processuais e seus efeitos, e não das fases processuais: "A) Aos atos processuais, praticados na vigência de lei anterior, desde que devam produzir efeitos no futuro e ocorra mudança de lei, é a lei anterior que deverá ser aplicada, porque ela continua legitimamente a reger aqueles efeitos ulteriores. (...) B) *O modus procedendi*. Vimos que a lei nova – de índole processual – se aplica aos atos processuais que venham a se realizar na sua vigência, respeitando plenamente, porém, os efeitos decorrentes da lei revogada, que se devem produzir já na vigência da lei nova, revogadora da lei anterior". Breves Comentários à Nova Sistemática Processual Civil 2. São Paulo: RT, 2006, p. 406 a 409.

50. A Nova Etapa da Reforma do Código de Processo Civil. São Paulo: Saraiva, 2006, p. 46.

51. Em conferência proferida no III Encontro Sul Brasileiro de Direito Processual Civil. Hotel Ritter. Porto Alegre, em 07.06.06.

52. Explica o autor, ao analisar o direito intertemporal na liquidação e no cumprimento da sentença: "A liquidação de sentença, se ainda não tiver sido proposta, cai no novo procedimento, desde que haja título anterior para tanto, em correspondência com o título atual.

Formada a relação processual no antigo procedimento de liquidação de sentença, esta estará sob a égide da Lei antiga. Se, porém, proposta a liquidação, mas ainda não formada a relação processual, o liquidante poderá pedir a substituição do procedimento.

O recurso contra a decisão de liquidação será o próprio do procedimento adotado.

a nova lei processual só pode ser aplicada aos processos que ainda não tenham relação processual formada, com as suas respectivas pretensões, o que a nosso ver implica na negação da regra contida no art. 14 do CPC.

Para esta concepção o processo seria indivisível, constituindo um conjunto de atos inseparáveis uns dos outros. Em razão desta unidade, um mesmo processo só poderia ser regulado por uma lei no tempo. Seria impossível haver, nesta hipótese, um concurso de regras aplicáveis, dado o princípio da irretroatividade das leis, de modo que somente a lei velha poderia ser adotada aos processos ainda em trâmite.

Considerados em linhas gerais, portanto, os principais posicionamentos a respeito da interpretação e da aplicação do direito intertemporal na seara do processo, percebemos que a divergência havida na aplicação e interpretação da regra constante do art. 14 do CPC merece ser analisada especificamente, junto às principais dúvidas objetivas que podem causar ao operador do direito.

O CPC de 2015, por exemplo, modificou significativamente os meios a serem utilizados para a satisfação das obrigações por meio de medidas executivas atípicas (CPC, art. 139, IV).

Tal alteração legislativa provocou dúvida objetiva negativa na medida em que não se sabia ao certo se o exequente poderá requerer medidas atípicas antes mesmo de buscar a obtenção de medidas executivas típicas, assim como não se sabia qual medida atípica poderia ser mais adequada, tais como apreensão de passaporte, bloqueio da Carteira Nacional de Habilitação, e assim por diante (CPC, art. 14).

Tudo dependerá do momento procedimental em que se encontram os feitos. Se aplicarmos o primeiro posicionamento acima descrito – do próximo ato processual – o meio correto será a impugnação do devedor, quando o mandado de penhora ainda não tiver sido juntado (CPC, art. 241).

Se a ação de conhecimento objetivar condenação, a sentença exeqüível provisória ou definitivamente deverá seguir a Lei nova. Se o processo de execução, no entanto, já se formou sob a égide da Lei antiga, nela se concluirá. As Reformas de 2005 do Código de Processo Civil. São Paulo: Saraiva, 2006, p. 142 e 143.

O que fica demonstrado, portanto, é que a aplicação do princípio da fungibilidade entre os meios processuais torna-se importante para evitar danos às partes em razão do aumento da complexidade do sistema processual trazido pelas alterações legislativas. A importância do acerto dos meios processuais como habilidade inerente ao profissional qualificado vai passando a ser considerada também nas hipóteses de dúvida objetiva negativa.

6.8.2. A Fungibilidade de "leading case" processual

a) **A dúvida objetiva a respeito dos meios de impugnação à decisão contrária aos interesses do próprio *amicus curiae* admitido no processo subjetivo**

A aplicação da norma da fungibilidade em situação de "leading case" é outra das hipóteses na qual acreditamos que a "dúvida objetiva" se dá em sentido lato, portanto negativo, pela inexistência de elementos de divergência objetivamente verificáveis e justificadores da fungibilidade.

Esta hipótese decorre do fato de que a escolha de meios processuais em situações nunca antes enfrentadas pelo Poder Judiciário acontece sem que as partes possam seguir posicionamentos doutrinários ou jurisprudenciais pré-existentes, o que justifica a dúvida dos operadores jurídicos a respeito, e consequentemente, a aplicação geral da norma da fungibilidade.

Nesse sentido, não encontramos autores que já tenham se manifestado detalhadamente sobre a utilização da norma da fungibilidade em situações cuja inovação ocorre na circunstância do caso, mas não na norma: os *leading cases* em matéria processual. Parece-nos, inclusive, que tal hipótese adequa-se à maior abrangência que a fungibilidade de meios tem em relação à fungibilidade apenas recursal, assim como ocorre com a hipótese da "dúvida objetiva" propriamente dita.

Quanto às hipóteses específicas de aplicação da norma da fungibilidade em situação de "leading case", temos como exemplo que desde já vislumbramos, a dúvida objetiva a respeito dos meios de impugnação à decisão contrária aos interesses do próprio *amicus curiae* admitido no processo subjetivo.

O "amicus curiae", ou amigo da corte, é um terceiro admitido a participar do processo como assistente do juízo, geralmente constituído por determinados órgãos ou entidades, mas que, em tese, não possuem interesse jurídico próprio direto ou indireto na causa, ligando-se a esta por motivo de interesse público e democratização do processo; interessada seria a sociedade.

Muito se tem discutido a respeito da natureza jurídica do "amicus curiae". Para alguns autores ele representa uma nova forma de intervenção de terceiros, como a denunciação da lide ou o chamamento ao processo, em que o terceiro se torna parte; para outros, trata-se de uma forma pura de intervenção de terceiros em que o terceiro não se transforma em parte, assim como acontece na assistência[53]; para outros, trata-se de um sujeito processual secundário auxiliar do juízo, tal qual o perito e o oficial de justiça[54]; outros,

---

53. Este é o entendimento do STJ, inclusive reconhecendo a competência da justiça federal em razão da intervenção do Conselho Administrativo de Defesa Econômica – CADE, autarquia federal, como "amicus curiae". Nesse diapasão: "RECURSO ESPECIAL. ANTV. AÇÃO CIVIL PÚBLICA. INTERVENÇÃO DO CADE COMO AMICUS CURIAE. INTERVENÇÃO DA UNIÃO COMO ASSISTENTE DO MINISTÉRIO PÚBLICO FEDERAL. COMPETÊNCIA DA JUSTIÇA FEDERAL.

    1. Recurso Especial interposto contra acórdão proferido em sede de agravo de instrumento que desafiou decisão saneadora, verbis: "A competência deste juízo já foi firmada, oportunamente, com a intervenção do CADE na lide, autarquia federal, cuja presença, nos termos dos arts. 109, I da CF, atrai a competência da justiça federal. (...).

    2. Ademais, o amicus curiae opina em favor de uma das partes, o que o torna um singular assistente, porque de seu parecer exsurge o êxito de uma das partes, por isso a lei o cognomina de assistente." (STJ, REsp. 737073/RS. Rel. Ministro Luiz Fux). Nesse mesmo sentido: STJ, REsp. 677585/RS. Rel. Ministro Luiz Fux.

54. Essa a opinião, por exemplo, de FREDIE DIDIER JÚNIOR, fundamentando-se na Regra n.º 29 das Regras Federais para Procedimento de Apelação nos Estados Unidos da América, e na Regra n.º 37 das Regras da Suprema Corte daquele país. Diz o autor: "O próprio étimo da expressão – amigo da cúria, ao pé da letra: *friend of the court*, para os americanos – já revela que estamos diante muito mais de um auxiliar do juízo do que de um postulante, sujeito parcial do processo com interesse específico em determinado resultado do julgamento. Recurso de Terceiro: Juízo de Admissibilidade. São Paulo: RT, 2002, p. 77.

ainda, entendem se tratar de instituto *sui generis*, não merecendo nem necessitando ser classificado[55].

O CPC de 2015, no seu art. 138, dispõe sobre a possibilidade de intervenção do amicus curiae inclusive nos processos individuais. No entanto, as Leis 9.868/99 e 9.882/99, que regulamentam o processo objetivo no controle de constitucionalidade por Ação Direta de Inconstitucionalidade – ADIN (Lei 9.868/99, art. 7º § 2º[56]), Ação Declaratória de Constitucionalidade – ADECON (Lei 9.868/99, art. 20 § 1º[57]) e Arguição de Descumprimento de Preceito Fundamental – ADPF (9.882/99, art. 6º §§ 1º e 2º)[58], também preveem a participação desses terceiros.

Do mesmo modo, a Lei 10.259/01, que instituiu os Juizados Especiais Federais, em seu art. 14 § 5º[59] admite a participação de terceiros no incidente de uniformização de jurisprudência. Por seu

---

55. É o caso de RODRIGO MURAD DO PRADO: "Feitas essas considerações, podemos concluir que a natureza jurídica do "amicus curiae" não se enquadra em uma típica intervenção de terceiros, pois, em certa dose, atua como um sujeito desinteressado na decisão final do processo". O Amicus Curiae no Direito Processual Brasileiro. Disponível em http://jus2.uol.com.br/doutrina/texto.asp?id=6717, acessado em 22.07.06.

56. Dispõe o art. 7º § 2º da Lei 9.868/99: "O relator, considerando a relevância da matéria e a representatividade dos postulantes, poderá, por despacho irrecorrível, admitir, observado o prazo fixado no parágrafo anterior, a manifestação de outros órgãos e entidades".

57. Dispõe o art. 20 § 1º da Lei 9.868/99: "Em caso de necessidade de esclarecimento de matéria ou circunstância de fato ou de notória insuficiência das informações existentes nos autos, poderá o relator requisitar informações adicionais, designar perito ou comissão de peritos para que emita parecer sobre a questão ou fixar data para, em audiência pública, ouvir depoimentos de pessoas com experiência e autoridade na matéria".

58. Dispõe o art. 6º §§ 1º e 2º da Lei 9.882/99: "§ 1º - Se entender necessário, poderá o relator ouvir as partes nos processos que ensejaram a argüição, requisitar informações adicionais, designar perito ou comissão de peritos para que emita parecer sobre a questão, ou, ainda, fixar data para declarações, em audiência pública, de pessoas com experiência e autoridade na matéria.

§ 2º - Poderão ser autorizadas, a critério do relator, sustentação oral e juntada de memoriais, por requerimento dos interessados no processo".

59. Dispõe o art. 14 § 7º da Lei 10.259/01: "Se necessário, o relator pedirá informações ao Presidente da Turma Recursal ao Coordenador da turma de Uniformização e ouvirá o Ministério Público, no prazo de 5 (cinco) dias. Eventuais interessados, ainda que não sejam partes no processo, poderão se manifestar, no prazo de 30 (trinta) dias."

turno, a Lei 6.385/76[60], em seu art. 31, ao tutelar interesse público defendido pela Comissão de Valores Mobiliários – CVM, também dispõe expressamente sobre a ouvida e a participação desse terceiro não interessado juridicamente (a CVM), nos feitos que versem sobre negociações de valores mobiliários de maior vulto. Também a lei 12.529/11, ao dispor sobre a ordem econômica, permite a intervenção do Conselho Administrativo de Defesa Econômica – CADE, nas ações em que se vier a discutir a sua atuação.

Deste modo, hoje é a participação do "amicus curiae" no processo civil, inclusive de caráter individual.

Entretanto, exatamente por não termos encontrado um número significativo de precedentes a respeito da participação desse terceiro nos feitos judiciais, em sentido lato, é que nos perguntamos qual seria o meio de impugnação cabível contra eventual decisão contrária aos interesses do próprio *amicus curiae* já admitido no processo subjetivo. Trata-se, por exemplo, de decisão que condene o *amicus curiae* em litigância de má-fé. Neste caso, seria cabível qual meio de impugnação? Um recurso que excepcione a regra do art. 138? Mandado de Segurança? Qual meio utilizar?

Se entendermos que o "amicus curiae" tem natureza de parte, a decisão deveria ser recorrível. Entretanto, o CPC de 2015 explicitamente afirma que o amicus não possui o poder de recorrer (CPC de 2015, art. 138).

---

60. Dispõe o art. 31 da Lei 6.385/76: "Nos processos judiciários que tenham por objetivo matéria incluída na competência da Comissão de Valores Mobiliários, será esta sempre intimada para, querendo, oferecer parecer ou prestar esclarecimentos, no prazo de quinze dias a contar da intimação.

§ 1º - A intimação far-se-á, logo após a contestação, por mandado ou por carta com aviso de recebimento, conforme a Comissão tenha, ou não, sede ou representação na comarca em que tenha sido proposta a ação.

§ 2º - Se a Comissão oferecer parecer ou prestar esclarecimentos, será intimada de todos os atos processuais subseqüentes, pelo jornal oficial que publica expedientes forense ou por carta com aviso de recebimento, nos termos do parágrafo anterior.

§ 3º - A comissão é atribuída legitimidade para interpor recursos, quando as partes não o fizeram.

§ 4º - O prazo para os efeitos do parágrafo anterior começará a correr, independentemente de nova intimação, no dia imediato aquele em que findar o das partes".

O que pretendemos, de qualquer maneira, não é identificar a natureza ou o meio processual devido à impugnação das decisões de interesse do próprio "amicus curiae". Apenas detectamos a falta de precedentes jurisprudenciais suficientes a respeito, o que, causa, consequentemente, essa espécie de dúvida objetiva, que acreditamos ser esclarecedor qualificar como uma dúvida negativa.

6.8.3. A Fungibilidade da decisão que tem natureza de outra

a) A Dúvida objetiva a respeito da decisão formalmente identificada como interlocutória, mas que tem natureza indiscutível de sentença e vice-versa

A aplicação da norma da fungibilidade nas situações em que o magistrado profere uma decisão no lugar de outra é a última hipótese de incidência que vislumbramos em que o requisito da "dúvida objetiva" também será negativo.

Nesta situação, a aplicação do princípio da fungibilidade deriva da impossibilidade de afirmarmos, com certeza, qual o recurso ou meio de impugnação seria cabível contra a referida decisão, já que esta foi denominada como sendo de uma determinada espécie, mas possuiu conteúdo de espécie diversa. Nesse diapasão, NELSON NERY JÚNIOR[61] se manifestou favoravelmente à utilização do

61. De acordo com o autor: "Essa dúvida pode ser de três ordens: a) o próprio código designa uma decisão interlocutória como sentença ou vice-versa, fazendo-o obscura ou impropriamente; b) a doutrina e/ou a jurisprudência divergem quanto à classificação de certos atos judiciais e, consequentemente, quanto á adequação do respectivo recurso para atacá-los; c) o juiz profere um pronunciamento no lugar de outro. [...] As hipóteses que ensejam ocorrências do terceiro grupo são mais raras. Isto porque, conforme já analisado alhures nesse trabalho, o nosso código não deu importância à forma do ato judicial para efeitos de defini-lo. O fator preponderante e essencial para tanto é a finalidade do pronunciamento judicial: se decidiu questão incidente sem pôr termo ao processo, é decisão interlocutória; se colocou fim ao processo, ainda que não haja julgado o mérito, é sentença. Em sistemas jurídicos onde a forma do ato é que é o fator determinante para classificá-lo com vistas à recorribilidade, o erro do juiz ao proferir pronunciamento por outro é revelante. A esse respeito, lembramo-nos de caso ocorrido conosco em uma das varas cíveis da comarca de São Paulo. Em processo de execução fundado em título judicial, alegamos, por simples cota nos autos, a incompetência absoluta do juízo (art. 575, II do CPC). Como se tratava de matéria de ordem pública, que deveria ser conhecida *ex offício* pelo juiz, naturalmente prescindia da oposição de embargos. Entretanto, o magistrado proferiu decisão no curso do próprio processo

princípio da fungibilidade para a escolha de meios processuais nesta hipótese. O autor dá o exemplo de uma decisão interlocutória que foi proferida para resolver alegação de incompetência absoluta feita no curso do processo de execução, no qual não houve interposição de embargos, mas que foi denominada de sentença pelo julgador, que se confundiu pensando estar julgando a ação de embargos à execução.

Assim, haveria, segundo o estudioso, compreensível dificuldade em escolhermos o recurso devido para impugnar uma decisão que foi intitulada como sentença, mas que julga questão de natureza apenas interlocutória, sendo justificável a aplicação do princípio da fungibilidade nessa espécie diferenciada de dúvida objetiva.

Não é de hoje que se afirma que a denominação e a forma dos atos jurídicos devem ocupar menos o operador do direito que o seu conteúdo. (CC de 1916[62] e CC de 2002[63]). Ocorre que a importância da forma perante o direito processual é inquestionável.

---

de execução, do seguinte teor: *rejeito os embargos opostos à execução* Na verdade, tomando o ato judicial em sua essência, o juiz prolatou decisão interlocutória, pois resolveu a questão da incompetência absoluta no curso do processo de execução, já que não houve interposição de embargos. Por outro lado, seria perfeitamente razoável entender-se que houvera proferido sentença, na suposição de que o devedor havia oposto embargos, fazendo-o incorretamente em sua forma, pois deveriam vir sob o manto de uma petição inicial e autuados em apartado, por força do art. 736 do CPC. Não chegamos a interpor recurso dessa decisão, em virtude de sua revogação por outro magistrado que funcionou posteriormente no processo, razão pela qual não pudemos saber a opinião do tribunal em caso de real interesse à ciência do processo. Mais, se eventualmente necessário, não teríamos hesitado em interpor o recurso de agravo, já que a execução estaria tomando o seu curso normal após a referida decisão. No entanto, poderia o tribunal *ad quem* entender tratar-se de sentença, portanto atacável pela via da apelação, pois o juiz, convencido de que o devedor não tinha razão, havia rejeitado os *embargos,* mesmo que estes estivessem nos próprios autos da execução e não em processo e autos apartados como determina a lei. Hipótese, ainda, do terceiro grupo pode ser vislumbrada em decisão ocorrida no Paraná, pela qual o juiz, entendendo haver incompetência absoluta, ao invés de remeter os autos ao juízo competente, nos termos do art. 113 § 2º, indeferiu a petição inicial. O TJPR conheceu do recurso de apelação interposto contra a decisão. " Op. cit. p. 146 a 148.

62. Nas Disposições Gerais do capítulo referente aos Atos Jurídicos, já afirmava o art. 85 do CC de 1916: "Nas declarações de vontade se atenderá mais à sua intenção do que ao sentido literal da linguagem".

63. Nas Disposições Gerais a respeito dos Negócios Jurídicos, o art. 112 do CC de 2002 estabelece: "Nas declarações de vontade se atenderá mais à intenção nelas consubstanciada do que ao sentido literal da linguagem".

Fora das situações de dúvida objetiva entre agravo de instrumento e apelação, quando um magistrado profere uma sentença em ação de despejo, denominando-a como decisão interlocutória, por exemplo, também haverá dúvida negativa. Ainda que o próprio CPC tenha passado a conceituar as sentenças de modo diferenciado, preocupando-se mais com seu conteúdo do que com a sua forma (CPC art. 203 § 1º), a dúvida objetiva se mantém.

O eventual recurso de apelação interposto contra essa decisão, que não se discute ser uma sentença, terá de ser admitido pelo mesmo magistrado que intitulou a decisão apelada como interlocutória. A menos que se reconheça a incidência do princípio da fungibilidade entre apelação e agravo nesta hipótese, não haverá como garantir que o recurso de apelação será considerado cabível, tornando necessária a interposição de agravo de instrumento, agora para que a apelação seja conhecida (CPC, art. 1.015).

Também junto ao tribunal, caso a parte decida respeitar a denominação do magistrado *a quo,* interpondo agravo ao invés de apelação, pensamos que o recorrente deverá desde já fazer pedido subsidiário para o recurso de agravo possa ser conhecido como apelação, aplicando-se o princípio da fungibilidade ao caso, pelo fato de o juiz ter denominado incorretamente a sentença que proferiu.

Portanto, é necessário admitirmos a imperfeição do sistema processual – se é que assim as nossas normas instrumentais realmente merecem ser denominadas, tais as suas incongruências – e a existência de mais de um meio para o mesmo fim, como elementos justificadores da utilização do princípio da fungibilidade quanto aos meios processuais.

Na perspectiva *jusfundamental* da instrumentalidade, que visa um processo de resultados consciente da relação entre seus meios e fins, acreditamos ser o operador do direito quem pode dar às leis, através de interpretações criativas e coerentes, a oportunidade de serem aplicadas segundo o princípio da fungibilidade quanto aos seus meios, contribuindo para que se transforme o *sistema*; o sistema, enfim, somos nós.

CAPÍTULO 7

COMO OPERAR A FUNGIBILIDADE NO PROCESSO CIVIL

7.1. COMPREENDER A DIFERENÇA ENTRE OS PRINCÍPIOS DA FUNGIBILIDADE E DA INSTRUMENTALIDADE DAS FORMAS

Tanto o princípio da fungibilidade quanto o princípio da instrumentalidade das formas são normas jurídicas decorrentes da interpretação do direito processual na perspectiva da constituição e dos direitos fundamentais.[1] Entretanto, o princípio da fungibilidade, embora seja descendente do princípio da instrumentalidade, com este não se confunde.

Por conta da proximidade entre os princípios, com frequência operadores do direito possuem dificuldade de distinguir e acabam por inadequadamente conceber de forma idêntica os conteúdos dos princípios da instrumentalidade das formas e da fungibilidade.

O princípio da fungibilidade no âmbito do processo é norma que garante respeito ao *superprincípio*[2] da proporcionalidade – ainda que não necessariamente de forma literal, por parte da jurisprudência – aplicando-o à exigência de adequação dos meios processuais.

Por sua vez, o princípio da instrumentalidade das formas é mais genérico, estando ligado, essencialmente, à liberdade formal

---

1. PORTANOVA, Rui. Princípios do processo civil. 3 ed. Porto Alegre: Livraria do Advogado, 1999.
2. Pois se trata de princípio normativo que versa sobre a aplicação de outras normas: uma norma sobre outras normas.

no intuito de o operador do direito sempre se esforçar ao máximo para analisar o mérito dos feitos, relevando dificuldades de forma.

Há instrumentalidade das formas sempre que, independente do suposto erro formal havido, o julgador flexibiliza essa forma para, também em atenção ao princípio da primazia do julgamento do mérito (CPC, arts 4º, 6º, 227 e 283), não impedir o enfrentamento da questão material de fundo.

Por sua vez, há fungibilidade nos casos em que o sistema jurídico não é claro a respeito do meio processual para a situação – podendo-se demonstrar essa falta de clareza através de julgados e precedentes – e o julgador percebe essa falta de clareza no caso concreto, concluindo não ser proporcional impor esse ônus à parte.

Quando o meio processual correto a ser utilizado é claro, considerando-se a lei e a jurisprudência – como, por exemplo, hoje, o recurso de agravo em face de liminar em mandado de segurança – eventual utilização de meio diverso não poderia ser flexibilizada por meio do princípio da fungibilidade. Haveria evidente e indiscutível erro na escolha do meio e o nosso sistema processual positivado adota a tipologia.

Há, portanto, situações em que o erro efetivamente ocorre e situações em que não há verdadeiro erro; situações essas em que o direito positivo não é claro e só há erro na visão daqueles que discordam de parcela jurisprudência, mas não percebem que a existência dessa divergência elimina o verdadeiro erro quanto ao tipo processual.[3]

Logo, apenas quando não há verdadeiro erro na hipótese, pelo fato de haver mais de um meio adequado segundo a jurisprudência (Ex: escolha entre embargos de terceiro e oposição para a proteção da posse do terceiro na estrutura criada pelo CPC de 2015) é que

---

3. Leciona TERESA ARRUDA ALVIM: *Isso por que a aplicação do princípio da fungibilidade, na verdade, supõe que não haja erro. Ou seja, para que um recurso posse ser recebido por outro, é necessário que haja dúvidas quanto ao cabimento de um ou outro recurso, dúvidas essas demonstráveis, ou por convincentes argumentos (se se tratar de hipótese nova) ou por citações doutrinárias, ou por precedentes jurisprudenciais num e noutro sentido. É evidente, pois, que, se a dúvida há de ser objetiva, não há que se falar propriamente em erro. Só se falaria em erro aos olhos daqueles que se filiam à corrente segundo a qual o recurso cabível seria o outro.* Os Agravos no CPC Brasileiro. São Paulo: RT. 2016, p. 164.

se tem a aplicação do princípio da fungibilidade, erro esse que não ocorrerá na hipótese da mera aplicação do princípio da instrumentalidade das formas, genérico que é.

Assim, a título de exemplo, se o Ministério Público, que não possui legitimidade para a propositura de ações populares[4], agindo em erro grosseiro, propusesse uma ação popular para a proteção de direitos de interesse indisponível de caráter coletivo, o juízo poderia, muito querendo, recebê-la como ação civil pública, mas considerando a importância da resolução do mérito e fazendo uso do princípio da instrumentalidade das formas.

Por outro lado, o mesmo juízo não deverá fundamentar o recebimento de uma ação popular proposta pelo *parquet* como ação civil pública no princípio da fungibilidade, pois a não legitimidade do Ministério Púbico para esta medida é indiscutível, não havendo dúvida na jurisprudência a este respeito. Não havendo dúvida objetiva sobre a ilegitimidade, consiste erro grosseiro a propositura de ação popular pelo Ministério Público, erro este que justifica a não análise do mérito quando se fala apenas em princípio da fungibilidade.

7.2. COMPREENDER O MITO DO PROFISSIONAL INCOMPETENTE E O RISCO DA UTILIZAÇÃO LITERAL DO TERMO "PRINCÍPIO DA FUNGIBILIDADE"

A tipicidade dos meios processuais constitui uma das bases culturais da *civil law*. Por isso, o tipo processual – e a ideia de que aquele que o conhece também domina o conhecimento do direito operado – se tornou um verdadeiro fetiche da linguagem jurídica processual clássica[5-6], especialmente no estado liberal.

---

4. Lei n. 4.717/65, art. 1º.

5. *A solidão da linguagem – mesmo da linguagem pura de uma ciência – ainda padece do defeito de ser solitária. A solidão das diversas linguagens cria distorções. A confusão a respeito de uma verdade não se origina na multiplicidade das linguagens, mas no círculo fechado da linguagem solitária que leva a crer que – ela mesma – seria um universo e a única pensável.* GUITTON, Jean. L´amour Humam, 2ª ed. Paris. Aubier, 1963, p. 23.

6. Como afirmou categoricamente Alfredo Augusto Becker: *O que transforma o caos em cosmo é a possibilidade de conversação; é o vem e o vai da língua. O verdadeiro pensador é aquele que – ingressando na conversação universal das diversas linguagens – procura e alcança a realidade mediante a harmonização de ideias que pareciam alheias ou indife-*

Sob o prisma dos ideais clássicos do Estado liberal, é constitucional exigir o acerto do meio processual,[7] mas mesmo sob o enfoque liberal é discutível a constitucionalidade da exigência do acerto quanto ao meio processual nos casos em que o sistema jurídico não possui verdadeira exatidão quanto a este meio processual.

A ideia de que para cada fim existe apenas um meio processual adequado está intimamente ligada à concepção liberal de que o conhecimento do meio processual adequado possui valor e de que é possível diferenciar a qualidade dos profissionais do direito a partir desse conhecimento.

A diferenciação entre profissionais do direito a partir da suposta escolha incorreta do meio processual a ser utilizado é a justificativa da tradição forense para a eventual não resolução do mérito, ainda que o direito material assista à parte cujo procurador supostamente errou o caminho instrumental.

Daí surge uma constatação: pedir ao juízo ou tribunal, de maneira literal, a aplicação do *princípio da fungibilidade*, é arriscado e pouco eficiente. Isso porque tal pedido literal passa a impressão de que se está solicitando uma facilidade a um profissional pouco competente.

Ainda que a jurisprudência em verdade revele outra realidade substancial, os tribunais têm dificuldade de reconhecer, de maneira formal e literal, a existência de mais de um meio processual para o mesmo fim.

Os tribunais preferem acreditar que o operador do direito não foi suficientemente hábil, mergulhados, que ainda estão, na cultura

---

rentes àquela específica realidade e a conciliação entre homens que se imaginam inimigos ou estrangeiros em razão das teorias que esposaram. "Carnaval Tributário". 2.ª ed. Editora Lejus, São Paulo: 2004, p. 17.

7. Cuja feição LUIZ GUILHERME MARINONI descreveu, ao comentar a influência do Estado Liberal sobre a concepção de processo em CHIOVENDA: *A escola Chiovendiana formou-se sob a influência de um modelo de Estado de matriz liberal, marcado por uma inegável acentuação dos valores da Liberdade individual sobre os poderes de intervenção do Estado, o que se reflete nitidamente no conceito de tutela declaratória.* Tutela Inibitória. 3ª ed. São Paulo, 2002, p. 20.

clássica liberal do processo[8]. Na cultura de que a habilidade relativa ao uso dos meios processuais justifica a tutela dos direitos de forma distinta em casos idênticos. Não reconhecem o óbvio: muitas vezes o próprio sistema não sabe o meio processual verdadeiramente correto.

Essa falta de consciência dos tribunais faz com que o pedido de aplicação do princípio da fungibilidade seja perigoso e pouco inteligente em face da realidade operativa do direito processual. Por isso, provocar a aceitação de mais de um meio para o mesmo fim sob o fundamento do *princípio da fungibilidade* é um objetivo que exige estratégia e despreocupação com a utilização literal exatamente do termo "princípio da fungibilidade".

7.3. DEMONSTRAR, DIDÁTICA E OBJETIVAMENTE, A DÚVIDA JURISPRUDENCIAL: A FALTA DE CLAREZA DO SISTEMA

Ciente do risco inerente à conduta de solicitar literalmente a aplicação do princípio da fungibilidade à espécie, o operador do direito deve pesquisar e obter julgados que demonstrem a divergência a respeito do meio processual a ser utilizado na hipótese. Deve utilizá-los, se possível em alguma quantidade.

Isso porque a divergência deve ser clara sobre o mesmo fim. Deve ser atual e se possível, entre juízos ou turmas do mesmo tribunal. Mais que isso: não se deve apenas citar os julgados ou precedentes objetivamente conflitantes; deve ser feito um cotejo entre os trechos das decisões que demonstram o raciocínio conflitante a respeito do meio processual adequado.

Assim agindo, o operador do direito estará a demonstrar que ônus da escolha do meio processual neste caso concreto não deve

8. Segundo LUIZ GUILHERME MARINONI: *Imagina-se, em princípio, que o art. 1.142 do Código Napoleão – segundo qual toda obrigação de fazer e não fazer resolve-se em perdas e danos em caso de inadimplemento do devedor – seja apenas o reflexo dos princípios de liberdade e de defesa da personalidade, próprios do jusnaturalismo e do racionalismo iluminista. Contudo, há uma evidente relação entre a incoercibilidade das obrigações e a preservação da "liberdade do homem"; há igualmente um nexo entre a sanção ressarcitória e o princípio da abstração das pessoas e dos bens, próprios da cultura e do direito liberal.* Tutela Específica. São Paulo, RT, 2000, p. 17.

cair sobre a parte, mas sim ser compreendido como uma evidente falha do ordenamento, decorrente da falta de clareza do próprio sistema processual a respeito do meio processual na hipótese.

Deve-se demonstrar, portanto, que não foi a falta de pesquisa nem de estudos que levou à intranquilidade na escolha do meio processual acertado, mas sim a pesquisa atenta e detalhada que levou a esta dificuldade; que conduziu a uma excepcional, atual e absolutamente demonstrável dúvida, a qual é objetivamente verificável e está sendo devidamente demonstrada em capitulo próprio da conclusão da peça profissional.

7.4. CONCLUIR EFETUANDO PEDIDOS SUBSIDIÁRIOS DE CONVERSÃO OU APROVEITAMENTO DO MEIO UTILIZADO, NÃO FUNDADOS NA LITERALIDADE DO PRINCÍPIO, MAS EM RAZOABILIDADE E PROPORCIONALIDADE: A IDEIA DE BOM SENSO

A demonstração da dúvida objetivamente verificável é melhor efetuada se merecer um capítulo próprio, o qual não apenas colacione os precedentes que demonstram a divergência, mas também os compare, cotejando-os.

Deve-se requerer no primeiro pedido subsidiário alternativo, caso o julgador não aceite o meio escolhido na peça, que este seja convertido no meio desejado pelo Juízo, utilizando-se, para tanto, o procedimento que o julgador entender adequado.

Num segundo pedido subsidiário alternativo ao primeiro pedido subsidiário, caso o julgador entenda não ser possível ou não ser conveniente a conversão do meio processual utilizado, deve-se requerer o seu aproveitamento da forma como foi efetuado. Isto pelo fato de se estar comprovando – colacionando-se jurisprudência nos dois ou mais sentidos – que o sistema não é claro quanto ao meio a ser utilizado, o que resulta em poder-se utilizar mais de um meio para o mesmo fim.

Neste trecho da peça profissional, é importante que o profissional compreenda, portanto, que o julgador poderá tanto transformar um meio processual em outro (conversão) quanto simplesmente aceitar o meio processual como um dos meios processuais plausíveis para aquele fim (aceitação, tolerância).

Isto porque converter de um meio processual no outro não é a única forma de resolver a questão. Em verdade, a mera aceitação do meio utilizado é muito mais simples e não está limitada pela ideia de conversibilidade. Trata-se do óbvio que não se vê, como demonstrou TERESA ARRUDA ALVIM[9-10].

Veja-se que havendo, entretanto, a possibilidade de conversão, a parte pode requerer tanto a conversão quanto a mera aceitação do meio processual. Já não havendo essa possibilidade, pede-se apenas a aceitação do meio (ex: entre recursos especial e extraordinário, não há como se proceder à conversão).

O importante, enfim, é que se peça a admissão do meio processual escolhido e que depois se demonstre didaticamente a dúvida objetiva para, logo após, em pedido subsidiário, requerer a conversão ou a aceitação do meio utilizado, usando como fundamento os *superprincípio*s da razoabilidade e da proporcionalidade.

Neste momento, repise-se, não vale a pena afirmar que o que se está pedindo é a aplicação literal do princípio da fungibilidade à hipótese, por mais que isto seja a verdade, pois esta conduta tende a colocar a parte numa situação psicológica de fragilidade em face da circunstância de supostamente não assumir o ônus da escolha do meio processual.

Veja-se nesse sentido, que o termo "fungibilidade" no âmbito do processo é apenas a maneira como nossa cultura jurídica se

---

9. O óbvio que não se vê: a nova forma do princípio da fungibilidade. Revista de Processo n.º 137, p. 134.

10. O Princípio da Conservação ou Aproveitamento é um dos princípios das nulidades que orientam a aplicação das normas civis. Segundo a autora: *Em direto público, há marcada tendência a que tudo se deva emendar, sendo aproveitada a parte do ato capaz de produzir efeitos (...) Embora este princípio tenha aplicação também no direito privado, tendo sido acolhido de forma expressa pela letra da lei civil (art. 153 do Código Civil de 1916; art. 184 do Código Civil de 2020), salta aos olhos a peculiar importância que lhe deve ser atribuída na seara do direito público, por que o direito público se "operativiza", por assim dizer, em órgãos públicos, cuja atividade não pode ser desperdiçada, sob qualquer ângulo ou ponto de vista.* Os Agravos no CPC Brasileiro. São Paulo: RT, 2016, p .173.

acostumou a detectar aplicação do princípio da proporcionalidade à lógica de adequação dos meios processuais.

Por outro lado, tanto a proporcionalidade quanto a razoabilidade, princípios sobre princípios que são, direcionam o raciocínio do julgador para a ideia de bom senso, inerente ao tema, sem, no entanto, fragilizá-lo perante o julgador. Daí a importância da demonstração didática da dúvida objetiva verificada e a realização de pedidos subsidiários fundados em proporcionalidade e razoabilidade, embora sem requerer literalmente a aplicação do princípio da fungibilidade.

7.5. ENTENDER A DISTINÇÃO ENTRE NORMA DA FUNGIBILIDADE ESTRUTURADA COMO REGRA E A NORMA DA FUNGIBILIDADE ESTRUTURADA COMO PRINCÍPIO

O sistema processual possui circunstâncias em que conteúdo da fungibilidade pode estar estruturado como norma principiológica, bem como outras circunstâncias em que o seu conteúdo pode estar estruturado como regra.

Muito embora se trate do mesmo conteúdo, nas hipóteses em que a norma da fungibilidade está prevista no ordenamento legal – seja por lei ou por precedente com eficácia vinculante (CPC, art. 927, I a III), não é necessário averiguar a dúvida objetivamente verificável.

Isso porque neste caso a fungibilidade decorrerá de uma regra do próprio sistema (Ex: art. 1024, § 3º, triste hipótese de flexibilização entre embargos de declaração e agravo interno) e não da aplicação de um princípio. A sofisticação da interpretação necessária será muito menor, assim como muito menor será o risco de a norma não ser aplicada.

Por sua vez, não havendo previsão legal expressa ou precedente vinculante, será o caso de avaliar e demonstrar didaticamente a efetiva falta de clareza do sistema processual a respeito do meio processual a ser aplicado em determinada situação atual e concreta: a dúvida objetivamente verificável.

Ora, sendo claramente demonstrável de forma objetiva esta dúvida, incidirá o princípio da fungibilidade caso se convença o julgador dessa falta de clareza do sistema – ainda que operativamente não se denomine esta flexibilização formal de princípio da fungibilidade – suficiente para retirar da parte o ônus do acerto a respeito do meio processual supostamente adequado.

Assim, na primeira situação aqui descrita, a norma da fungibilidade será uma regra (fungibilidade-regra); na segunda situação abordada, a norma da fungibilidade será um princípio (fungibilidade-princípio).

Uma norma, segundo o conceito semântico de ROBERT ALEXY, consiste no significado de um enunciado normativo.[11] Desse modo, os enunciados normativos consistiriam na maneira pela qual as normas são linguisticamente expressadas, de forma que uma mesma norma poderia ser semanticamente expressada através de diferentes enunciados normativos, desde que estes guardassem o mesmo significado.

E por constarem de enunciados normativos referentes a normas de direito fundamental, inseridos em uma teoria positiva do direito, estes significados constituiriam dogmas jurídicos de observância obrigatória, característica de grande importância para o estudo dos princípios, como se verá adiante.

A partir do conceito de norma, muito embora os estudiosos divirjam consideravelmente a respeito dos conceitos de princípio e de regra, torna-se possível conceituar e, para alguns, diferenciar princípios e regras, tarefa inicialmente realizada por RONALD DWORKIN[12].

Assim, de acordo com a contribuição trazida por ROBERT ALEXY à distinção de RONALD DWORKIN, os princípios seriam espécies de normas que otimizam o sistema jurídico, ordenando, permitindo ou proibindo comportamentos na maior medida possível, conforme as possibilidades jurídicas e reais existentes.

---

11. "O ponto de partida deste modelo constitui a distinção entre *norma* e *enunciado normativo*. Um exemplo de enunciado normativo é o seguinte: Nenhum alemão pode ser extraditado ao estrangeiro (art. 16 §2º, da Lei Fundamental Alemã). Este enunciado expressa a norma segundo a qual está proibida a extradição de um alemão ao estrangeiro. Uma norma é, pois, o significado de um enunciado normativo". Ob. Cit. p. 51.

12. Ob. cit. p. 23.

Os princípios poderiam, dessa forma, ser cumpridos em diferentes graus, ao passo que as regras não. Ao contrário dos princípios as regras seriam, na teoria de ALEXY, normas que, ou são cumpridas ou não são cumpridas, sendo excepcionáveis apenas através de outra regra, não ensejando verdadeiros conflitos entre si e não possibilitando a graduação do seu cumprimento uma vez que não dependeriam das possibilidades jurídicas ou reais existentes, como ocorre com os princípios.

Tal concepção semântica, pela qual se diferenciariam regras e princípios, adotada pela teoria do jurista alemão, contrariamente à opinião de estudiosos como KLAUS GUINTER[13], HERBERT HART[14], e entre nós TERESA ARRUDA ALVIM[15] e PAULO HENRIQUE DOS SANTOS LUCON[16], gera, dentro do seu universo, a impossibilidade de se reconhecer como relativos os direitos fundamentais expressados através de regras.

E nesse diapasão, muito embora ALEXY admita que os princípios tendam a ser mais genéricos do que as regras, o critério da generalidade em si não se revelaria suficiente para diferenciar entre princípios e regras, pois a efetiva diferença entre os dois conceitos não seria quantitativa, mas sim qualitativa.[17-18]

---

13. Ob. cit. p. 207 a 219.
14. Ob cit. p. 323 a 325.
15. ARRUDA ALVIM, Teresa. Controle das Decisões Judiciais por Meio de Recursos de Estrito Direito e de Ação Rescisória. São Paulo, Revista dos Tribunais, 2001, p. 59, nota 100.
16. LUCON, Paulo Henrique dos Santos. Garantia do Tratamento Paritário das Partes *in* Garantias Constitucionais do Processo Civil. Coordenador JOSÉ ROGÉRIO CRUZ E TUCCI. São Paulo, Revista dos Tribunais, p. 91 a 131.
17. Entretanto, a observância dos princípios também é pautada pela observância das regras.
18. Segundo ALEXY: "O ponto decisivo para a distinção entre regras e princípios é o de que os princípios são normas que ordenam que algo seja realizado na maior medida possível, dentro das possibilidades jurídicas e reais existentes. Portanto, os princípios são *mandatos de otimização* que estão caracterizados pelo fato de serem cumpridos em diferentes graus e que a medida devida de seu cumprimento não só depende das possibilidades reais mas também das jurídicas. O âmbito das possibilidades jurídicas é determinado pelos princípios e regras opostos. Os princípios são limitados pelas regras.

    Por sua vez, as regras são normas que só podem ser cumpridas ou não. Se uma regra é válida, então deve-se fazer exatamente o que ela exige, nem mais nem menos.

Segundo o autor, enquanto as regras seriam normas que podem ser cumpridas ou não, pois possuiriam determinações no âmbito do que é juridicamente possível, os princípios seriam normas que ordenam que algo seja realizado na maior medida possível, dentro das possibilidades jurídicas e reais, constituindo mandados de otimização que poderiam ser cumpridos em diferentes graus, conforme as possibilidades jurídicas e reais. Apesar dessa diferenciação, o autor admite também a possibilidade de uma norma de direito fundamental ter caráter duplo, constituindo simultaneamente regra e princípio.

Decorreria, então, da distinção entre regras e princípios um importante reflexo prático na solução do conflito entre determinadas normas: o conflito entre regras se resolveria no âmbito da validade, havendo a preponderância de uma regra sobre a outra; já o conflito entre princípios se resolveria com a ponderação de valores, através dos quais se verificaria, no caso especifico, qual dos princípios em conflito possuiria maior peso.

Os princípios estariam vinculados aos valores da sociedade, não tendo uma hierarquia em abstrato, pois isso poderia gerar uma verdadeira tirania valorativa. Assim, somente seria possível a atribuição de peso a cada um dos princípios nos casos concretos. Inclusive, seria possível que em casos diversos os mesmos princípios possuíssem valores diferenciados, de tal forma que a ponderação na aplicação dos princípios em cada caso deveria ser dinamicamente realizada, levando-se em conta três critérios simultaneamente: a adequação, a necessidade e a proporcionalidade em sentido estrito.

Portanto, este livro aborda e identifica situações de fungibilidade decorrente de normas com a estrutura de regras, mas foca predominantemente nas hipóteses e vicissitudes da aplicação da norma da fungibilidade estruturada como princípio, concebendo-a primordialmente como uma denominação que identifica a aplicação do princípio do aproveitamento dos meios processuais.

Portanto, as regras contêm determinações no âmbito fático e juridicamente possível. Isto significa que a diferença entre regras e princípios é qualitativa e não de grau. Toda norma é ou uma regra ou um princípio." (tradução nossa) Op. cit. p. 86 e 87.

7.6. COMPREENDER QUE A TIPICIDADE DOS MEIOS PROCESSUAIS TEM NEXO PURAMENTE NORMATIVO: SUA IMPRESCINDIBILIDADE É QUESTIONÁVEL

A tipicidade do meio processual decorre da concepção concretista do direito de ação segundo a qual a cada direito material deve corresponder uma ação[19], portanto a um meio processual adequado.

Há que se admitir que a tipicidade do meio processual faz parte de nossa cultura jurídica, mas indubitavelmente é, da mesma forma, uma limitação. Ainda que a herança cultural não possa ser negada, a imprescindibilidade da riqueza de meios processuais para um mesmo fim é absolutamente questionável.

Trata-se de um convite ao questionamento de nossa cultura, do nosso método clássico de pensar os meios processuais[20].

Ao contrário do que se poderia argumentar, a limitação desta concepção apegada ao meio processual infelizmente não está na melhor tutela do direito material por meio da forma processual adequada, mas sim na ideia de que só deve haver um meio processual adequado e de que o seu conhecimento deve sempre distinguir as hipóteses em que um direito material merece ser tutelado.

Essa ideia de limitação se alia ao fetiche da suposta existência constante de uma resposta correta em direito e – desprovida de sentido lógico causal que é – está contida na noção de a existência de mais de um meio processual eventualmente adequado ao mesmo fim desrespeitaria os pilares sistema jurídico processual. Está na ideia de que o papel do operador do direito é apenas interpretar, mas não descrever; apenas ter uma opinião, mas não verdadeiramente pesquisar e identificar a opinião do sistema a respeito de si mesmo.

Em verdade, desde que haja clareza quanto aos fins almejados em cada ato processual, sob o prisma lógico a tipicidade dos meios

19. CC de 1916, art. 75.

20. Nesse sentido, leciona TERESA ARRUDA ALVIM: *Há cerca de uma década, tem-nos parecido evidente a inadequação do pensamento rigoroso que privilegia a coerência absoluta e a precisão dos passos do raciocínio para resolver boa parte dos problemas jurídicos, especialmente problemas processuais. A constatação no sentido de que ...* Nulidades do Processo e da Sentença. São Paulo: RT, 8ª ed. p. 486.

processuais é inútil. Em outras palavras, é apenas a lógica normativa pura que a justifica. Isto significa que sob a lógica causal (de *ser* e não de *dever ser*) – visão causal essa tão importante para a efetividade dos direitos – os tipos processuais trazem uma complexidade normativa inútil.

Desta maneira, enfim, mantidos o traço cultural e a estrutura normativa atual, é a complexidade processual inútil que a norma da fungibilidade (estruturada tanto como regra quanto como princípio), vista como a aplicação do princípio do aproveitamento aos meios processuais, bem como da proporcionalidade e da razoabilidade aos atos processuais, por vezes obscuramente complexos (seja aos olhos do legislador ou do julgador), tem o objetivo de diminuir.

NOTAS CONCLUSIVAS

Este livro nasceu do nosso questionamento a respeito dos pressupostos cognitivos necessários à compreensão de como, efetivamente, merece ser aplicado o modo de pensar trazido pela temática da instrumentalidade junto às formas processuais.

Concluímos, no entanto, que interpretar o sistema instrumentalmente significa buscar resultados relacionando o binômio havido entre a dinâmica de meios e fins processuais, mas reconhecendo a existência de um *núcleo rígido estrutural* que serve à operação do instrumento.

Identificamos, assim, certos elementos do processo que constituem estruturas estáticas dentro das quais a tutela jurisdicional é prestada dinamicamente através da conjugação dos meios e fins processuais. Tais estruturas estáticas não constituem meios ou fins processuais. Podem ser citadas como exemplos dessas estruturas, as normas que regulam temas como a competência jurisdicional, o litisconsórcio e a coisa julgada, formando uma base cognitiva sobre a qual operam os meios e fins processuais.

Percebemos, ainda, ao longo do estudo, que a *lógica* da instrumentalidade também necessita reconhecer a existência de fins formais internos ao processo (mas que não representam a satisfação do direito material), até para que possam ser esclarecidos os seus meios, já que a ideia de fungibilidade não pode ser aplicada aos fins processuais, sejam internos ou externos, por ofensa à isonomia entre as partes e ao princípio da demanda: *nemo iudex sine actore*[1] (CPC, art. 2º). Aliás, se todo processo é um meio, esse meio não pode ter fins substanciais dentro de si mesmo. Existem fins internos ao processo, mas estes fins internos são meramente formais, a fim de que os fins externos do processo possam identificar-se com o direito material.

---

1. Não pode haver juiz sem que haja partes. (tradução nossa).

Não é por acaso que o tema da fungibilidade deixou de ser pensado apenas em sede de recursos no processo civil. Também fora dos recursos, o sistema jurídico conduz à geração de dúvidas objetivas nas escolhas dos tipos formais capazes de conduzir a fins substanciais idênticos, ainda que formalmente distintos: na escolha dos meios processuais que servem aos mesmos fins de tutela dos direitos materiais.

Se ao menos possuíssemos dados suficientes sobre a nossa realidade judiciária, trazidos por pesquisas empíricas que possibilitassem analisar a utilização dos meios sobre uma lógica causal[2], seríamos capazes de afirmar seguramente quais meios são os mais efetivos e, portanto, mais acertados, ainda que tais estudos certamente não fossem capazes de eliminar definitivamente todas as dúvidas dos operadores jurídicos.

Aliás, as poucas pesquisas empíricas realizadas no Brasil nos permitem afirmar com certeza, por exemplo, que o modo de socialização das profissões jurídicas é uma das responsáveis pela continuidade do formalismo processual e pela manutenção da sua burocracia, uma vez que a tendência dos atores processuais é a de repetir os papéis nos quais foram treinados para o exercício da profissão.

Segundo pesquisa realizada por MARIA DA GRAÇA BONELLI[3] sobre a morfologia da magistratura brasileira em 1993, 45% dos nossos juízes procediam da advocacia; 10% provinham de atividades burocrático-cartorárias e 18,2% realizavam atividades burocráticas de nível médio antes de tornarem-se juízes, o que denota que 73% dos juízes possuíam, na época, a tendência de encarar o processo como *uma sucessão de atos burocratizantes*, como afirmou JOSÉ REINALDO DE LIMA LOPES[4].

---

2. Tais como os obtidos pelas pesquisas empíricas que a Faculdade de Direito de São Paulo, da Fundação Getúlio Vargas iniciou nos últimos anos, mediante pesquisas de ALEXANDRE SANTOS CUNHA e vários outros estudiosos. O Sistema de Justiça Brasileiro; A Produção de Informações e sua Utilização. Cadernos Direito FGV. Vol. IV. São Paulo: Fundação Getúlio Vargas, 2005.

3. Condicionantes da competição profissional no campo da justiça: a morfologia da magistratura. São Paulo: Paper, 1994.

4. Uma Introdução à História Social e Política do Processo. Fundamentos de História do Direito. Belo Horizonte: Del Rey, p. 428.

A importância de informações como essas e a escassez de pesquisas empíricas deixa a certeza de que necessitamos passar a uma nova fase do estudo jurídico, com maior interdisciplinaridade, menor preocupação com a demonstração de erudição entre nossos interlocutores acadêmicos e maior análise de dados objetivos. A dificuldade reside no fato de que tais pesquisas demandam graus de estabilidade organizacional e investimento financeiro de que ainda carecemos.

Dedicamo-nos a realizar, então, um estudo da realidade forense através de pesquisa essencialmente bibliográfica, visando a contribuir para a redução da complexidade processual. Daí a ideia de analisarmos a fungibilidade dos meios processuais tanto na perspectiva dos direitos fundamentais quanto da distinção entre os meios e os fins do processo civil, que nos propusemos a fazer.

Buscamos ser realistas e não nos preocuparmos em apresentar explicações ou soluções miraculosas, mas sim criativas e, a nosso ver, viáveis. Também não fomos arrojados a ponto de sugerir, neste estágio da evolução da disciplina, uma *destipificação*[5] dos meios processuais, haja vista possuírem, estes, a importante função de proporcionar previsibilidade e segurança jurídica aos sujeitos e operadores do processo.

Muito embora não façamos tal sugestão, reconhecemos, por outro lado, a possibilidade de uma futura *destipificação* do nosso processo civil. Em verdade, certos sistemas processuais, especialmente os de *common law*, provavelmente pelo fato de não serem codificados como os de *civil law*, são tão pobres em meios processuais que pouco se dedicam à lógica de tipificação das formas.

Assim, considerando a influência que a pós-modernidade e o fenômeno da globalização têm tido sob as últimas reformas do nosso Código de Processo Civil, como analisou LUCIANA DRIMEL DIAS[6], acreditamos na possibilidade de as futuras reformas do CPC trilharem o caminho da *destipificação* processual.

5. Como vislumbrou PETRÔNIO CALMON FILHO no programa "Defenda sua Tese", do qual também participamos expondo nossa dissertação de mestrado, Flexibilização da Tutela de Urgência, exibido pela TV Justiça nos dias 13, 14 16 e 19.06.06.

6. O Ocaso das Recentes Reformas do CPC sob o Enfoque da Pós-Modernidade e da Globalização. Joinville: Informativo do INCIJUR, n.º 53, p. 6.

Nessa perspectiva, especialmente quando a norma da fungibilidade é prevista expressamente em lei (CPC, art. 920, por exemplo), ela resulta na *destipificação*, ou ao menos na pouca ou nenhuma utilidade desse meio processual. Mesmo hoje, por exemplo, acreditamos não existir necessidade em nomearmos ações que busquem proteção de natureza possessória ou de natureza cautelar, já que o sistema reconhece a sua fungibilidade de modo expresso.

No entanto, a fungibilidade expressamente prevista em lei (CPC, art. 920, por exemplo) é regra. Não se confunde com a fungibilidade de meios – essa nova dimensão da norma da fungibilidade ora abordada – pois esta se funda nas dúvidas objetivamente verificáveis da doutrina e da jurisprudência entre os meios atualmente tipificados, tendo a natureza de princípio.

A fungibilidade como princípio depende da existência de dois ou mais meios para um mesmo fim, não podendo levar à *destipificação* do processo, mas sim flexibilizando o excesso de tipos formais. Na realidade, a existência de vários tipos processuais é um dos seus pressupostos de aplicação. Desta feita, passemos, enfim, às demais conclusões do trabalho, conforme a ordem de desenvolvimento dos capítulos:

1. A fundamentalidade de determinados direitos positivados possui origem tanto formal, quanto material, pela necessidade de ampla proteção desses direitos, sendo insuficientes as análises meramente formais ou meramente materiais. Tanto o aspecto formal quanto o aspecto material da Constituição Federal necessitam ser considerados.
2. Por serem normas, os direitos fundamentais não são meros objetivos a serem atingidos pelas sociedades ao longo do tempo, mas sim mandamentos de observância obrigatória, imperativos, abstratos, socialmente coercitivos e imediatamente aplicáveis.
3. A influência dos direitos fundamentais sobre os demais ramos do direito inseriu valores na interpretação e na produção das suas respectivas normas, trazendo uma nova dimensão ético-valorativa ao universo jurídico, especialmente através do reconhecimento da normatividade dos seus princípios. Iniciativa e ousadia são necessárias para repensar o processo nessa pers-

pectiva, ainda que se precise modificar seu próprio conceito, na perspectiva de uma nova hermenêutica.

4. Embora essencial à compreensão do sistema jurídico, a distinção entre princípios e regras como espécies normativas não tem sido suficientemente utilizada para classificar as normas processuais, nem para melhor compreendê-las e aplicá-las. Tanto o duplo grau de jurisdição quanto a correspondência entre a natureza da decisão recorrida e o recurso a ser interposto, por exemplo, são princípios e, portanto, são naturalmente cumpridos apenas na maior medida possível, dada a sua flexibilidade natural. Por sua vez, a norma que estabelece um prazo processual, por exemplo, não é um princípio, mas sim uma regra, que pode ser excepcionada por outra norma, regra ou princípio: são normas que excepcionam normas.
5. A distinção entre princípios e regras foi pensada para esclarecer epistemologicamente o conteúdo das normas jurídicas. Tal distinção não impede, entretanto, que regras excepcionem princípios e que princípios excepcionem regras, pois a dinâmica operativa das normas jurídicas acaba por reconhecer que, tanto os princípios, quanto as regras são normas que estabelecem e refletem valores, não se podendo impedir a ponderação valorativa também no âmbito das regras.
6. Operativamente, princípios e regras não se encontram em planos distintos. Existe diferença no seu discurso de fundamentação, mas não no seu discurso de aplicação. Assim, tanto os princípios quanto as regras podem, ou não, ser normas principais, havendo integração. A fungibilidade de meios consiste na aplicação de um princípio para o fim de excepcionar regras, como explicita KLAUS GUINTER[7], pois normalmente os meios processuais, como os recursos e as formas de intervenção de terceiros, por exemplo, são regras.
7. Dada sua essência *jusfundamental*, a fungibilidade é uma norma principal que pode excepcionar regras e princípios. A norma principal da fungibilidade será um princípio se depender do pré-requisito da verificação de dúvida objetiva junto ao sistema jurídico, mas será uma regra se constar expressamente do texto

7. The Sense of Apropriateness. State University of New York Press. Albany, 1993, p. 42.

legal, caso em que não dependerá da existência de dúvidas objetivas.

8. A teoria dos direitos fundamentais de ROBERT ALEXY concedeu embasamento teórico, no âmbito do processo, à aceitação dos valores como elementos de justificação e aplicação do direito, dando racionalidade às considerações axiológicas com as quais a dogmática tradicional não está acostumada.
9. O sistema jurídico brasileiro considera a regra da proporcionalidade como um princípio, não a aplicando conforme o procedimento arquitetado pela teoria dos direitos fundamentais, desconsiderando seus critérios e contentando-se com a sua citação como fundamentação pressuposta, constituindo mero apelo à norma da razoabilidade (também um princípio, mas que só analisa a proporcionalidade em sentido estrito).
10. A necessidade de realizarmos pesquisas empíricas para a obtenção de dados objetivos sobre a realidade forense, alia-se à conjugação da *lógica normativa* de *dever ser* com a *lógica causal* do *ser,* embasada numa concepção *jusfundamental* do processo. Tudo para que aceitemos a existência de mais de um meio para se chegar ao mesmo fim processual, ainda que se trate de situações em que a literalidade da lei indique o contrário.
11. A compreensão excessivamente declaratória da jurisdição possui razões históricas bastante compreensíveis, dada a desconsideração, pelos glosadores, do fenômeno da unificação entre *interditos* e *actios* romanas, a influência da figura paterna da divindade, bem como do direito canônico sobre o nosso sistema judicial.
12. O processo, hoje, não é apenas a relação jurídica autônoma que constitui um meio através do qual a jurisdição, substituindo-se as partes, diz o direito; é a aplicação de um núcleo de direitos fundamentais sobre uma base procedimental não necessariamente jurisdicional, formada de meios que necessitam ser pensados na perspectiva dos fins a serem atingidos, para que não apenas se declarem os direitos, mas principalmente para que estes sejam satisfeitos. Daí a existência de processo, e não de mero procedimento, no âmbito da jurisdição voluntária, dos juízos arbitrais e do direito administrativo.
13. O CPC de 2015 se dedica, muitas vezes, a explicitar o alcance que as disposições da Constituição Federal já possibilitavam ao sistema processual antes da sua vigência. A influência dos direi-

tos fundamentais sobre o processo é maior do que a doutrina tradicional tem percebido, pois ela conduz o processo a uma dimensão racional ainda pouco amadurecida: a dimensão da ponderação valorativa.

14. A função da forma no direito processual não foi suficientemente analisada pela doutrina, provavelmente por estar diretamente ligada ao binômio entre os meios e os fins do processo, binômio esse que de certa forma foi sufocado pela concepção tradicional excessivamente declaratória das funções jurisdicional e processual. Embora a forma constitua tema da maior importância, a doutrina dedicou atenção muito maior a temas como a autonomia da relação processual e o direito de ação.

15. A aplicação da norma principal da fungibilidade junto aos meios processuais depende do estabelecimento de diretrizes para a concepção da forma apenas como garantia e não como entrave ao devido e efetivo processo legal. Nessa perspectiva, a forma constitui o entrelaçamento, a ordenação e o controle do conhecimento jurídico em abstrato para com a realidade em que o direito é aplicado; um meio para a aplicação do fim consistente na realização do direito material.

16. Para que se atinja o equilíbrio através do qual a forma continue significando uma importante garantia ao processo e às partes, e simultaneamente, tenha sua aplicação conscientemente reduzida nas situações que possa trazer inefetividade, é importante que não se respeite a forma pela forma, mas sim pela conveniência consistente, em muitas situações, em ponderar a sua redução em prol de resultados.

17. É impossível que se fuja da formalidade, embora seja necessário que nos distanciemos do formalismo: se a forma é um meio, não pode se transformar em fim sob pena de inversão das prioridades do sistema processual. A evolução tecnológica pode fazer com que o processo adaptado à realidade digital se dispa de materialidade, mas não terá a capacidade de retirar a sua natureza formal, de instrumento, de meio, pois a evolução da ideia de formalidade se identifica com a evolução do próprio processo.

18. Desde as primeiras transformações sofridas pela jurisdição no Direito Romano, tem existido uma relação inversamente proporcional entre o aumento da formalidade e a diminuição dos

poderes dos magistrados; quando a formalidade aumenta, os poderes dos juizes diminuem; quando a formalidade diminui, os poderes dos julgadores tendem a aumentar.

19. A estrutura do CPC de 2015 quebrou definitivamente o princípio da *nulla executio sine titulo,* que havia sido estruturado, no entanto, como se tratasse de uma regra. O CPC de 2015 alterou definitivamente essa realidade, especialmente através da generalização e simplificação da antecipação da tutela incidental e da confirmação da autonomia da execução de títulos judiciais, trabalhando-se conjuntamente a cognição e a execução processuais.

20. Os princípios que regem as nulidades processuais se auto delimitam, sendo de grande importância ao funcionamento da fungibilidade de meios, pelo fato de serem requisitos para a decretação dessas nulidades, especialmente no que concerne ao atingimento da finalidade dos atos processuais; ao não prejuízo às partes ou ao processo; à inexistência de nulidades insanáveis em direito processual; à necessidade de pronúncia das nulidades e à natureza instrumental das formas, bem como do próprio processo.

21. A aplicação da fungibilidade de meios pode explicar e justificar a não ocorrência de nulidades em situações em que as formas processuais, em princípio, teriam sido violadas, segundo os termos da lei. Em diversas situações, a aplicação do princípio da fungibilidade junto aos meios processuais acaba por justificar o não pronunciamento, e consequentemente, a não ocorrência de nulidades, tal como ocorre entre medidas de urgência (CPC, § único do art. 305) e entre os recursos (CPC de 1939, art. 810).

22. Para que se configurem as nulidades, concluímos ser necessário o concurso dos seguintes elementos identificadores: 1) pronúncia da nulidade decorrente de violação da norma processual com prejuízo às partes ou ao processo, independentemente de o ato ter ou não atingido a sua finalidade; ou 2) pronúncia da nulidade decorrente de violação da norma processual sem prejuízo às partes ou ao processo, mas desde que o ato não tenha atingido sua finalidade, tornando-se inútil.

23. A tutela jurisdicional não pode ser mais compreendida como a mera resposta da jurisdição, através do processo, aos pleitos

formulados pelas partes, devendo ser definida como o efetivo resultado fático sentido na vida dos litigantes.

A classificação tradicional em tutela cognitiva, executiva e cautelar é incoerente, pois a cautela não corresponde a uma verdadeira espécie de tutela jurisdicional. A partir do CPC de 2015, classificamos a tutela jurisdicional da seguinte maneira: 1) tutela definitiva (seja preventiva, ressarcitória, reparatória, ou mesmo mediante injunções variadas, de natureza mandamental ou executiva *lato sensu,* bem como mediante provimentos declaratórios ou constitutivos transitados em julgado); e 2) tutela provisória (através de meios evidentes, ou urgentes - cautelares ou satisfativos).

24. Os meios processuais são as formas, os caminhos, as medidas, as maneiras e as técnicas normalmente constantes do pedido imediato, escolhidos pelo autor ou recorrente para o atingimento dos fins do processo. São meios processuais: o pedido imediato, os procedimentos, as medidas urgentes, os recursos, as formas de intervenção de terceiros, dentre outros.

25. Os fins do processo são as suas finalidades insubstituíveis internas e externas, não modificáveis através da dinâmica do processo, sendo, portanto, infungíveis. Logo, atingindo sua finalidade interna (resolução do pedido mediato urgente ou definitivo e consequente coisa julgada), o processo pode atingir sua finalidade externa (resultados fáticos urgentes ou definitivos e a consequente e esperada composição das lides sociais).

26. Enquanto o pedido mediato consiste no objeto da pretensão do autor ou recorrente, estabelecendo congruência para com os provimentos jurisdicionais, o pedido imediato diz respeito ao meio escolhido pelo autor ou recorrente, subentendendo uma escolha técnico-metodológica anterior, não vinculando os provimentos jurisdicionais e sendo fungível.

27. Determinados elementos do processo constituem estruturas estáticas dentro das quais o processo se desenvolve dinamicamente. Tais estruturas estáticas não constituem meios ou fins processuais. É o que ocorre, por exemplo, com a normas que estipulam a competência jurisdicional, o litisconsórcio e a coisa julgada.

28. A norma da fungibilidade no âmbito do direito material é um princípio que denota generalidade, e consequentemente,

substitutividade, inerente possibilidade de troca, nas situações em que isto for possível. Trata-se de uma característica de determinados bens jurídicos e de certas prestações obrigacionais.

29. Na seara do direito processual, a norma da fungibilidade pode constituir tanto uma regra quanto um princípio. Consiste na tolerância de atos formalmente imperfeitos na hipótese de dúvida provocada pela divergência jurisprudencial, hipótese essa que possibilita a aceitação de um meio por outro, com ou sem conversões formais, pelo fato de serem meios processuais e servirem ao mesmo fim, já que as partes não podem ser responsabilizadas pela falta de clareza do sistema jurídico.

30. O juiz tem o dever de analisar aquilo que a parte pede e quer – independente do acerto ou do erro quanto à denominação da medida – mas não aquilo de que a parte necessita. Ora, não cabe ao juiz dar à parte o que ela precisa, segundo a sua opinião, sob pena de estar atuando de ofício e violando não apenas o princípio da adstrição da sentença ao pedido, mas também o princípio dispositivo.

31. Em sede de recursos, o princípio da fungibilidade foi inicialmente formulado no nosso ordenamento pelo art. 810 do CPC de 1939, que previa como requisitos a ausência de erro grosseiro e a ausência de má-fé – que a jurisprudência interpretou majoritariamente como tempestividade do recurso – do recorrente beneficiado pela utilização do princípio.

32. Atualmente, especialmente em razão da distinção que se faz entre meios e fins no processo civil, pensamos que a norma da fungibilidade pode ser aplicada a outros meios processuais, além dos próprios recursos. Acreditamos que os requisitos do art. 810 do CPC de 1939 foram substituídos pelo requisito único da "dúvida objetiva"; uma dúvida objetivamente verificável entre os meios do sistema jurídico (especialmente doutrina e jurisprudência) num dado momento da sua evolução. No entanto, nem mesmo esse requisito único será necessário quando a fungibilidade estiver prevista expressamente no ordenamento (CPC, art. 305, § único, por exemplo).

33. A doutrina tradicional ainda não percebeu suficientemente a amplitude da incidência da norma da fungibilidade como meio de redução da complexidade formal no processo civil. Mesmo a doutrina mais atual ainda não localizou claramente essa nova

dimensão do princípio da fungibilidade no âmbito do processo nem conseguiu pensá-la sem contemplar uma suposta origem no direito material.

Em muitos momentos, continua a pensar a norma da fungibilidade vinculando-a aos conceitos e estruturas do direito material – especialmente à conversão dos negócios jurídicos – como se se tratasse de mais um conceito meramente importado do direito material para o processo.

Apenas a ideia e a terminologia da fungibilidade no âmbito do direito material se assemelham à fungibilidade na seara do processo. Ocorre que a fungibilidade no campo do direito material realiza substituições através da conversão de atos – especialmente do negócio jurídico – que não se coaduna com todas as situações do processo em que a utilização da norma é conveniente.

É por isso que a *conversibilidade* formal não pode ser considerada requisito obrigatório para a aplicação da fungibilidade entre os meios processuais, uma vez que a ideia de conversão como pré-requisito à fungibilidade não condiz com a própria noção da fungibilidade na perspectiva valorativa dos direitos fundamentais; com a noção da fungibilidade na dimensão abordada neste estudo: não como conversão, mas sim como aceitação, como tolerância de atos processuais tipicamente imperfeitos.

34. Exceto nas situações de previsão expressa pelo ordenamento, as hipóteses de incidência da norma da fungibilidade dependem da verificação do requisito da dúvida objetiva: uma dúvida objetivamente verificável na espécie, através da detecção da aceitação atual, pelo sistema jurídico em âmbito nacional (lei, doutrina e jurisprudência), de dois ou mais meios processuais não concorrentes (que não possam ser utilizados simultaneamente) como capazes de atender ao mesmo fim de tutela dos direitos.

35. As dúvidas objetivas podem ser positivas ou negativas. Serão positivas sempre que decorrerem da divergência que a doutrina e a jurisprudência possuem a respeito de determinado meio processual. Serão negativas quando decorrerem da falta de informações sobre certo meio processual, lacuna informativa

essa que também pode provocar dúvida a respeito do caminho a ser utilizado pelo operador do direito.

36. As hipóteses específicas de aplicação da norma da fungibilidade no processo podem ir e vir; aparecer e desaparecer conforme surjam e se solucionem, pelo próprio sistema jurídico, as dúvidas objetivamente verificáveis junto à doutrina e à jurisprudência.

37. Há dúvida objetiva entre as medidas de urgência cautelares e antecipatórias, como meios de prestação da tutela de urgência, caso em que também incide a norma da fungibilidade em sentido amplo, independentemente da limitação trazida pela literalidade da redação do § único do art. 305 do CPC.

38. Existe fungibilidade entre denunciação da lide e chamamento ao processo; as medidas de urgência cautelares e antecipatórias; procedimentos; apelação e agravo de instrumento; ação rescisória e ação anulatória; Agravo de Instrumento e Apelação para a impugnação da decisão que julga a primeira fase da Ação de Exigir Contas; agravo de instrumento, recurso em sentido estrito, apelação e habeas corpus contra a concessão, revisão ou substituição das medidas protetivas previstas na Lei nº 11.340/06 (Lei Maria da Penha); Agravo de Instrumento e Apelação quanto ao recurso cabível em face de decisão final em habilitação de crédito em inventário; apelação e recurso de agravo de instrumento contra a decisão que julga a exceção de suspeição; Embargos de Terceiro fundados na posse e Oposição fundada na posse; medida cautelar antecedente e produção antecipada de provas para requerer a exibição antecedente de documentos; impugnação do devedor, embargos è execução extrajudicial e embargos de terceiro como meios de defesa dos bens do cônjuge ou companheiro do executado; meios de depósito para suspensão da exigibilidade do crédito tributário ou impedimento da sua constituição: dúvida entre processo administrativo, antecipação da tutela, medida cautelar inominada ou liminar em mandado de segurança, além das denominadas dúvidas objetivas negativas, nas decisões que possuem nome de outras, nos "leading cases" processuais e nas decisões na hipótese de norma processual nova.

39. Para operar a norma da fungibilidade é necessário: Compreender a diferença entre os princípios da fungibilidade e da instrumentalidade das formas; Compreender o mito do profissional

incompetente e o risco da utilização literal do termo "princípio da fungibilidade"; Demonstrar, didática e objetivamente, a dúvida jurisprudencial: a falta de clareza do sistema; Concluir efetuando pedidos subsidiários de conversão ou aproveitamento do meio utilizado, não fundados na literalidade do princípio, mas em razoabilidade e proporcionalidade: a ideia de bom senso; Entender a distinção entre norma da Fungibilidade estruturada como regra e a norma da fungibilidade estruturada como princípio; Compreender que a tipicidade dos meios processuais tem nexo puramente normativo: sua imprescindibilidade é questionável.

40. A norma da fungibilidade ganhou, atualmente, uma amplitude maior do que a doutrina tradicional tem admitido. Isso em razão do amadurecimento, no direito processual, da influência exercida pelos direitos fundamentais, influência essa que induz à temática da instrumentalidade do processo e à distinção entre seus meios e seus fins, admitindo-se a existência, em certas situações, de mais de um meio para o atingimento de um único fim de tutela do direito material.

41. Os resultados almejados dependem de uma atuação respeitosa e humilde, de todos os atores processuais simultaneamente, pouco importando a melhor ou mais correta opinião, mas sim os fins a serem atingidos. Portanto, a fungibilidade de que necessitamos não é apenas aquela referente aos meios processuais, mas também a que concerne aos posicionamentos doutrinários e jurisprudenciais – uma fungibilidade de entendimentos – pois esta flexibilização de mentalidades é a maior responsável pela necessária redução da complexidade processual inútil.

BIBLIOGRAFIA

ALEXY, Robert. **Teoria de Los Derechos Fundamentales**. Madrid: Editora Fareso, 1993.

ALMEIDA FILHO, José Carlos de Araújo. **O Pedido no Sistema da *Common Law* e o Princípio da Adstrição**. Revista de Processo, n.º 118, 2005, p. 89 a 108.

AMENDOEIRA JR. Sidnei. **A Fungibilidade de Meios.** São Paulo: Atlas, 2008.

AMERICAN BAR FOUNDATION. **2005 Annual Report**. Chicago: ABF, 2005.

ARENHART, Sérgio Cruz. **Tutela Inibitória da Vida Privada**. São Paulo: RT, 2012.

ARMELIN, Donaldo. **A Tutela Jurisdicional Cautelar**. Revista da Procuradoria Geral do Estado de São Paulo. São Paulo: n.º 23, p. 11 a 138, 1985.

____________________. **Uma Visão da Crise Atual do Poder Judiciário. Texto de Palestra proferida por ocasião da abertura do Ano Judiciário de 2006 no TJES**. Revista de Processo n.º 137. São Paulo: RT, p. 245 a 256.

BACELLAR FILHO, Romeu Felipe. **Princípios Constitucionais do Processo Administrativo Disciplinar**. São Paulo: Max Limonad, 1998.

BARBOSA, Antônio Alberto Alves. **Da Preclusão Processual Civil**. 2ª ed. São Paulo: RT, 1994.

BARBOSA MOREIRA, José Carlos. **Temas de Direito Processual**. 7ª série. São Paulo: Saraiva, 2001.

______________________. **Novas Vicissitudes dos Embargos Infringentes**. Gênesis – Revista de Direito Processual Civil. n.º 25, 2002, p. 13 a 32.

BECKER, Alfredo Augusto. **Carnaval Tributário**. 2. ed. Editora Lejus, São Paulo: 2004.

BEDAQUE, José Roberto dos Santos. **Tutela Cautelar e Tutela Antecipada: Tutelas Sumárias e de Urgência: Tentativa de Sistematização.** 3. ed. São Paulo: Malheiros, 2003.

________________________. **Direito e Processo: Influência do Direito Material sobre o Processo.** Malheiros: São Paulo: 2001.

BERGER, Jefrey. **The Origin of Formalism in Social Science**. Chicago: University Press, 1981.

BONAVIDES, Mauro. **Curso de Direito Constitucional**. São Paulo: Malheiros, 1996.

BONELLI, Maria da Graça. **Condicionantes da Competição Profissional no Campo da Justiça: A Morfologia da Magistratura**. São Paulo: Paper, 1994.

BONELLI, Régis e FONSECA, Renato. **Ganho de produtividade e eficiência: novos resultados para a economia brasileira**. Rio de Janeiro: IPEA, 1988.

BRUSCHI, Gilberto Gomes e outro. **Agravo Contra as Decisões de Primeiro Grau**. São Paulo: Método, 2006.

BUENO, Cássio Scarpinella. **Partes e Terceiros no Processo Civil Brasileiro**. 2ª ed. São Paulo: Saraiva, 2006.

________________________. **A Nova Etapa da Reforma do Código de Processo Civil**. Vols. I e II. São Paulo: Saraiva, 2006.

________________________. **Direito, Interpretação e Norma Jurídica: uma aproximação musical do direito.** Revista de Processo n.º 111. São Paulo: RT, p. 223 a 242.

BULOW, Oskar Von. **La Teoria de Las Excepciones Procesales y Los Presupuestos Procesales**. Buenos Aires: EJEA, 1964.

CADERMATORI, Luiz Henrique Urquhart. **Discricionariedade Administrativa no Estado Constitucional de Direito**. Curitiba: Juruá, 2003.

CAHALI, Yussef Said. **Dos Alimentos**. São Paulo: RT, 1997.

CALAMANDREI, Piero. **O Processo Como Jogo.** Trad. Roberto B. Del Claro. Curitiba: Revista Gênesis n.º 23, 2002, p. 191 a 290.

CALMON DE PASSOS, João José. **Uma Nova Teoria Geral do Processo?** Joinville: Informativo Incijur. n. 54 Jan. 2004.

__________________. **Esboço de Uma Teoria das Nulidades Aplicada às Nulidades Processuais**. Rio de Janeiro: Forense, 2002.

__________________. **Instrumentalidade do Processo e Devido Processo Legal**. Revista de Processo n.º 102. São Paulo: RT, p. 55 a 67.

CALMON FILHO, Petrônio. **Argüição realizada no programa "Defenda sua Tese"**, na TV Justiça, em 14.06.06.

__________________ (Org.). **Cadernos IBDP – Série Propostas Legislativas.** Vol. III. Brasília: Instituto Brasileiro de Direito Processual, 2003.

CANOTILHO, José Joaquim Gomes. **Direito Constitucional**. Coimbra: Almedina, 1989.

CARNEIRO, Athos Gusmão. **Litisconsórcio e Intervenção de Terceiros**. São Paulo: Saraiva, 1997.

CAPPELLETTI, Mauro e GARTH, Bryant. **Acesso à Justiça**. Trad. Ellen Gracie Northfleet. Sergio Antonio Fabris Editor, Porto Alegre: 1988.

CARNELUTTI, Francesco. **Diritto e Processo**. Napoli: Morano, 1958.

CARVALHO, Milton Paulo de. **Do Pedido no Processo Civil**. Porto Alegre: Sérgio Antônio Fabris Editor, 1992.

CHIOVENDA, Giuseppe. **Principii di Diritto Processuale Civile**. Napoli: Casa Editrice Dott. Eugenio Jovene, 1965.

CINTRA, Antônio Carlos de Araújo e outros. **Teoria Geral do Processo**. São Paulo: Malheiros, 1997.

COMPARATO, Fábio Konder. **A Afirmação Histórica dos Direitos Fundamentais**. São Paulo: Saraiva, 2002.

COSSIO, Carlos. **La Teoria Egológica del Derecho**. Buenos Aires: Abeledo-Perrot, 1963.

COUTURE, Eduardo J. **Fundamentos Del Derecho Procesal Civil**. Buenos Aires: Depalma, 1958.

__________________. **Interpretación de Las Leyes Procesales. Estúdios de Derecho Procesal Civil.** Buenos Aires: Depalma, 1989.

__________________. **Introdução ao Estudo do Processo Civil**. Trad. Hiltomar Martins Vieira, Belo Horizonte: Líder, 2003.

CUNHA, Alexandre Santos e outros. **O Sistema de Justiça Brasileiro; A Produção de Informações e sua Utilização. Cadernos Direito FGV.** Vol. IV. São Paulo: Fundação Getúlio Vargas, 2005.

DIAS, Jean Carlos. **Tutelas de Urgência: Princípio Sistemático da Fungibilidade**. Curitiba: Juruá, 2005.

DIAS, Luciana Drimel. **O Ocaso das Recentes Modificações do CPC sob o Enfoque da Pós-Modernidade e Globalização**. Joinville: Informativo INCIJUR n.º 53, p. 1 a 6.

DIDIER, Fredie. **Recurso de Terceiro: Juízo de Admissibilidade**. São Paulo: RT, 2002.

______________. **Pressupostos Processuais e Condições da Ação**. Saraiva: São Paulo, 2005.

DINAMARCO, Cândido Rangel. **A instrumentalidade do processo**. 11.ª ed. São Paulo: Malheiros Editores, 2003.

____________________________. **Lições de Processo Civil Canônico**. São Paulo: RT, 2001.

DREIER, Ralf. **Recht – Moral – Ideologie**. Frankfurt: Suhrkamp, 1981.

DWORKIN, Ronald. **Uma Questão de Princípio**. São Paulo: Martins Fontes, 1999.

ECO, Umberto. **Como se Faz uma Tese**. 12ª ed. São Paulo: Perspectiva, 1995.

FAZZALARI, Elio. **Processo: Teoria Generale. Novíssimo Digesto Italiano**. Torino, V, XIII, 1966.

________________. **Istituzioni di Diritto Processuale**. 7.ª ed. Padova: Cedam, 1996.

FERNANDES, Luís Eduardo Simardi. **Embargos de Declaração**. São Paulo: RT, 2003.

FERREIRA FILHO, Manoel Gonçalves. **A aplicação imediata das normas definidoras de direitos e garantias fundamentais**. Revista da procuradoria geral do Estado de São Paulo, n.º 29, 1988.

FIGUEIRA JR, José Dias. **O Novo Procedimento Sumário**. São Paulo: RT, 1996.

______________________. **Comentários à Novíssima Reforma do CPC**. Rio de Janeiro: Forense, 2003.

FREIRE, Rodrigo Cunha Lima. **Aspectos atuais e Polêmicos do Recursos e de Outros Meios de Impugnação às Decisões Judiciais**. v.

6. Coord. Teresa Arruda Alvim Wambier e Nelson Nery Júnior. São Paulo: RT, 2002.

FREITAS, Marcelo Cinelli de Paula. **Nulidades da Sentença Cível**. Rio de Janeiro: Lumen Juris, 2004.

FREUD, Sigmund. **Dostoyevski y el Parricidio**. *In* Obras Completas Tomo III. Madrid: Tecnos, 1989.

GAMA, Ricardo Rodrigues. **Código de Processo Civil Italiano**. Campinas: Agá Júris, 2000.

GIDI, Antônio. **Las Acciones Colectivas y La Tutela de los Derechos Difusos y Colectivos e Individuales en Brasil: Un modelo para países de derecho civil**. México: UNAM, 2004.

GÓES, Gisele Santos Fernandes. **Princípio da Proporcionalidade no Processo Civil**. São Paulo: Saraiva, 2004.

GOLDSCHMIDT, James. **Princípios Gerais do Processo Civil**. Trad. Hiltomar Martins Oliveira. Belo Horizonte: Líder, 2004.

GONÇALVES, Aroldo Plínio. **Nulidades no Processo**. Rio de Janeiro: Aide, 1993.

GONÇALVES, Marcos Vinícius. **Novo curso de direito processual civil**. São Paulo: Saraiva, 2004.

GUERRA FILHO, Willis Santiago. **Processo Constitucional e Direitos Fundamentais**. 3. ed. São Paulo: Celso Bastos Editor, 2001.

GUINTER, Klaus. **The Sense of Apropriateness**. Albany: State University of New York Press, 1993.

________________. **Un Concepto Normativo de Coherencia para Una Teoria De La Argumentación Jurídica.** Trad. Juan Carlos Velasco Arroyo. Sevilha: Tecnos, 1995.

GRAU, Eros Roberto. **A Ordem Econômica na Constituição de 1988**. São Paulo, Malheiros, 1997.

GRINOVER, Ada Pellegrini. **Ação Civil Pública e Ação Popular: Aproximações e Diferenças.** Processo Civil e Interesse Público. CARLOS ALBERTO DE SALLES (org). São Paulo: RT, 2003.

HART, Herbert. **O Conceito de Direito**. Lisboa: Fundação Calouste Gulbenkian, 2001.

HERNIQUES, Manuel Oliveira de Leal. **Recursos em Processo Civil**. Coimbra: Almedina, 1984.

HESSE, Konrad. **A Força Normativa da Constituição**. Trad. Gilmar Ferreira Mendes. Porto Alegre: Sérgio Antonio Fabris, 1991.

HOBBES, Thomas. **O Leviatã, ou a Matéria, Forma e Poder de um Estado Eclesiástico e Civil.** São Paulo: Ícone, 1997.

JAUERNIG, Othmar. **Direito Processual Civil**. 26ª ed. Trad. F. Silveira Ramos. Lisboa: Almedina, 2005.

JORGE, Flávio Cheim. **Apelação Cível: Teoria Geral e Admissibilidade**. São Paulo: RT, 2002.

KANT, Immanuel. **Crítica da Razão Pura**. Trad. Valerio Rohden e Udo Moosburger. São Paulo: Editora Nova Cultural, Coleção "Os Pensadores", 1996.

KELSEN, Hans. **Teoria Pura do Direito**. São Paulo: Martins Fontes, 1997.

LACERDA, Galeno. **Despacho Saneador**. 2ª ed. Porto Alegre: Sérgio Antônio Fabris Editor, 1985.

LAMY, Eduardo de Avelar. **A Manutenção dos Embargos Infringentes pela Reforma do CPC e a Restrição Indireta Trazida pelo Novo § 4ª do art. 515**. Revista de Processo n.º 137. São Paulo: RT, 2006, p. 128 a 133.

________________________. **Flexibilização da Tutela de Urgência**. 3ª tiragem. Curitiba: Juruá, 2006.

________________________. **Prisão Penal e Coerção Processual Civil**. Curitiba: Revista Gênesis, n. 19, 2001, p. 38 a 51.

________________________. **Repercussão geral no Recurso Extraordinário: A Volta da Argüição de Relevância? Reforma do Judiciário.** Teresa Arruda Alvim Wambier e outros. Org. São Paulo: RT, 2005, p. 167 a 180.

________________________. **Súmula Vinculante: Um Desafio**. Revista de Processo n.º 120. São Paulo: RT, 2005, p. 112 a 137.

________________________. **Tutela Provisória**. São Paulo: Atlas, 2018.

________________________ e RODRIGUES, Horácio Wanderlei. **Teoria Geral do Processo**. São Paulo: Atlas, 2019.

LARENZ, Karl. **Metodologia da Ciência do Direito**. 2ª ed. Lisboa: Fundação Calouste Gulbenkian, 1989.

LASSALE, Ferdinand. **A Essência da Constituição**. 3. ed. Rio de Janeiro: Líber Júris, 1998.

LIMA, Alcides de Mendonça. **Dicionário do Processo Civil Brasileiro**. São Paulo: RT, 1986.

LIMA, José Edvaldo Albuquerque de. **Ação Rescisória nos Tribunais**. Rio de Janeiro: América Jurídica, 2004.

LOCKE, John. **Ensaio sobre a Inteligência Humana**. Trad. Julio Fisher. São Paulo: Martins Fontes, 1998.

_____________. **Tratados sobre o Governo**. Vols. I e II. Trad. Julio Fisher. São Paulo: Martins Fontes, 1998.

LOPES, João Batista. **Ação Declaratória**. São Paulo: RT, 2002.

LOPES, José Reinaldo de Lima. **Uma Introdução à História Social e Política do Processo. Fundamentos de História do Direito**. 2ª ed. Belo Horizonte: Del Rey, 2002, p. 397 a 431.

LOTUFO, Renan. **Questões Relativas a Mandato, Representação e Procuração**. São Paulo: Saraiva, 2001.

LUCON, Paulo Henrique dos Santos. **Garantia do Tratamento Paritário das Partes. Garantias Constitucionais do Processo Civil.** Coord. José Rogério Cruz e Tucci. São Paulo: RT, 2004.

LUHMANN, Nicklas. **Sociologia do Direito**. Rio de Janeiro: Tempo Brasileiro, 1983.

LUNO, Antônio Enrique Perez. **Derechos Humanos, Estado de Derecho Y Constitucion**. 5ª ed. Sevilha: Tecnos, 1994.

_____________. **Los Derechos Fundamentales**. Madrid: Tecnos, 1993.

MARINONI, Luiz Guilherme. **Efetividade do Processo e Tutela de Urgência**. Porto Alegre: Sérgio Fabris, 1993.

_____________. **Técnica Processual e Tutela dos Direitos.** São Paulo: Revista dos Tribunais, 2004.

_____________. **Tutela Cautelar e Tutela Antecipatória**. São Paulo: RT, 1993.

_____________. **Tutela Inibitória**. São Paulo: Revista dos Tribunais, 1998.

MARINS, Victor Bonfim. **Tutela Cautelar**. Curitiba: Juruá, 1996.

MARQUES, José Frederico. **Manual de Direito Processual Civil.** v. 1. São Paulo: Bookseller, 1997.

MARTINS, Sandro Gilbert. **A Defesa do Executado por Meio de Ações Autônomas**. 2ª ed. São Paulo: Revista dos Tribunais, 2005.

MARX, Karl. **O Capital**. Trad. Reginaldo Sant'anna. 14ª ed. Livros I e II. Rio de Janeiro: Editora Bertrand Brasil, 1994.

MEDINA, José Miguel Garcia. **Execução Civil**. São Paulo: RT, 2004.

MEIRELLES, Hely Lopes. **Mandado de Segurança**. 20ª ed. São Paulo: Malheiros, 1998.

MELLO, Maria Chaves de. **Dicionário Jurídico Português-Inglês –inglês–português – portuguese-english – english-portuguese Law Dictionary**. 7ª ed. Rio de Janeiro: Elfos, 1998.

MIRABETE, Julio Fabrini. **Código de Processo Penal Interpretado**. São Paulo: Atlas, 1997.

NAHAS, Luciana Faísca. **União Homossexual: Proteção Constitucional**. Curitiba: Juruá, 2006.

NELSON, Robert L. e outros. **Urban Lawyers**. Chicago: University of Chicago Press, 2005.

NERY JR, Nelson e WAMBIER, Teresa Arruda Alvim. **Aspectos Polêmicos e Atuais dos Recursos Cíveis e de outras formas de impugnação às decisões judiciais**. v. 4. São Paulo: RT, 2001.

________________. **Teoria Geral dos Recursos**. 6ª ed. São Paulo: RT, 2004.

________________ e NERY, Rosa Maria Andrade. **Código de Processo Civil Comentado**. São Paulo: RT, 1998.

NORONHA, Fernando. **Direito das Obrigações**. São Paulo: Saraiva, 2003.

OLIVEIRA, Carlos Alberto Alvaro de. **Do Formalismo no Processo Civil**. São Paulo: Saraiva, 2003.

PASOLD, Cesar Luiz. **Prática da Pesquisa Jurídica**. 4ª ed. Florianópolis: Editora da OAB/SC, 2000.

PEREIRA, Caio Mário da Silva. **Instituições de Direito Civil**. vol. 2. Rio de Janeiro: Forense, 1996.

PINTO, Nelson Luiz. **Manual dos Recursos Cíveis**. São Paulo: Malheiros, 2003.

PINTO JR, Nilo Ferreira. **Princípio da Congruência no Direito Processual Civil**. Curitiba: Juruá, 2003.

PISANI, Andréa Proto. **Breve Premessa Ad Um Corso Sulla Giustizia Civile. Appunti Sulla Giustizia Civile**. Bari: Caducci, 1982.

PONTES DE MIRANDA. **Tratado das Ações**. Vol. V. São Paulo: Bookseller, 1997.

POPP, Carlyle. **Execução de Obrigação de Fazer**. Curitiba: Juruá, 1996.

PORTANOVA, Rui. **Princípios do Processo Civil**. Porto Alegre: Livraria do Advogado, 2005.

PRATA, Edson. **História do Processo Civil e sua projeção no direito moderno.** Rio de Janeiro: Forense, 1987.

QUEIROZ, Odete Novais Carneiro. **Prisão Civil e os Direitos Humanos**. São Paulo: RT, 2004.

RIZZI, Luiz Sérgio de Souza. **Ação Rescisória**. São Paulo: RT, 1979.

RODRIGUES, Marcelo Abelha e outros. **A nova reforma processual**. São Paulo: Saraiva, 2003.

ROUSSEAU, Jean-Jacques. **O Contrato Social**. São Paulo: Martins Fontes, 1999.

SANTOS, Ernani Fidelis dos. **Manual de Direito Processual Civil**. Vols. I a III. São Paulo: Saraiva, 2006.

________. **As Reformas do Código de Processo Civil em 2005 e 2006**. São Paulo: Saraiva, 2006.

SARLET, Ingo Wolfgang. **A Eficácia dos Direitos Fundamentais.** Porto Alegre: Livraria do Advogado, 2003.

SEN, Amarthia. **Desenvolvimento Como Liberdade**. São Paulo: Companhia das Letras, 2003.

SHIMURA, Sérgio. **Os embargos infringentes e seu novo perfil. Aspectos polêmicos e atuais dos recursos**. 5ª Série. São Paulo: Revista dos Tribunais, 2002, p. 497 a 524.

SILVA, Luiz Afonso Virgílio da. **O proporcional e o razoável**. RT 798, abril de 2002 p. 89 a 102.

SILVA, Paulo Henrique Moritz Martins da. **Considerações sobre as reformas do Código de Processo Civil**. In: Revista da ESMESC, 2005, v. 12, n. 18.

SILVA, Tarcísio Geroleti. **A Efetividade do Processo à Luz do Princípio da Proporcionalidade**. Monografia apresentada no curso de pós-graduação da UNERJ e FURB: 2003.

SILVA, Jaqueline Mielke. **O Direito Processual Civil como Instrumento de Realização de Direitos**. Porto Alegre: Verbo Jurídico, 2005.

SILVA, Ovídio Baptista da. **Curso de Processo Civil: processo cautelar (tutela de urgência)**. Vol. III. 2ª ed. São Paulo: RT, 1998.

________. **Jurisdição e Execução.** São Paulo: RT, 1998.

SPADONI, Joaquim Felipe. **Fungibilidade das Tutelas de Urgência.** Revista de Processo n.º 110. São Paulo: RT, p. 72 a 93.

TALAMINI, Eduardo. **Prisão Civil e Penal e Execução Indireta.** São Paulo: RT, 1998.

TEIXEIRA, Guilherme de Freire Barros. **O Princípio da Fungibilidade no Processo Civil.** Tese de Doutorado apresentada perante a Faculdade de Direito da USP, São Paulo, 2005.

TESHEINER, José Maria. **Pressupostos Processuais e Nulidades no Processo Civil**. São Paulo: Saraiva, 2000.

THEODORO JR., Humberto. **O Princípio da Fungibilidade Recursal.** Joinville: Informativo do INCIJUR n.º 57, p. 1 a 6.

TUCCI, José Rogério Cruz e. **A *Causa Petendi* no Processo Civil**. 2ª ed. São Paulo: RT, 2001.

USTARROZ, Daniel. **Tutela Cautelar e Tutela Antecipatória**. 2. ed. São Paulo: RT, 1994.

VASCONCELOS, Rita de Cássia. **Fungibilidade de Meios no Processo Civil**. São Paulo: RT, 2007. (no prelo).

_________. **A Fungibilidade na Tutela de Urgência.** Revista de Processo n.º 112. São Paulo: RT, p. 59 a 81.

WAMBIER, Luiz Rodrigues e WAMBIER, Teresa Arruda Alvim. **Breves Comentários à 2ª fase da reforma do código de processo civil – 2.** São Paulo, RT, 2006.

WAMBIER, Luiz Rodrigues. **Liquidação e Cumprimento da Sentença.** São Paulo, RT, 2006.

WAMBIER, Teresa Arruda Alvim e outro. **Aspectos Polêmicos e Atuais dos Recursos Cíveis e de Outras Formas de Impugnação às Decisões Judiciais**. V. 7. São Paulo: RT, 2003.

WAMBIER, Teresa Arruda Alvim. **Fungibilidade de Meios: uma nova dimensão do princípio da fungibilidade. Aspectos Polêmicos e Atuais dos Recursos Cíveis e de Outras Formas de Impugnação às Decisões Judiciais.** v. 4. São Paulo: RT, 2001.

________. **Nulidades do Processo e da Sentença** 5ª ed. São Paulo: RT, 2004.

________. **O Óbvio Que Não Se Vê: A Nova Forma do Princípio da Fungibilidade.** Revista de Processo n.º 137. São Paulo: RT, 2006, p. 134 a 138.

_______. **Os Agravos no CPC Brasileiro**. 4ª ed. São Paulo: Revista dos Tribunais, 2006.

_______. **Controle das Decisões Judiciais por Meio de Recursos de Estrito Direito e de Ação Rescisória**. São Paulo: Revista dos Tribunais, 2002.

WOLKMER, Antonio Carlos. (org.) **Fundamentos de História do Direito**. 2ª ed. Belo Horizonte: Del Rey, 2002.

ZAFFARONI, Eugenio Raúl. **Poder Judiciário: Crise, Acertos e Desacertos**. São Paulo: RT, 1995.

ZAVASCKI, Teori Albino. **Antecipação da Tutela**. São Paulo: Saraiva, 2000.

EDITORA
JusPODIVM
www.editorajuspodivm.com.br

RENOVA
GRAF
www.renovagraf.com.br